「一國兩制」下中央對香港特區的管治權研究

基本法
研究叢書

「一國兩制」下
中央對香港特區的管治權研究

張小帥

香港城市大學出版社
City University of Hong Kong Press

©2023 香港城市大學

本書版權受香港及國際知識版權法例保護。除獲香港城市大學書面允許外，
不得在任何地區，以任何方式，任何媒介或網絡，任何文字翻印、仿製、數
碼化或轉載、播送本書文字或圖表。

國際統一書號：978-962-937-635-2

出版

　　香港城市大學出版社
　　香港九龍達之路
　　香港城市大學
　　網址：www.cityu.edu.hk/upress
　　電郵：upress@cityu.edu.hk

©2023 City University of Hong Kong

One Country, Two Systems: China's Jurisdiction over the Hong Kong SAR
(in traditional Chinese characters)

ISBN: 978-962-937-635-2

Published by
　　City University of Hong Kong Press
　　Tat Chee Avenue
　　Kowloon, Hong Kong
　　Website: www.cityu.edu.hk/upress
　　E-mail: upress@cityu.edu.hk

Printed in Hong Kong

目錄

詳細目錄 vii

總序　朱國斌 ix

引言 xiii

第一章

中央管治權之基礎理論 1

第二章

授權框架下的中央管治權 23

第三章

法治視角下的中央管治權 43

第四章

中央管治權之全面性 105

第五章

中央管治權之認同性 151

結語 207

後記 209

詳細目錄

第一章　　中央管治權之基礎理論　　　　　　　　　　　　　1

一、中央管治權之規範釋義　　　　　　　　　　　　1

二、中央管治權之屬性　　　　　　　　　　　　　9

三、中央管治權之類型　　　　　　　　　　　　　18

第二章　　授權框架下的中央管治權　　　　　　　　　　　23

一、中央管治權與國家結構形式　　　　　　　　　23

二、中央管治權與憲法第 31 條　　　　　　　　　27

三、中央管治權與《香港基本法》　　　　　　　　33

第三章　　法治視角下的中央管治權　　　　　　　　　　　43

一、中央管治權之規範基礎　　　　　　　　　　　43

二、中央管治權之受限性　　　　　　　　　　　　63

三、中央管治權審查模型之構建　　　　　　　　　73

四、中央管治權審查實踐之考察　　　　　　　　　90

第四章　　中央管治權之全面性　　　　　　　　　　　　　105

一、中央授予香港特區高度自治權和中央直接行使
　　的權力　　　　　　　　　　　　　　　　　　105

二、中央對香港特區高度自治權的全面監督權　　　108

三、中央對香港特區高度自治權的變更權　　　　　139

四、《香港基本法》未規定權力的歸屬　　　　　　148

第五章　　中央管治權之認同性 151

　　一、中央管治權與國家認同 152

　　二、中央管治權認同性低之原因分析 161

　　三、中央管治權認同性低之解決對策 190

結語 207

後記 209

總序

一

1997 年 7 月 1 日，中華人民共和國恢復對香港行使主權，「實現了長期以來中國人民收回香港的共同願望」（參見《香港特別行政區基本法•序言》）。同日，香港特別行政區成立，成為「中華人民共和國的一個享有高度自治權的地方行政區域」（第 12 條）；《香港特別行政區基本法》正式生效，「以保障國家對香港的基本方針政策的實施」（〈序言〉）。始自這日，香港的歷史翻開了嶄新的一頁。

香港回歸標誌着中國在國家統一之路上邁出了一大步。對於香港特區而言，在《基本法》載明的「一國兩制」、「港人治港」、「高度自治」這些根本性原則統率之下，回歸更意味着憲制秩序的轉換與重構，以及中央與地方關係制度再造。在特區之內，「不實行社會主義制度和政策，保持原有的資本主義制度和生活方式，五十年不變」。就政府管治制度而言，基本的立法、行政、司法制度得以延續。就此而言，香港回歸取得了巨大成就，達成了歷史使命。

彈指間，香港回歸祖國已經 20 年了。

二

常聽説：「香港是一本很難讀懂的大書。」對一些人而言，這本書依然晦澀難懂；而對另一些人來説，這本書寫到這般田地，不讀也罷。20 年後的今日，有人不斷地追問，東方之珠的「風采是否浪漫依然」？君不見，港英政府時代的制度瓶頸與問題，如貧富差距、地產霸權，今日仍揮之不去，赫然在目；特區政府又面臨着新的、尖鋭的挑戰，有如北京 — 香港關係、行政 — 立法關係、管治低效、社會發展裏

足不前、本土主義與港獨思潮、普通法之延續，等等。這些，我們不可能視而不見。

然而，這又是一本必須去讀的書。之於內地讀者來說，很難理解在同文同種之下，為什麼兩地人民關係仍然顯得那麼生分，其程度甚至比回歸前更甚；為什麼祖國大家庭的小兄弟還是那麼「調皮」，時不時惹得父母生氣和懊惱。而對這本書的作者——香港人——來說，儘管「本是同根生」，但就是沒有那種親密無間的感覺。

這些年來，中國經濟發展突飛猛進，改革開放造就了「製造大國」。以經濟體量觀之，中國一躍而為世界第二大經濟體，這的確讓國人引以為傲，這就是「硬實力」。反觀香港，其 GDP 佔全國 GDP 的比重從 1997 年的 18.45%，下跌到 2016 年的 2.85%（《橙新聞》，2017 年 6 月 25 日），斷崖式下跌，今非昔比。

若僅以「硬實力」比拼，香港早就慘敗了。然而，在一國兩制下，香港人仍然有那份執着和「制度自信」，社會仍然繁榮昌盛。而且，客觀地觀察，香港也有自己的「軟實力」（soft power）。香港人自持的核心價值是法治、廉潔政府、自由，甚至還有有限的民主。

三

香港是一本必須讀懂的書。

在內地，以學術論文發表數量為衡量依據，香港研究曾一度成為「顯學」，時間大約是在《中英聯合聲明》簽署之後至《基本法》制定期間。及至香港九七回歸前後，也曾見研究興趣的再現。近兩三年來，在社會科學界，有關香港的研究又見興趣和出版高峰，這尤以法學界和政治學界為甚。

就《基本法》研究而言，學術成果猶如「雨後春筍，層出不窮」。理論的繁榮不一定表現在為成就唱讚歌，在客觀上，它反映了在實踐中存在並出現了很多新問題。今時今日，學術界首先面對的宏觀課題就是《基本法》理論的體系化、深度建設及研究的應用性。

從檢視現在的學術成果可以看到，學術界目前正關注的理論性、

實踐型問題包括：憲法與特區憲制秩序的形成、憲法與《基本法》的關係與互動、《基本法》變遷與政治發展之道、政治改革與中央權力、作為憲法原則的一國兩制、一國與兩制的關係、全面管治權與中央監督權之確立與行使、一國兩制與新型中央與地方關係模式、統一與多元之下中央與地方關係、特區管治與《基本法》、《基本法》之下權力分立模式、行政主導抑或三權分立、善治與行政──立法關係、《基本法》的「自足性」與全國人大常委會、《基本法》的「自足性」與香港普通法法庭、《基本法》下「雙軌制」釋法制度、本土主義及港獨思潮與《基本法》、《基本法》法理學，等等。

這些重大課題值得我們投入精力，一一闡發、澄清。

四

自 1996 年開始，我就在香港城市大學法律學院講授《香港基本法》及相關課程，對《基本法》研究略有心得，也希望為學術研究盡點綿薄之力。策劃出版本套「基本法研究叢書」的基本出發點及「初心」就是，多研究些問題，在理論與實踐間架設橋樑。進而言之，這也是為了學術，為了一國兩制繼續成功實踐，為了香港特區更好的未來。簡而言之，總結經驗，繼往開來。

「學術性」和「開放性」，是本叢書編輯出版所秉承的兩個基本原則。「學術性」不等於刻意追求著作的理論性、抽象性，不等於建造象牙之塔。不過，構造、解構與重構概念與理論是本叢書的使命之一。一部有質量的學術著作往往對實踐具有直接或間接的參考價值和指導意義。這樣的著作才有擔當，才能展現作者的使命感。至於「開放性」，具體而言，是指研究課題的開放性、研究方法的跨學科性，以及稿源的開放性。一切與《基本法》實施有關的課題都是本叢書關注的焦點，跨學科的著作尤為珍貴。叢書歡迎兩岸四地及海外作者不吝賜教、踴躍投稿，中英文著作兼收並蓄。

本叢書不敢好高騖遠，但還是志存高遠，希望為《基本法》研究提供一個共享平台，為學人搭建一個交流的園地。

最後，不能也不應該忘記的是，從策劃這套叢書的念頭一閃現開始，我就得到了來自香港和內地的傑出法律人和學者的至關重要的精神與道義支持。在此，我要特別記下對本叢書學術顧問委員會成員的真誠謝意，他們是：梁愛詩、王振民、王磊、何建宗、胡錦光、秦前紅、陳弘毅、楊艾文、韓大元。

五

香港城市大學位於九龍塘、獅子山下。在寫作本序言時，我情不自禁地想起那首耳熟能詳、由黃霑作詞、羅文演唱的名曲：《獅子山下》，不覺思緒萬千。《基本法》載明，一國兩制，「五十年不變」。20年轉瞬即逝了，往者不可諫，來者猶可追。在未來的 30 年，香港仍然會面對新的矛盾與挑戰，與此同時且重要的是，還有更多的發展機遇和更大的成功機會。香港人更應秉承獅子山精神，不斷適應變換中的新形勢、新環境，追求進步、繁榮、幸福。不忘初心，香港的前景必定是美好的。這也是我內心的深切願望。

行文至此，讓我引用一段《獅子山下》的歌詞為本序作結：

放開　彼此心中矛盾
理想　一起去追
同舟人　誓相隨
無畏　更無懼
同處　海角天邊
攜手　踏平崎嶇
我哋大家　用艱辛努力
寫下那　不朽香江名句

朱國斌

香港城市大學法律學院教授、法學博士

於九龍塘、獅子山下

2017 年 6 月 25 日子夜

引言

　　托克維爾在《舊制度與大革命》一書中談及該書的選題時説：「成功機會一半以上就在選題，不僅因為需要找一個公眾感興趣的主題，尤其因為需要發現一個能使我自己也為之振奮並為之獻身的主題」。[1]自接觸香港問題以來，對香港問題漸漸產生濃厚的興趣，一種觀點也一直縈繞於心頭，即在「一國兩制」這一極具張力的制度構想中，「一國」與「兩制」之間的衝突不可避免，但二者之間的衝突應當是建立在一定基礎之上的衝突，而不應當是連一些基礎性共識都無法形成的衝突。自香港回歸以來，幾乎每一次中央行使管治權，都會在香港社會引起部分香港人士的反對，究其原因，恐怕並不是這些香港人士不認同中央某一次具體行使管治權，而是對中央管治權存在着制度性不認同，更進一步而言，這些香港人士是對憲法與《香港基本法》所構建的香港特區憲制秩序存在着制度性不認同。這種制度性不認同的表現，例如，在「一國」與「兩制」關係方面，「兩制」被認為優先於「一國」，「一國兩制」方針變成了以照顧香港利益為前提的「香港優先」的方針；[2]在中央管治權與特區高度自治權關係方面，香港社會有些人鼓吹香港有所謂的「固有權力」、「自主權力」，以特區高度自治權來對抗中央管治權，甚至否認或者歪曲中央管治權；[3]在憲法與基本法關係方面，基本法被認為是特區的「小憲法」，國家的憲法在特區沒有效力，

---

1. 〔法〕托克維爾，馮棠譯：《舊制度與大革命》（北京：商務印書館，2013），頁2。
2. 劉兆佳：〈香港修例風波背後的深層次問題〉，《港澳研究》2020年第1期。
3. 中共中央宣傳部：《習近平新時代中國特色社會主義思想三十講》（北京：學習出版社，2018），頁277。

不是特區的憲制基礎，甚至有反對派人士將《中英聯合聲明》作為特區的憲制基礎；[4] 等等。

自香港特區成立以來，關於香港特區高度自治權與中央管治權之間的衝突一直存在。這種衝突首先發生在「馬維騉案」中，[5] 臨時立法會的合法性問題及香港法院是否有權審查全國人大設立臨時立法會這一行為的合法性成為該案的焦點。後來，在一系列居港權案件中，香港終審法院與全國人大常委會之間的基本法解釋權衝突持續發酵。這些衝突在香港特區和內地引發了廣泛的關注和討論。隨着 2003 年「自由行」政策的實施，越來越多內地居民到香港旅遊、購物，內地與香港居民的接觸日漸增多。在促進香港經濟發展的同時，內地居民在香港的旅遊、購物活動在一定程度上抬高了香港的物價、擠佔了香港的諸多資源，內地與香港之間的諸多文化差異也逐漸浮現出來。在此情況下，香港部分激進人士煽動香港居民舉行針對內地居民的遊行示威活動，侮稱內地居民為「蝗蟲」，反對中央與香港特區政府對香港的管治，頌揚港英政府的殖民統治，甚至在遊行中揚起港英政府時期的旗幟。在圍繞 2017 年行政長官普選而引發的政改之爭中，中央管治權和香港特區高度自治權之間爆發了空前的衝突。

2014 年 6 月 10 日，國務院新聞辦公室發表了《「一國兩制」在香港特別行政區的實踐（白皮書）》（以下簡稱《白皮書》）。《白皮書》指出，中央對香港特區擁有全面管治權，其中既包括中央對香港特區直接行使的權力，亦包括授予香港特區的高度自治權，而對香港特區的高度自治權，中央則享有監督權。正如有學者指出，中央對香港特區擁有全面管治權是由如下四個因素決定的：其一，憲法和《香港基本法》構成香港特區的憲制基礎；其二，香港的主權屬於中國；其三，

---

4. 王勇：《〈中英聯合聲明〉對於中國治理香港沒有法律拘束力》，《光明日報》2020年7月8日。

5. [1997] HKLRD 761.

中國是單一制國家；其四，《香港基本法》是一部授權法。[6] 因此，《白皮書》中的闡述具有充分的合法性、合理性與正當性。然而，《白皮書》在香港社會卻引發了很大的爭議。隨後，2014 年 8 月 31 日，全國人大常委會就 2017 年行政長官普選和立法會議員選舉的相關問題作出相關決定（以下簡稱《決定》）。[7]《決定》是全國人大常委會依據《香港基本法》的規定作出的，同樣具有充分的合法性、合理性與正當性。然而，由於《決定》沒有採納反對派提出的違反《香港基本法》的普選方案，反對派即發起了所謂的「佔中」運動，企圖癱瘓香港特區政府，逼迫全國人大常委會修改《決定》。在這場運動前後，「香港本土意識」、「香港民主化」、「香港民族」甚至「香港獨立」等意識形態色彩濃厚的話語逐漸浮現，[8] 香港社會中的政治對立現象逐漸嚴峻，並在 2015 年 2 月 8 日發生的「旺角暴亂」中達到新一輪高潮。隨着「香港民族黨」[9] 等「港獨」團體的成立，「港獨」勢力不僅具有了一定的理論準備和社會運動經驗，而且開始具備初步的組織形態，成為一股不可忽視的力量。[10] 香港社會中這些極端政治對立現象的發生嚴重地威脅國家主權、安全和發展利益，影響香港社會的繁榮穩定。

隨着百年未有之大變局的逐漸演進，在 2019 年發生的「修例風波」中，由於缺乏《香港基本法》第 23 條的立法，導致香港特區的國家安全處於「不設防」狀態，反中亂港勢力在西方敵對勢力的支持下在香港

---

6. 《法學專家：中央對港全面管治權、監督權有法律依據》，資料來源：www.chinanews.com/ga/2014/06-23/6311596.shtml（瀏覽日期：2015年9月6日）

7. 《全國人民代表大會常務委員會關於香港特別行政區行政長官普選問題和2016年立法會產生辦法的決定》，資料來源：www.npc.gov.cn/npc/cwhhy/12jcwh/2014-08/31/content_1876904.htm（瀏覽日期：2015年9月6日）

8. 祝捷：〈「民主獨立」的臺灣故事與香港前路〉，《港澳研究》2015年第2期。

9. 《香港「民族」黨成立，鼓吹「香港共和國」》，資料來源：http://bj.crntt.com/doc/1041/7/6/2/104176209.html?coluid=176&kindid=11720&docid=104176209&mdate=0328164401（瀏覽日期：2016年3月31日）

10. 《鼓吹「港獨」的「香港民族黨」28日宣佈成立》，資料來源：http://news.ifeng.com/a/20160329/48245459_0.shtml（瀏覽日期：2016年3月31日）

街頭打砸搶燒，甚至想在香港搞「港版顏色革命」，嚴重擾亂香港社會秩序、威脅香港居民人身安全，嚴重影響香港社會繁榮穩定，嚴重影響國家主權、安全、發展利益。中央以雷霆之勢出手，先制定推出《香港特別行政區維護國家安全法》（以下簡稱《香港國安法》），後又依法修改完善香港特區選舉制度，有力地扭轉了香港亂局，撥亂反正。

香港回歸祖國已有 25 年，中央的治港思路可以說經歷了從「井水不犯河水」到「進行有限管治、尊重高度自治」，再到「全面管治權與高度自治權有機結合」的變遷歷程。隨着百年未有之大變局和中華民族偉大復興戰略全局的逐漸演進，香港特區一方面要杜絕西方敵對勢力利用香港對國家進行顛覆、滲透和破壞，有力地維護國家主權、安全，另一方面也要助力於新時代國家的改革開放事業，融入中華民族偉大復興進程之中。這些都需要中央全面管治權與香港特區高度自治權的有機結合。在此背景下，加強對中央管治權的研究，就顯得尤為必要。一方面，加強對中央管治權的研究具有重要的理論意義。「一國兩制」是一個具有豐富內涵的理論體系，中央管治權無疑是其中的重要組成部分。加強對中央管治權的研究有助於豐富和深化「一國兩制」理論體系。同時，加強對中央管治權的研究，有助於明確中央管治權的正當性、合法性與合理性。另一方面，加強對中央管治權的研究具有重要的現實意義。中共十九屆四中全會通過的《中共中央關於堅持和完善中國特色社會主義制度，推進國家治理體系和治理能力現代化若干重大問題的決定》提出要堅持和完善「一國兩制」制度體系。通過對中央管治權的權力內容、運作機制等的研究，對於通過運用中央管治權堅持和完善「一國兩制」制度體系具有十分重要的作用。在香港社會，部分香港居民對中央管治權存在着認同度低的問題，這主要是因為香港社會對「一國兩制」方針存在着重視「兩制」而忽視「一國」的政治態度，對中央管治權的屬性和香港特區高度自治權的性質認識不清，認為中央行使管治權就是侵犯香港特區的高度自治權。而實際上，中央行使管治權既是在香港特區進行「去殖民化」的必要手段，亦是在香港特區加強「中國化」的必然途徑。在此情況下，加強對中央管治

權屬性的研究,明確授權框架下中央管治權與香港特區高度自治權的關係,研究法治視角下中央管治權的規範基礎、所受限制,以及合法性與合理性之審查,歸納和梳理中央管治權在香港特區認同度低的原因,並提出相應的對策和建議,有助於使香港居民更加準確、全面地認識中央管治權與香港特區高度自治權的關係,使香港社會認識到中央行使管治權既是維護「一國」的必要途徑,亦是維護「兩制」的必要手段,從而提高中央管治權在香港特區的認同度,提升香港居民對憲法與《香港基本法》所構建的香港特區憲制秩序的制度性認同。

圍繞着中央管治權,學術界已經對中央管治權之法理基礎與屬性、中央管治權之內容、中央管治權之限制與保障等進行了深入的研究,有了大量高品質的研究成果。這些研究成果為我們了解和認識中央管治權提供了豐富的材料,但也存在着如下幾個方面的問題:其一,關於中央管治權涵義的研究成果較少;其二,專門以「中央管治權」為名的研究成果較少,現有的研究成果多是在研究港澳基本法或者研究中央與港澳特區關係時,附帶地對中央管治權進行研究;其三,儘管存在對中央管治權的類型化研究,但多是基於內容的類型化研究,而基於主體、適用方式及規範基礎等標準的類型化研究則較少。

在上述研究成果的基礎上,本書吸收了這些研究成果的優點,擬採用規範分析、比較分析、類型化分析等研究方法對中央管治權進行研究。除去引言和結語之外,本書分為如下五章來研究「一國兩制」下中央對香港特區的管治權:

第一章是「中央管治權之基礎理論」。本章分為三節:第一節主要運用治理理論探討中央管治權的涵義;第二節主要探討中央管治權之屬性,認為主權是中央管治權之政治基礎,治權是中央管治權之權力本質,而維護「一國兩制」則是中央管治權之價值所在;第三節運用類型化的研究方法,分別以主體、適用方式和規範基礎為標準,對中央管治權進行類型化研究。

第二章是「授權框架下的中央管治權」。本章分為三節:第一節論述了典型的國家結構形式及授權、分權與國家結構形式的關係;第二

節探討了中央管治權與憲法第 31 條的關係，分析了憲法第 31 條的性質與涵義，認為憲法第 31 條是一種特別規定，其不僅授予全國人大設立和取消香港特區建制的權力，還授予全國人大規定和變更香港特區實行的制度的權力；第三節探討了中央管治權與《香港基本法》的關係，分析了《香港基本法》的授權性、限權性以及擴權性，認為《香港基本法》對憲法所規定的中央權力進行了一定程度的限制和擴充。

第三章是「法治視角下的中央管治權」。本章包括四節：第一節對中央管治權之規範基礎進行研究，分別探討了中央憲法管治權之規範基礎與中央基本法管治權之規範基礎；第二節對中央管治權之受限性進行研究，分別探討了中央基本法管治權之受限性與中央憲法管治權之受限性，認為中央基本法管治權與中央憲法管治權均要受到憲法與《香港基本法》在實體或者程序上的限制；第三節對中央管治權之審查進行研究，構建了對中央管治權進行審查的審查模型，包括審查主體、對象與客體、審查基準、審查結果等。其中，在審查基準方面，本書在憲法所規定的合法性審查基準與合理性審查基準的基礎上，引入比例原則，對合理性審查基準進行了細化，將其分為一般審查與嚴格審查雙重審查基準；第四節以「臨時立法會」和「政改方案」為例從實踐角度對中央管治權之審查進行探討。

第四章是「中央管治權之全面性」。本章分為四節：第一節是中央授予香港特區高度自治權和中央直接行使的權力，主要分析闡述香港特區高度自治權的內容及中央直接行使權力的內容；第二節是中央對香港特區高度自治權的全面監督權，主要分析闡述中央全面監督權之內涵、權力內容與行使方式、行使主體等；第三節是中央對香港特區高度自治權的變更權，主要分析闡述進一步授權的權力、基本法修改權和專門性法律制定權；第四節是《香港基本法》未規定權力的歸屬，主要分析闡述《香港基本法》未規定權力屬於中央所有。

第五章是「中央管治權之認同性」。本章分為三節：第一節是中央管治權與國家認同，先分析了國家認同的三重涵義，然後概括總結了中央管治權在香港特區認同性的表現；第二節從政治理念問題、規範

基礎問題、經濟利益問題三個方面分析了中央管治權在香港特區認同性低的原因;第三節則從促進兩地交流、培養國家認同、增進政治互信、協調權力關係四個層面提出了提高中央管治權在香港特區認同性的對策。

第一章

中央管治權之基礎理論

∽∾∽∾∽∾∽∾∽∾∽∾∽∾∽∾∽∾∽

本章主要探討中央管治權之基礎理論。首先分析中央管治權之理論涵義，並結合憲法與《香港基本法》的相關規定，闡述中央管治權之規範涵義；其次，從政治基礎、權力本質與價值所在三個角度釋述中央管治權之屬性；最後，分別以主體、規範基礎和適用方式為標準，對中央管治權進行類型化研究。

一、中央管治權之規範釋義

2014 年 6 月 10 日，國務院新聞辦公室發表了《「一國兩制」在香港特別行政區的實踐（白皮書）》（以下簡稱《白皮書》）。《白皮書》指出，中央對香港特區擁有全面管治權，其中既包括中央對香港特區直接行使的權力，亦包括授予香港特區的高度自治權，而對香港特區的高度自治權，中央則享有監督權。這是中央首次在正式文件中使用「管治權」一詞，並清晰地闡明了中央管治權的權力內容。其後，2014 年 8 月 27 日，全國人大常委會副秘書長李飛在第十二屆全國人大常委會第十次會議上，就《全國人民代表大會常務委員會關於香港特別行政區行政長官普選問題和 2016 年立法會產生辦法的決定（草案）》所作的說明中，再次使用了「管治權」一詞，指出香港社會仍有少數人不認同中央對香港特區的管治權。

「管治權」一詞在官方文件中的出現，為我們了解和研究中央管治權提供了重要的指導。然而，在理論上，究竟何為管治權，尤其是

中央管治權呢？這就不能僅看中央的相關文件，而要從學理上探討。「概念法學的經驗告訴我們，概念範疇的理清對於命題的展開至關重要」。[1]因此，從理論上理清「管治權」的涵義，對於了解和認識中央管治權具有至關重要的作用。

（一）作為治理的管治：管治涵義初探

「管治權」一詞在學界提出已久，那麼究竟何為「管治權」呢？管治權是一種「管治」的權力（或權利）。要了解管治權的涵義，就必須先了解「管治」的涵義。「管治」一詞最初是作為政治學或管理學詞彙從西方引入中國的，關於其對應的英文詞彙，學界主流觀點認為「管治」一詞應當譯自"governance"。但同時，"governance"還有另外兩種譯法，即「統治」和「治理」。那麼，「管治」究竟是何含義，其與「統治」和「治理」是什麼關係呢？

關於「管治」和「治理」的關係，根據學界主流觀點關於「管治」和「治理」涵義的敍述，筆者認為「管治」和「治理」只是不同學者基於不同的用語習慣而作出的不同翻譯，兩者在涵義上並不存在區別。例如，將"governance"翻譯為「管治」的學者，在闡述管治的涵義時，通常會引用全球管治協會（Commission on Global Governance）1995 年發表的報告中關於管治的經典定義：管治是個人與機構、公家與私人治理其共同事務的總和。[2]持這種翻譯的學者，有的認為「管治是指通過多種集團的對話、協調、合作以達到最大程度動員資源的統治方式，以彌補市場交換和政府自上而下調控之不足，最終達到『雙贏』的綜合的社會治理方式」。管治具有四個基本特徵：其一，管治是一種綜合的社會過程，而非一套規章制度；其二，管治是以「調和」為基礎，而非「控制」與「支配」；其三，管治涉及多元化的公私主體及利益單元；

---

1. 王書成：《合憲性推定：一種憲法方法》（北京：清華大學出版社，2011），頁 18。

2. 參見張京祥、莊林德：〈管治及城市與區域管治──一種新制度性規劃理念〉，《城市規劃》2000 年第 6 期。

其四，管治有賴於社會各組成部分之間的持續相互作用。[3]有的認為管治包含四個方面的內容，即自組織的調節方式、多元化的行為者、互動過程、國家承擔的元治角色。[4]而國內著名學者俞可平則將上述 "Commission on Global Governance" 翻譯為「全球治理委員會」，將其在 1995 年發表的上述報告中關於管治的定義翻譯為治理的定義，即「治理是各種公共的或私人的個人和機構管理其共同事務的諸多方式的總和」。治理是一個持續的過程，在這個過程中，它能夠調和相互衝突的或者不同的利益，並使它們採取聯合行動。治理既包括具有權威性的正式制度和規則，亦包括經人們同意或者以為符合其利益的非正式制度安排。治理具有四個基本特徵：「治理不是一整套規則，也不是一種活動，而是一個過程；治理過程的基礎不是控制，而是協調；治理既涉及公共部門，又包括私人部門；治理不是一種正式的制度，而是持續的互動」。[5]因此，「管治」和「治理」其實僅是不同學者基於用語習慣的不同，而對 "governance" 這一英文詞彙進行的不同翻譯，但兩者的涵義卻是相同的。

　　關於「管治」和「統治」的關係，有學者認為，管治是統治的延續和新形式，是以政府為中心的治理。在這個過程中，政府控制着權力資源、經濟資源和社會資源的分配；規則也完全由政府單方面制定，政府權力幾乎不受約束。[6]筆者認為，作為治理的同義詞，管治與統治畢竟不同：統治的主體必須是政府，而管治的主體除了政府外，還包括其他主體；統治中的權力運行方向總是自上而下的，而管治主要通過合作、協商等方式對公共事務進行管理，其權力運行是多元互動

---

3. 參見張京祥、莊林德：〈管治及城市與區域管治 —— 一種新制度性規劃理念〉，《城市規劃》2000 年第 6 期。

4. 參見吳駿蓮、崔功豪：〈管治的起源、概念及其在全球層次的延伸〉，《南京大學學報（哲學‧人文科學‧社會科學）》2001 年第 5 期。

5. 俞可平：《民主與陀螺》（北京：北京大學出版社，2006），頁 81。

6. 參見劉輝：〈管治、無政府與合作：治理理論的三種圖式〉，《上海行政學院學報》2012 年第 3 期。

的，並不是自上而下進行。[7] 俞可平教授認為，治理與統治的本質區別在於其具有不同的管理目標：統治的主要目標是「維持統治者自身的利益，鞏固其執政地位；治理的主要目標則是增進社會公共利益」。此外，統治的主體一定是社會的公共機構，而治理的主體則既可以是公共機構，也可以是公共機構之外的私人機構，或者公共機構與私人機構的合作。[8]

因此，從詞源學上對「管治」一詞的涵義進行考察可以發現，管治不同於統治，卻等同於治理，管治和治理具有相同的涵義。正如有學者所說，作為治理的管治，「順應了國家管理體制民主化、法治化和社會化的趨勢」。[9]

管治權是一種「管治」的權力或權利。由於管治是多主體（包括公共的和私人的機構與個人）對公共事務進行共同管理的過程，因此管治權就是在對公共事務的管治過程中，各主體所享有的權力或者權利。

在法治社會，權力和權利的來源必須具有合法性。就權力而言，奉行「法無授權即禁止」原則，即公共機構只能行使法律明確規定的權力，不得行使法律沒有規定的權力。在人民主權原則下，權力具有派生性，來自於人民的授予，而人民的權利則具有本源性。因此，與權力的「法無授權即禁止」原則相比，權利則奉行「法無禁止即自由」原則，即只要法律沒有禁止，公民就可以從事相關的行為，對公共事務進行管理。各主體對公共事務進行管理所憑藉的載體就是法律所規定的權力或者權利。例如，對公共機構而言，法律往往明確規定了公共機構的權力，在此情況下，公共機構只能憑藉法律所明確規定的權力來管理公共事務，不得越權、濫權進行管理。對公民個人而言，各國憲法和法律往往規定公民享有廣泛的權利和自由，如言論自由、結社

---

7. 參見陳亦信：〈西方「第三條道路」的新理論〉，《二十一世紀》1999年8月號。

8. 參見俞可平：《民主與陀螺》（北京：北京大學出版社，2006），頁10。

9. 劉文戈：《特別行政區制度在中國特色大國治理中的作用研究》，武漢大學2013年博士畢業論文，頁35。

自由等；除了這些明確具體的權利之外，保護作為權利之基礎的人權也被納入到許多國家的憲法或者憲政實踐之中。在此情況下，即便是憲法和法律沒有明確規定的權利，也能夠歸入人權範疇而受到保障。例如，中國憲法不但規定公民享有廣泛的權利和自由，而且還在第 33 條第 3 款規定「國家尊重和保障人權」。除此之外，還在第 2 條直接地、明確地規定公民「依照法律規定，通過各種途徑和形式，管理國家事務，管理經濟和文化事業，管理社會事務」。

因此，在管治過程中，各主體正是憑藉憲法和法律所賦予的權力和權利，才能夠管理公共事務。這其中，憲法和法律賦予各主體的、對公共事務進行管理的權力和權利就稱為管治權。

(二) 中央管治權之涵義

作為治理的管治能否用來闡釋「一國兩制」下中央對香港特區的管治權呢？此問題取決於治理理論在特別行政區制度論域內的適用性。對此，可以從結構、制度和功能三個角度來闡述。[10] 首先，從結構上來說，儘管香港特區的高度自治權來自於中央的授權，但在對香港特區的治理過程中，香港特區自主地行使高度自治權，獨立於中央。因此，在對香港特區的日常治理過程中，中央和香港特區是兩個獨立的主體，也就是說香港特區存在着多主體的治理結構。香港特區這一地理區域的管治權實際上包括兩部分：一部分是中央基於對這一地理區域的主權而擁有的主權性管治權，另一部分是香港特區基於中央授予的高度自治權而擁有的自治性管治權。[11] 其次，從制度上看，治理理論更加關注權力配置和運行的效果，而在治理香港特區的實踐中，公民參與、公眾諮詢、專家商談和軟法等治理模式均被中央和香港特區在治理實踐中所採納，不斷豐富着特別行政區制度的表現形式。在此

---

10. 參見劉文戈：《特別行政區制度在中國特色大國治理中的作用研究》，武漢大學 2013 年博士畢業論文，頁 36。

11. 郝鐵川：〈從國家主權與歷史傳統看香港特區政治體制〉，《法學》2015 年第 11 期。

情況下，特別行政區制度中的權力運行模式也由自上而下的單向度模式，逐漸擴大到既包括縱向權力關係，也包括橫向權力關係的多向度模式，從而具有較為鮮明的「治理」特性。最後，從功能上看，香港回歸後，特別行政區制度的功能已由實現國家統一轉變到了維護國家主權、安全、發展利益，保持香港、澳門繁榮穩定等方面。在此情況下，治理理論便於我們從更寬廣的視角來審視特別行政區制度，認識特別行政區制度在新的時代背景下的涵義、內容與意義。

由於背景不同，傳統的治理理論在適用於特別行政區制度論域內時，需要進行一定的修正。首先，在治理的理念方面，傳統的治理理論強調「沒有政府的治理」，但在特別行政區制度論域內，雖然中央、香港特區及香港居民共同參與到香港特區的治理過程之中，但中央與香港特區政府無疑在其中發揮着主導作用，是「政府主導下的治理」。其次，在治理的主體方面，傳統的治理理論強調國家與社會的分權，但在特別行政區制度論域內，不僅強調國家與社會的分權，還強調中央與香港特區的特殊權力配置，即香港特區高度自治權來自於中央授權，香港特區高度自治權要接受中央的監督。香港特區政府對於香港特區的管治承擔憲制責任，而中央則承擔最終責任。也正是因為如此，有學者認為中央管治權是中央對香港特區進行「管轄和治理」的權力。[12]最後，在治理的功能方面，傳統的治理理論基於歐盟治理的理論與實踐，認為治理的功能是旨在通過治理形成主權。但主權問題在特別行政區制度論域內已經解決，主權在對香港特區這一區域的治理中是前提而不是目的。

因此，治理理論可以在特別行政區制度論域內適用，那麼，作為治理的管治即可以用來闡釋中央管治權的涵義。根據上文對管治權涵義的分析，「一國兩制」下中央對香港特區的管治權就是指在對香港特區進行管治的過程中，中央依據憲法和《香港基本法》等法律所享有的

---

12. 參見蔣朝陽：〈維護中央全面管治權與保障特區高度自治權有機結合的澳門啟示〉，《港澳研究》2018 年第 3 期。

權力。根據《白皮書》的敍述，中央管治權包括三類，即中央直接行使的權力、中央授予香港特區的高度自治權和中央對香港特區高度自治權的監督權。由於在正常情況下，香港特區可以自主地行使高度自治權，因此本書主要闡述中央直接行使的權力和中央對香港特區高度自治權的監督權。中央管治權的涵義可以從如下幾個方面來理解：

其一，從主體方面而言，中央管治權是中央對香港特區進行管治的權力。香港特區這一地理區域的管治體系紛繁複雜，從縱向來說，既包括中央對香港特區的管治，也包括香港特區憑藉其高度自治權對其自身的管治；[13]從橫向來說，既包括香港特區政府、立法會和法院對香港特區的管治，也包括香港居民、社會團體等對香港特區的管治。中央管治權強調的是中央對香港特區的管治。在憲法框架內，通常所說的中央包括全國人大及其常委會、國家主席、中央人民政府、中央軍事委員會、最高人民法院、最高人民檢察院、國家監察委員會，甚至包括國務院各部委。但根據「一國兩制」方針和《香港基本法》的相關規定，香港特區享有的高度自治權中的行政管理權和獨立的司法權與終審權，使得最高人民法院、最高人民檢察院、國家監察委員會及國務院各部委不享有對香港特區進行管治的權力。因此，中央管治權中的「中央」包括《香港基本法》中明確規定的全國人大及其常委會、中央人民政府，憲法中規定的國家主席及《香港駐軍法》中規定的中央軍事委員會，但不包括最高人民法院、最高人民檢察院、國家監察委員會和國務院各部委。其中，國家主席的權力主要是禮儀性、形式性的，全國人大及其常委會、中央人民政府和中央軍事委員會則均享有實質性的管治權。

其二，從客體方面而言，中央管治權具有全面性，可以管理香港特區的所有事務。由於香港的主權屬於中國，因此代表國家主權的中央對香港特區的管治權具有全面性，能夠對香港特區的所有事務進行

---

13. 參見鄒平學：〈《香港特別行政區基本法》實施與特區管治體制及管治效能探析〉，《香港回歸後社會經濟發展的回顧與展望》（論文集）2007 年 6 月 16 日，頁 154。

管理。但在「一國兩制」方針的指導下，為了便於對香港特區的治理，中央已經通過《香港基本法》授予香港特區高度自治權，由香港特區對其高度自治範圍內的事務進行治理，而中央則主要治理不屬於香港特區自治範圍的事務，這些事務往往涉及到國家主權、安全和發展利益，或者涉及到香港特區的長期繁榮穩定。例如，根據《香港基本法》的相關規定，香港特區的外交事務和防務由中央負責管理；根據《香港基本法》附件一和附件二、以及全國人大常委會相關解釋的規定，[14] 全國人大常委會對香港特區的政制發展（即行政長官和立法會的產生辦法及立法會法案、議案的表決程序的修改）享有主導權和決定權。[15] 中共十八大報告指出，中央對香港特區實行的各項方針政策的目的，其根本宗旨是維護國家主權、安全和發展利益，保持香港特區長期繁榮穩定。據此，中央行使管治權，對香港特區進行管理的目的亦在於此，管理的事務亦往往涉及到國家主權、安全和發展利益，或者涉及到香港特區長期繁榮穩定。

其三，從內容方面而言，中央管治權具有複合性。中央管治權並非一種單一性質的權力，其權力內容具有多樣性、複雜性。這主要有兩方面的原因：一方面，在「一國兩制」方針下，中央無須全面行使管治權，而是通過授予香港特區高度自治權，由香港特區實行高度自治、進行自主管理，中央僅保留必要權力即可。這樣，中央管治權實際上就包括三部分，即中央直接行使的權力、中央授予香港特區的高度自治權，以及中央對香港特區高度自治權的監督權。另一方面，傳統的分類往往將國家主權分為三大類，即立法權、行政權和司法權。然而，這三種權力中的任何一種均無法完整涵蓋中央管治權的內涵，因為建基於主權之上的中央管治權包含諸多的權力內容。這些權力從

---

14. 參見《全國人民代表大會常務委員會關於〈中華人民共和國香港特別行政區基本法〉附件一第七條和附件二第三條的解釋》，資料來源：www.npc.gov.cn/wxzl/wxzl/2004-07/23/content_332218.htm（瀏覽日期：2016 年 4 月 9 日）

15. 參見強世功：〈文本、結構與立法原意 ——「人大釋法」的法律技藝〉，《中國社會科學》2007 年第 5 期。

大的分類來說，既有立法權，也有行政權、司法權等；從小的分類來說，既有立法權、法律備案審查權、解釋權、修改權，也有人事任免權、國防權、外交權等諸多權力。

二、中央管治權之屬性

香港的主權屬於中國這一事實為中央對香港特區的管治權提供了政治基礎；中央為了維護其對香港特區的主權，必須享有能夠對香港特區進行治理的權力，這說明中央管治權在本質上是一種治權；中央之所以要對香港特區行使管治權，是為了維護「一國兩制」，缺少中央對香港特區的管治，「兩制」將不能和平共存，「一國」也將不復存在。

（一）主權：中央管治權之政治基礎

中央管治權雖然是中央對香港特區進行治理的權力，但這種治理並非通常的治理。通常的治理理論和治理體系並不十分強調主權因素，但中央管治權卻十分強調主權因素，因為香港主權屬於中國是中央能夠對香港行使管治權的政治基礎。如果香港的主權不屬於中國，那麼中國將無從管治香港。中國擁有香港的主權，這為代表國家主權的中央行使對香港的管治權提供了正當性。正因為如此，學界在界定中央管治權的涵義時，往往會突出中央管治權涵義中的主權元素，例如董立坤教授認為中央管治權就是指「中央基於國家主權，對作為國家領土構成部分的香港（和澳門）特別行政區行使的管轄權和治理權」；[16]饒戈平教授認為中央管治權是指「國家基於主權和憲政體制，對國家內的領土、居民、事務行使的管轄權和治理權」；[17]蔣朝陽教授認為「中央全面管治權，是指在單一制國家結構下，國家對港澳恢復行使主權

---

16. 董立坤：《中央管治權與香港特區高度自治權的關係》（北京：法律出版社，2014），頁38。
17. 饒戈平：〈一國兩制與國家對港澳特區的管治權〉，《中國法律發展評論》2012年第1期。

而產生的對特區進行管轄和治理的權力」;[18]郝鐵川教授將中央管治權稱為「主權性管治權」。[19]這種主權歸屬問題並沒有因英國對香港的殖民統治而有所改變,並可以從中英關於香港問題的談判中以及《香港基本法》的規定中看出。

1. 港英時期香港的主權問題探討

毫無疑問,港英政府時期,香港的主權並不屬於英國,仍然屬於中國。但這會引發如下問題,即:既然香港的主權屬於中國,那麼中國就可以直接收回香港,為什麼還要與英國進行協商來解決香港問題呢?陳端洪教授和強世功教授對此問題作出了比較有說服力的解釋。針對香港在英國殖民統治期間的主權歸屬問題,陳端洪教授將主權在觀念層面上分為領土權和統治權。所謂領土權就是主權者對其領土的權利。這種權利可以分為國際和國內兩個層面:在國際層面上,領土權意味着代表國家或者全體人民的主權者要排除外國對於本國領土的權利主張,必要時候甚至不惜訴諸武力來保衛本國領土;在國內層面上,領土權「是在私人土地所有權(在私有制下是對私人的所有權,在公有制下是對私人的土地使用權,這並不排除國家可以擁有一定的土地,甚至全部的土地)之上的一個抽象的整體的所有權」。正是基於這個抽象的所有權人資格,國家在必要時才可以對私人土地進行徵收和徵用。所謂統治權,主要是指主權者對其統治下的人民所享有的發佈命令的最高權力。基於統治權,為了維護國家安全與國內秩序,主權者在必要時可以命令人民與敵人作戰,可以將犯罪的人判處死刑等。領土權是對物的一種權利,統治權是對人的一種權力,但統治權依賴於領土權而存在。[20]

---

18. 蔣朝陽:〈維護中央全面管治權與保障特區高度自治權有機結合的澳門啟示〉,《港澳研究》2018 年第 3 期。

19. 參見郝鐵川:〈從國家主權與歷史傳統看香港特區政治體制〉,《法學》2015 年第 11 期。

20. 參見陳端洪:《憲治與主權》(北京:法律出版社,2007),頁 168–169。

就香港的領土權而言，由於中國不承認晚清政府與英國簽訂的三個不平等條約的效力，英國不能取得香港的領土權。按照這個邏輯，中國無需與英國進行談判，可以無條件地收回香港，無需等到 1997 年，並且英國在殖民統治香港期間所取得的所有利益都要返還中國。但英國政府則主張其依據三個不平等條約享有香港的主權，特別是香港島和九龍半島的主權。這與中國的主張存在着直接衝突。但在雙方最終簽訂的《中英聯合聲明》中，雙方都進行了一定程度的讓步：英國承認了中國對香港的主權，而中國也默認了英國在對香港進行殖民統治期間所取得的利益。可見，雙方堅持原則性與靈活性相結合的務實策略，有效地解決了香港的領土權問題。在統治權方面，陳端洪教授將統治權分為權力和正當權威。權力是一種事實狀態，而正當權威強調的則是正當性，是一種道德資格。在中英雙方整個談判過程中，中國的主權演說實際上始終包含着權力與正當權威的區分。例如，當中國否定三個不平等條約的效力，進而否定英國對香港的主權時，這在事實上既沒有否定香港被英國佔領的歷史事實，也沒有否定英國統治香港和對香港居民行使權力的事實。實際上，中方否定的僅是英國統治香港的正當權威，也就是說英國對香港的統治不具有正當性，是一種無權利的權力，而中國對香港始終擁有正當權威，在英國殖民統治香港期間，由於中國無法對香港居民直接行使權力，因而這種正當權威是一種無權力的權利。從這個意義上而言，1997 年的香港回歸使得中國可以直接對香港行使權力，中國對香港的權力和正當權威復歸一體。[21]

與陳端洪教授類似，強世功教授將主權分為主權權利和主權行使。[22]其中，主權權利基於正義原則，相當於陳端洪教授對統治權所作分類中的正當權威，而主權行使則基於現實考量，相當於陳端洪教授

---

21. 參見陳端洪：《憲治與主權》(北京：法律出版社，2007)，頁 169–170。

22. 參見強世功：《中國香港：政治與文化的視野》(北京：生活·讀書·新知三聯書店，2014)，頁 145。

對統治權所作分類中的權力。就香港而言，殖民統治下的香港主權無疑是屬於中國的，中國對香港擁有主權權利。但在英國對香港的殖民統治期間，基於特定的現實考量，中國對香港沒有進行過主權行使。而香港的回歸則使得中國對香港的主權權利和主權行使復歸統一。

2. 從中英談判過程看香港的主權歸屬

在中英談判期間，中方否決英方提出的「三腳櫈」談判計劃，以及中方對香港特區財產的處置，均表明了中國對香港的主權者身份。

中英關於香港問題的談判本應在中方與英方雙方之間舉行，但英國卻提出所謂「三腳櫈」的談判計劃，即在談判期間，英國企圖將香港作為一方談判主體拉入中英之間的談判，形成中國、英國和香港三方組成的談判小組。這個談判計劃表面上是尊重香港居民的意見，但其實質意圖卻是刻意在內地與香港之間製造裂痕。按照這個計劃，香港將作為獨立的談判主體與中國並列，作為主權者的中國人民實際上會被分割成大陸中國人與香港人兩部分，最終導致的結果將會是在法律上作為主權者代表的中央政府無法代表香港，香港的主權不再屬於中國，香港的前途問題則可以通過香港居民自決來完成。[23] 最終，中方識破了英方的潛在陰謀，否決了「三腳櫈」的談判計劃。

此外，香港的主權屬於中國還可以從香港特區成立前，中央人民政府對香港特區的財產處置中得到證明。在 1997 年 6 月 26 日的國務院第 59 次常務會議上，國務院發佈了《中華人民共和國國務院關於授權香港特別行政區政府接收原香港政府資產的決定》。根據該決定，中央人民政府授權即將成立的香港特區政府接收和負責核對港英政府的全部資產和債務，並根據香港特區的有關法律自主地進行管理。這說明港英政府的資產是先轉移給中國政府，然後由代表國家主權的中央人

---

23. 參見陳端洪：《憲治與主權》(北京：法律出版社，2007)，頁 172。

民政府授權香港特區進行接收，而在香港特區政府與港英政府之間並不存在私相授受的關係。[24]

3.　從憲法和《香港基本法》等法律看香港的主權歸屬

1982 年憲法的制定和頒佈實施，「為一國主權下實行兩種制度提供了合憲性基礎，塑造了具有原則性、開放性與靈活性的『兩制』形態」。[25]香港回歸後，中央對香港的主權權利和主權行使復歸統一，這種統一的文本體現就是憲法和《香港基本法》。憲法和《香港基本法》共同構成香港特區的憲制基礎，承載着在香港特區體現、建構和維護國家主權的功能。[26]正是通過憲法和《香港基本法》的主權建構，香港主權屬於中國這一事實才轉化為中央基於憲法和《香港基本法》而享有的對香港特區的全面管治權。憲法和《香港基本法》從制定主體、文本規定、地域面積的設定等角度均表徵了香港的主權屬於中國這一事實。首先，《香港基本法》作為香港特區的憲制性法律，其並非是由香港特區自行制定的，而是由作為國家主權機關的全國人大根據憲法制定的。其次，《香港基本法》的序言明確表明「香港自古以來就是中國的領土」；正文第 1 條明確規定香港特區是中華人民共和國不可分離的部分；第 12 條規定香港特區是中華人民共和國的一個享有高度自治權的地方行政區域，直轄於中央人民政府；等等。最後，香港特區的行政區域圖也並非自行設定的，而是中央人民政府根據《全國人民代表大會關於設立香港特別行政區的決定》，在香港回歸之前的 1997 年 5 月 7 日的國務院第 56 次常務會議上確定的。[27]也就是說，在 1997 年 7 月 1 日凌晨那一剎那，如下兩個過程瞬間完成：第一，香港回歸中國，香港

24. 黃志勇：《港澳基本法要論》（廣州：暨南大學出版社，2012），頁 16。

25. 韓大元：〈論香港基本法上「國家」的規範內涵〉，《中外法學》2020 年第 1 期。

26. 參見韓大元：〈論香港基本法上「國家」的規範內涵〉，《中外法學》2020 年第 1 期。

27. 參見《中華人民共和國國務院令第 221 號（1997）》，資料來源：www.hmo.gov.cn/Contents/Channel_438/2008/0429/26207/content_26207.htm（瀏覽日期：2016 年 2 月 18 日）

消失；第二，中央通過《香港基本法》和相關的決定設立香港特區，組建香港特區的政權機關，劃定香港特區的行政區域圖，香港重新出現。

（二）治權：中央管治權之權力本質

主權與治權具有密不可分的聯繫，主權本身就意味着對主權範圍內的領土具有治權，主權是治權的基礎，治權依附於主權，離開主權，治權將不存在；同時，主權本身也不是空洞的，而需要通過治權來體現和維護，離開治權，主權將徒具形式，不具有實質涵義，因此，治權是主權的內容和表現形式。[28] 就香港特區而言，中央對香港特區的管治權具有充分的正當性，這種管治權是以香港的主權屬於中國為政治基礎。同時，如果中央不享有對香港特區進行管治的權力，那麼香港主權屬於中國這一政治事實將無從體現、徒具形式而已，香港「回歸」也將失去意義，香港特區所享有的將是超越高度自治權的「完全自治權」。正是為了體現這種主權歸屬情況，中央必須享有對香港特區進行管治的權力。因此可以説，主權是中央管治權的政治基礎，而治權則是中央管治權的權力本質。

關於中央管治權，曾有如下三種錯誤觀點：第一種觀點認為中央管治權就像英國女王對香港的管治一樣，只是名義上的、虛的權力，不具有任何實質性涵義；第二種觀點認為，中央管治權的權力內容僅限於國防和外交；第三種觀點認為中央對香港特區不享有任何管治權。[29] 中央對香港特區無疑享有管治權，並且是全面性的管治權，不限於國防和外交兩項，關於該部分內容將在第二章第四節中論述。中央對香港特區的管治是實質性的管治，並非像英國女王對香港的管治一樣僅具有形式上的意義，即中央管治權是實質性的管治權，是一種治權。這種治權以主權為基礎。主權與治權並不能分開，離開治權，

---

28. 參見駱偉建：《「一國兩制」與澳門特別行政區基本法的實施》（廣州：廣東人民出版社，2009），頁14。

29. 參見郝鐵川：《香港基本法爭議問題述評》（香港：中華書局，2013），頁11。

主權將徒具形式，無從體現，更不能得到有效維護和保障。主權不但要存在，而且必須被感知到存在。這決定了治權必須是一種實質性權力，而非形式上的、可有可無的權力。在中英談判期間，英方曾提出「主權換治權」的計劃，即承認香港的主權屬於中國，但繼續由英國來管治香港。該計劃遭到中方的堅決反對。因為中方清楚，如果不能行使對香港特區的管治權，那麼所謂「中國對香港恢復行使主權」將不具有任何意義。

　　作為一種治權，中央對香港特區的管治權帶有恢復行使主權的意義，是行使主權的行為。[30] 在香港回歸之後，中央在授予香港特區高度自治權的同時，必須保留對香港的管治權，並且必須在實際的管治過程中行使這些管治權。這主要因為中央對香港行使管治權的過程帶有恢復行使主權的意義，起着在香港特區建構國家主權的作用。《香港基本法》並未一步到位地、完整地實現國家在香港特區的主權建構，[31] 例如，《香港基本法》將本應屬於主權重要組成部分的司法終審權授予了香港特區。主權的真正建構從來不是短時間內完成的，主權既需要從外部不斷地進行捍衛，更需要在內部的日常實踐中不斷地進行整合。[32] 在這種情況下，中央切實有效地依據憲法和《香港基本法》行使對香港特區的管治權，對在香港特區建構和維護國家主權具有十分重要的意義。因此，既然中央對香港特區的管治權是實質性的權力，那麼這些管治權就不能僅停留在文本規定上，而是要切實地行使這些管治權來管治香港特區，唯有如此，才能有效地維護和保障國家主權、安全和發展利益。

---

30. 參見喬曉陽：〈中央全面管治權和澳門特別行政區高度自治權 —— 在紀念澳門基本法頒佈 25 周年學術研討會上的講話〉，《港澳研究》2018 年第 2 期。

31. 參見陳端洪：《憲治與主權》(北京：法律出版社，2007)，頁 165。

32. 陳端洪：〈論憲法作為國家的根本法與高級法〉，《中外法學》2008 年第 4 期。

（三）「一國兩制」：中央管治權之價值所在

耶林認為，「目的是全部法律的創造者。每條法律規則的產生都源於一種目的，即一種實際的動機」，「法律是根據人們欲實現某些可欲的結果的意志而有意識地制定的」。也就是説，「法律在很大程度上是國家為了有意識地達到某個特定目的而制定的」。[33] 作為國家根本法的憲法和香港特區憲制性法律的《香港基本法》，其在香港特區的實施同樣具有目的取向性。中央管治權是中央依據憲法和《香港基本法》所享有的，國家之所以通過憲法和《香港基本法》賦予中央一定的管治權，是為了通過中央對香港的管治來達到一定的目的，該目的即是維護「一國兩制」。眾所周知，「一國兩制」最初是為解決國家統一問題而設計出來的。在香港範圍內，隨着 1997 年 7 月 1 日香港的回歸，「一國兩制」的統一功能即告完成，但這並不意味着「一國兩制」的使命即結束。在國家對香港特區的治理過程中，「一國兩制」不再是一種工具或者手段，而是一個目的，即中央對香港特區的治理必須旨在維護「一國兩制」，既需要「一國」，亦需要維護「兩制」。

在「一國兩制」中，「一國」是「兩制」存在的前提和基礎。「一國」並不是指一個抽象的、虛擬的國家，而是指按照國家的憲法所確立的具體的、現實的國家。這個國家除了是民族、歷史和文化意義上的國家之外，還是政治主權意義上的國家。[34] 因此，「一國兩制」中的「一國」就是指憲法所構建的包含政治、歷史、文化、經濟等各個領域在內的主權意義上的中華人民共和國。「維護中華人民共和國的主權、領土完整與尊嚴是『一國兩制』的宗旨與前提，任何時候，不得以任何理由損害、挑戰國家利益。」[35]「兩制」就是內地實行的社會主義制度和政策，與香港特區實行的資本主義制度和政策。但在「一國兩制」框

---

33. 〔美〕E・博登海默，鄧正來譯：《法理學：法律哲學與法律方法》（北京：中國政法大學出版社，1999），頁 109。

34. 參見駱偉建：《澳門特別行政區基本法新論》（北京：社會科學文獻出版社，2012），頁 34。

35. 韓大元：〈論「一國兩制」的文明觀及其當代意義〉，《中國人民大學學報》2021 年第 3 期。

架中，社會主義制度與資本主義制度並非平起平坐的關係，「社會主義制度是國家的根本制度，是在國家主體實行的制度」。【36】中央管治權旨在維護「一國兩制」，是說中央要通過行使管治權，來保證香港特區實行的資本主義制度和生活方式不得影響內地實行的社會主義制度和生活方式，保證香港特區的高度自治權在《香港基本法》規定的軌道內運行，不得超越高度自治權去追求「完全自治」，不得危害國家主權、安全和發展利益，進而危及「一國」的存在；同時也要保證內地實行的社會主義制度和生活方式不得影響香港特區實行的資本主義制度和生活方式。要維護「一國」就必須維護國家統一、增進國家認同。眾所周知，英國對香港進行了長達一個半世紀的殖民統治，正是在這期間，中國正在由一個傳統國家轉變為現代國家，中國的國家觀也由傳統的天下式國家觀轉變成近現代意義上的主權式國家觀。而在這個過程中，一方面正在進行現代意義上的主權國家建設的中國並未對香港行使過主權，另一方面生活於英國殖民統治下的香港居民並未參與祖國由傳統向現代的轉換過程，導致其對祖國產生了疏離感和國家認同危機。雖然香港的回歸解決了香港的主權歸屬問題，但這種疏離感和國家認同危機並沒有隨着香港的回歸而自動消失，甚至在近幾年有不斷惡化的趨勢。而要彌合香港居民與祖國之間的隔閡，增進香港居民的國家認同，單單靠授予香港特區高度自治權是難以完成的，中央必須擁有一定的管治權，能夠直接地對香港特區進行管治，才能達成上述目的。

　　盧梭曾在其名著《社會契約論》中論及土地佔有者的權利時說，某塊土地的最初佔有者的權利要獲得人們的認可，就必須滿足三個條件，其中第三個條件就是該最初佔有者對這塊土地的佔有不能僅僅憑藉一種空洞的、抽象的形式感，而要切切實實地在這塊土地上進行勞作和耕耘。【37】聯邦黨人也曾說：「國家權力的執行愈是混合在政府的日

---

36. 參見韓大元：〈論「一國兩制」的文明觀及其當代意義〉，《中國人民大學學報》2021 年第 3 期。

37. 〔法〕盧梭，何兆武譯：《社會契約論》(北京：商務印書館，2005)，頁 28。

常實踐中，公民愈是習慣於在日常的政治生活中接觸到這種權力；他們對這種權力愈是經常耳濡目染，這種權力就愈加深入地進入那些感人心弦、動人情感的事物中，因而獲得社會的尊重和愛慕的可能性就愈大。人在很大程度上是一種習慣的動物。凡是難得打動一個人情感的事情，通常對他的思想影響很小。一直遠離人民、又為人民看不到的政府，難以指望引起人民的情感。」[38] 可見，無論是盧梭，還是聯邦黨人均認為，權力的經常行使或者實踐，對於促進權力認同來說至關重要。唯有通過實踐才能讓人們感受到權力的作用，才有可能促進人們對權力的認同。而就香港來說，在殖民統治時期，國家未對香港行使過任何權力，香港回歸之後，中央卻仍然保持克制，大量的管治權備而不用，使香港居民只知高度自治權而不知中央管治權，只認同香港特區而不認同國家。因此，在香港回歸之後，中央依據憲法和《香港基本法》享有的管治權，承載着維護國家主權也就是維護「一國」的作用。在這過程中，中央無須保持克制，該出手時就出手。

三、中央管治權之類型

類型化研究是社會科學對研究對象進行研究的一種重要方法，能夠使研究者深入了解研究對象的特徵。類型化研究的關鍵在於依據什麼標準對研究對象進行類型劃分，依據不同標準往往會對研究對象作出不同的類型劃分；而即便依據同一標準，往往由於研究者研究視角的不同和研究對象的複雜性，亦可能對研究對象作出不同的類型劃分。例如，同樣是依據內容標準，王振民教授和焦洪昌教授就對中央管治權作出了不同的類型劃分。王振民教授將中央管治權劃分為如下六大權力，即外交權、防務權、特區創制權、立法權、政府組織權、

---

38. 〔美〕漢密爾頓、傑伊、麥迪森，程逢如、在漢、舒遜譯：《聯邦黨人文集》(北京：商務印書館 2009)，頁 153-154。

宣佈進入緊急狀態權。【39】焦洪昌教授將中央管治權劃分為外交權、防務權、人事任免權、法律審查權、重大事項決定權、批准權、備案權，以及《香港基本法》的解釋和修改權。【40】香港亦有學者以內容為標準，認為中央對香港特區的管治權包括如下事項，即基本法修改權、國防和外交事務權、任命行政長官和主要官員的權力、基本法解釋權、違憲審查權、全國性法律適用於香港的權力、緊急狀態決定權、審查原有法律權、國家行為與司法管轄、禁止叛國等行為的立法權等。【41】可見，即便同樣以內容為標準，由於研究視角的不同，上述幾位學者對中央管治權作出了不同的類型劃分。基於此，本書拋開內容標準，而依據主體標準、適用方式標準和規範基礎標準對中央管治權進行類型劃分。

（一）以主體為標準

根據憲法的相關規定，中央國家機關一般是指如下幾個，即全國人大、全國人大常委會、國家主席、中央人民政府、中央軍事委員會、國家監察委員會、最高人民法院、最高人民檢察院。在「一國兩制」下，根據《香港基本法》的相關規定，香港特區享有獨立的司法權和終審權，國家監察委員會、最高人民法院和最高人民檢察院對香港特區不享有任何司法權。因而，在「一國兩制」環境下，對香港特區享有管治權的中央國家機關就只包括五個，即全國人大、全國人大常委會、國家主席、中央人民政府和中央軍事委員會。那麼，以主體為標準，中央管治權就可以劃分為全國人大的管治權、全國人大常委會的管治權、國家主席的管治權、中央人民政府的管治權和中央軍事委員會的管治權。

---

39. 參見王振民：《中央與特別行政區關係 —— 一種法治結構的解析》（北京：清華大學出版社，2002），頁 143-144。

40. 參見焦洪昌主編：《港澳基本法》（北京：北京大學出版社，2007），頁 66-85。

41. 參見陳弘毅、陳文敏、李雪菁、陳文慧合編：《香港法概論》（新版）（香港：三聯書店，2010），頁 117-119。

在該標準之下，可以進一步以內容為標準劃分各權力主體的管治權。在這方面，學界對全國人大及其常委會的管治權進行的劃分比較多。例如，有學者將全國人大及其常委會的管治權分為以下五類：即(1)全國人大行使的創制特別行政區的權力、(2)全國人大常委會行使的國家立法權及違憲審查權、(3)緊急權（即宣佈戰爭狀態和進入緊急狀態的權力）、(4)接受備案的權力、(5)授予香港特區其他權力的權力。【42】實際上，全國人大的管治權可以分為如下幾類，即制定和修改《香港基本法》的權力、規定香港特區實行的制度的權力、授予香港特區高度自治權的權力、確定香港特區全國人大代表的名額和產生辦法的權力、授予香港特區其他權力的權力等；全國人大常委會的管治權可以分為如下幾類，即立法類權力（包括法律備案審查權、增減列於附件三的法律的權力、《香港基本法》修改提案權、廢除香港原有法律的權力）、基本法解釋權、人事任免權、香港特區憲制發展決定權、戰爭狀態和緊急狀態決定權、授予香港特區其他權力的權力等；國家主席的權力主要是禮儀性的；中央人民政府的管治權可以分為如下幾類，即領導香港特區政府的權力、外交權、防務權、人事任免權、在香港特區實施全國性法律的權力、就國家行為的事實問題發出證明書的權力、批准權（包括批准內地相關主體在香港特區設立機構的權力和批准外國在香港特區設立相關機構的權力）、備案權（包括香港特區財政預算、決算的備案權和香港特區設立駐外機構的備案權）、確定內地進入香港特區定居的人數的權力、授予香港特區其他權力的權力等；中央軍事委員會的管治權則主要是防務方面的權力。

(二) 以適用方式為標準

以適用方式為標準，中央管治權可以分為政策性管治權和法律性管治權。所謂政策性管治權，是指以政策為表現形式的管治權。「一國兩制」本身就是中央對香港特區實行的重要政策，該政策的具體內容規

---

42. 參見王禹：《「一國兩制」憲法精神研究》（廣州：廣東人民出版社，2008），頁95。

定在《中英聯合聲明》中，中央對香港特區作出的一切行為都不得違背該政策。根據《香港基本法》第 22 條第 4 款的規定，中國其他地區進入香港特區定居的人數，需要由中央人民政府主管部門徵求香港特區政府的意見後確定。確定定居人數的依據應當是內地和香港社會情勢的發展變化，因而必然體現為一種政策，屬於政策性管治權。根據《香港基本法》第 48 條第 (8) 項的規定，香港特區行政長官要執行中央人民政府就《香港基本法》規定的有關事務發出的指令，這種指令有時即是根據特定的政策作出的，因而亦屬於政策性管治權。所謂法律性管治權，是指以立法、執法和司法等為表現形式的管治權，因而又可分為立法性管治權、執法性管治權和司法性管治權。立法性管治權是指中央通過立法或者與立法相關的權力來管治香港特區的權力，如全國人大的基本法修改權、全國人大常委會對香港特區立法會立法的備案審查權、增減列於附件三的全國性法律的權力等；執法性管治權是指中央通過直接執行法律的規定來行使的管治權，[43] 如中央人民政府對香港特區行政長官和政府主要官員的任免權、全國人大常委會對香港特區終審法院法官和高等法院首席法官任免的備案權等；司法性管治權主要是指全國人大常委會對《香港基本法》和在香港特區實施的全國性法律的解釋權等。

（三）以規範基礎為標準

以規範基礎為標準，即根據中央管治權是來自於憲法還是《香港基本法》，可以將中央管治權分為中央憲法管治權和中央基本法管治權。香港法律體系中實際上存在着兩個「規範等級體系」，[44] 一個是以憲法為核心的規範等級體系，一個是以《香港基本法》為核心的次規範等級

---

43. 當然，廣義而言，立法性管治權和司法性管治權亦是中央執行法律規定而行使的管治權，因而亦屬於廣義的執法性管治權。為了行文方面，本書將立法性管治權和司法性管治權單獨列出，與狹義的執法性管治權並列。

44. 參見〔奧〕凱爾森，沈宗靈譯：《法與國家的一般理論》（北京：商務印書館，2013），頁 193。

體系，後者屬於前者的組成部分。其中，以《香港基本法》為核心的次規範等級體系為中央基本法管治權提供了規範基礎，而以憲法為核心的規範等級體系中除去以《香港基本法》為核心的次規範等級體系之後的剩下部分，則為中央憲法管治權提供了規範基礎。關於中央憲法管治權與中央基本法管治權，將在第三章中具體討論。

第二章

授權框架下的中央管治權

❧❧❧❧❧❧❧❧❧❧❧❧❧❧❧❧❧

中國是單一制國家。在單一制的國家結構形式下,憲法與《香港基本法》在中央與香港特區之間構建了授權框架,其中,中央是授權主體,香港特區是被授權主體。在這種授權框架中,香港特區並不享有任何固有的權力,其所享有的高度自治權來自於中央的授權。在授權之後,中央對香港特區仍具有全面管治權。

一、中央管治權與國家結構形式

在一個國家的中央與地方關係中,中央所享有權力的大小、性質取決於該國的國家結構形式。國家結構形式不同,中央所享有的權力的大小、性質亦可能不同。

(一)典型國家結構形式

國家結構形式是指一個國家的整體和其組成部分之間,或者中央政權和地方政權之間的相互關係。[1]國家結構形式並不是一成不變的,而是會隨着社會的發展而變化的。單一制與聯邦制是對國家結構形式的一種經典分類。

所謂單一制,是指國家由若干個普通行政單位、自治單位或者特別行政區等組成,這些組成單位都是國家不可分離的組成部分的國家

---

1. 參見周葉中主編:《憲法》(第三版)(北京:高等教育出版社,2011),頁224。

結構形式；所謂聯邦制，是指國家由兩個或以上的組成單位（如邦、州、共和國等）組成聯盟國家的國家結構形式。[2]關於單一制與聯邦制的區別標準存在着如下三種觀點：第一種觀點認為，單一制有如下基本標誌：（1）全國只存在一部憲法，並且只有一個中央國家機關體系；（2）所有公民具有統一的國籍；（3）各組成單位均受中央的統一領導，無權脫離中央而獨立；（4）各組成單位的權力來源於中央的授予，並非其本身固有；（5）中央國家機關代表整個國家進行對外交往。[3]聯邦制具有如下基本標誌：（1）聯邦和其組成單位分別具有各自的憲法，以及各自的國家機關體系；（2）聯邦制國家的公民具有雙重國籍，其既是聯邦的公民，同時又是聯邦組成單位的公民；（3）聯邦的最高立法機關往往採取兩院制，並且其中一院由聯邦各組成單位派遣代表組成；（4）聯邦和其組成單位之間的權力劃分通過憲法來進行，即由憲法來規定聯邦享有哪些權力、組成單位享有哪些權力，聯邦的權力來自於各組成單位的授予，凡未授予聯邦的權力，由各組成單位保留；（5）在對外交往方面，聯邦的組成單位通常沒有對外交往的權力，但也有些聯邦制國家允許其組成單位與外國簽訂某些方面的協定。[4]第二種觀點認為，要區別單一制與聯邦制，歸根到底要看主權權力是由中央國家機關獨自享有還是由中央國家機關與地方政府分享。所謂主權權力，是指國家機關在國家生活中，對某一方面公共事務的最終決定權。如果主權權力由中央國家機關獨自享有，那麼該國家就是單一制國家；如果主權權力由中央國家機關與地方政府分享，那麼該國家就是聯邦制國家。[5]第三種觀點認為，區別單一制與聯邦制國家的主要標準，應當看地方的權力是其本身所固有的，還是來自於中央的授權。若地方的權力來自於中央的授權，那麼該國家就是單一制國家；若地方的權力是

---

2. 參見周葉中主編：《憲法》（第三版）（北京：高等教育出版社，2011），頁 224。

3. 參見胡錦光、韓大元：《中國憲法》（第二版）（北京：法律出版社，2007），頁 80-81。

4. 參見胡錦光、韓大元：《中國憲法》（第二版）（北京：法律出版社，2007），頁 81。

5. 參見童之偉：《國家結構形式論》（武漢：武漢大學出版社，1997），頁 146。

其本身所固有的，並且中央的權力來自於地方的授予，那麼該國家就是聯邦制國家。[6]

　　上述三種觀點均有助於了解單一制與聯邦制的區別和特點，但前兩種觀點並沒有反映單一制與聯邦制的真正區別。如第一種觀點認為單一制國家全國只有一部憲法、各組成單位不能脫離中央而獨立等，但實際上有些單一制國家如英國，根本就不存在一部成文憲法，而聯邦制國家一般也不允許其組成單位脫離聯邦而獨立，美國這個典型的聯邦制國家甚至為了維護其國家的統一而進行了一場內戰。第一種觀點還認為聯邦制國家公民具有雙重國籍、採取兩院制、由憲法規定中央和地方的權力，但實際上，有些單一制國家如愛爾蘭也默認雙重國籍的存在，單一制國家如英國議會也採取兩院制。同時，無論是聯邦制國家，還是單一制國家，往往均通過憲法來規定中央與地方的權力。因此，第一種觀點並不能有效地區別哪些是單一制國家、哪些是聯邦制國家。第二種觀點的分析視角很獨特，具有一定道理，但按照這種觀點，香港特區設立後，中國似乎就屬於聯邦制國家了，因為香港特區享有獨立的司法權和終審權，內地的最高人民法院無權對香港特區發生的案件進行管轄，而終審權無疑屬於對公共事務的一種最終決定權，因而屬於主權權力。本書贊成第三種觀點，即區別單一制與聯邦制，最主要的就是看地方的權力來源：如果地方的權力是其本身固有的，中央的權力來自於地方的授予，那麼該國家就是聯邦制國家，在這種國家中，未授予聯邦的權力，由地方保留；如果地方的權力並非其本身所固有，而是來自於中央的授權，那麼該國家就是單一制國家，無論地方被授予的權力有多大，均不影響該國家的單一制國家結構形式，在這種國家中，未授予給地方的權力，則由中央保留。

---

6. 參見易賽鍵、朱松嶺：〈對國家結構形式的再認識〉，《江漢論壇》2011 年第 4 期。

（二）授權、分權與國家結構形式

授權與分權是兩個具有不同法律涵義的概念。有學者認為，授權具有如下三個方面的涵義：其一，託付性質，也就是授權者把相關事務託付給被授權者處理；其二，從屬性質，授權之後，被授權者從屬於授權者，並且要按照託付時授權者的要求行使權力；其三，負責與監督關係，授權之後，被授權者需要對授權者負責，並且授權者對被授權者的相關行為有權進行監督。而分權則具有如下三個方面的涵義：其一，分工性質，即中央與地方之間存在着權力的分配；其二，中央與地方之間存在着從屬性與合作性的雙重關係，其中，從屬性主要體現在中央與地方之間的縱向分權方面，但同時在縱向分權上也存在一定的合作關係，即中央在非專屬權限範圍內，需要與地方合作；其三，中央與地方因分權關係而獲得各自的權力，在行使過程中不受對方的監督。[7]授權與分權最重要的區別並不在於權力的劃分形式，而在於誰享有初始權力、由誰來進行權力的劃分。亦即是說，若中央享有初始權力，那麼中央即可單方面劃分權力，規定地方享有哪些權力，這就是授權；若權力的劃分是由中央與地方共同協商進行，規定各自的權限範圍，那麼這就是分權。[8]也有學者認為，在授權框架中，授權者與被授權者在法律地位上並不是對等的，而是存在一定的隸屬關係，授權者除了對被授權者有監督權之外，還可以變更甚至撤銷授權。由於雙方法律地位的不對等，在發生權限糾紛時，不是通過協商來解決糾紛，而是由授權者根據事先確定的法律程序予以解決。而在分權框架下，各權力主體按照權力的劃分規定，各自獨立地行使權力，相互之間不存在任何隸屬關係。各權力主體之間的權力界限通過憲法確定，若發生權限爭議，則通過訴諸第三方來解決。[9]

---

7. 參見駱偉建：《澳門特別行政區基本法新論》(北京：社會科學文獻出版社，2012)，頁72。
8. 參見駱偉建：《澳門特別行政區基本法新論》(北京：社會科學文獻出版社，2012)，頁72–73。
9. 參見鄒平學等：《香港基本法實踐問題研究》(北京：社會科學文獻出版社，2014)，頁124。

因此，授權、分權與國家結構形式的關係而言，根據單一制與聯邦制的區別，授權存在於單一制國家中，分權則存在於聯邦制國家中。在單一制國家，中央代表着國家主權，各組成單位原本無權，只是由於接受了中央的授權才具有了相應的權力。即便接受了被授予的權力，各組成單位也不享有這些被授予的權力的所有權，也就是說這些權力仍歸中央所有，中央可以隨時撤銷授權，收回被授予的權力。因此，在授權框架下，未授予給各組成單位的權力，由中央保留。在接受被授予的權力之後，各組成單位要按照授權時的規定行使權力，中央有權監督各組成單位是否按照授權規定行使權力。正如有學者所說，在單一制國家，中央對地方的授權通常是根據特定政治或社會等情勢需要而採取政策和管治方法，但在授權之後，中央並不會失去所授的權力，而地方更不會獲得分離權或者對抗權。[10]在聯邦制國家，儘管聯邦的權力來自於組成單位的授權，但這裏的授權與單一制下的授權不同，聯邦制下的授權是一種分權性質的授權，即各組成單位將權力授予聯邦之後，這些權力即歸聯邦所有，而各組成單位將不再享有這些權力。同時，未授予給聯邦的權力，則由各組成單位保留。聯邦和各組成單位分別獨立行使自己的權力，如果雙方發生權限爭議，則按照憲法關於各自權限的規定來解決，而非一方對另一方進行監督。[11]

二、中央管治權與憲法第 31 條

按照中國單一制的國家結構形式，憲法與《香港基本法》在中央與香港特區之間構建了一個授權框架。憲法第 31 條是一個非常重要的授權條文，《香港基本法》整體上即是一部授權法，憲法第 31 條和《香港

---

10. 參見程潔：〈中央管治權與特區高度自治 —— 以基本法規定的授權關係為框架〉，《法學》2007 年第 8 期。

11. 參見王叔文等編著：《澳門特別行政區基本法導論》(北京：中國人民公安大學出版社，1993)，頁 136。

基本法》所構建的即是一種授權框架。在這種授權框架中，全國人大根據憲法第 31 條的授權和憲法的規定，通過制定《香港基本法》授予香港特區高度自治權，同時賦予中央國家機關可以直接行使的權力以及對香港特區高度自治權的監督權。本節主要討論憲法第 31 條的授權性，下節討論《香港基本法》授權性。

（一）憲法第 31 條之性質

憲法第 31 條規定：「國家在必要時得設立特別行政區。在特別行政區內實行的制度按照具體情況由全國人民代表大會以法律規定。」相對於憲法其他條文來說，第 31 條可以說是一個「但書」。[12] 該「但書」具有授權性質，實際上包含兩個層面的授權，一個是憲法層面的授權，一個是法律層面的授權。就憲法層面的授權而言，其是指制憲權對憲定權的授權。制憲權與憲定權具有不同的涵義。制憲權決定着憲定權，憲定權來自於制憲權。卡爾・施密特（Carl Schmitt）認為：「制憲權是一種政治意志，憑藉其權力或權威，制憲權主體能夠對自身政治存在的類型和形式作出具體的總決斷，也就是說，能夠決定整個政治統一體的存在」，[13]「制憲權是一切權力的本源，憑藉共同體的存在就當然存在，是不可分割、不可轉讓的。憲定權是派生的，可以分割，端賴憲法而存在，受憲法之制約，斷不能染指憲法。」[14] 既然制憲權主體能夠決定整個政治統一體的存在形式，當然更有權決定該政治統一體中的特定部分的存在形式。就此而言，在 1982 年憲法頒佈之時，制憲權主體完全可以在該憲法中直接規定香港特區的存在形式。然而，由於當時「一國兩制」方針剛提出不久，還不是太成熟，香港尚未回歸，香港

---

12. 參見許昌：〈對中國憲法與基本法關係的再思考〉，載駱偉建、王禹主編：《澳門人文社會科學研究文選（基本法卷）》（北京：社會科學文獻出版社，2009），頁 82。

13. 〔德〕卡爾・施密特，劉鋒譯：《憲法學說》（上海：上海人民出版社，2005），頁 84–85。

14. 陳端洪：〈人民既不出場也不缺席 —— 西耶斯《第三等級是什麼？》中的民族制憲權理論〉，載陳端洪：《制憲權與根本法》（北京：中國法制出版社，2010），頁 133。

特區亦尚未成立，並且還有很多的不確定因素。因此，制憲者在頒佈
1982 年憲法時，無法在其中明確規定香港回歸後實行什麼樣的制度和
政策，唯有通過第 31 條將此權力授予全國人大。而全國人大憑藉第 31
條的授權則獲得一項憲定權，即要根據香港的具體情況來規定香港在
回歸後實行什麼樣的制度和政策。此外，根據憲法第 31 條中的「以法
律規定」的表述可知，全國人大獲得的這項憲定權實際上包含着法律保
留的意思，即在構建香港回歸之後所實行的制度和政策時，只能採取
法律的形式，而不得採用法規、規章等其他規範性文件的形式。就法
律層面的授權而言，由於「一國兩制」方針要求香港在回歸之後實行與
內地相區別的資本主義制度和政策，要求授予香港特區高度自治權，
這就要求全國人大必須通過制定一部授權法，來授予香港特區高度自
治權，這樣一部授予香港特區高度自治權的授權法無疑就是《香港基
本法》。

　　「一國兩制」方針要求在香港特區構建與內地相區別的資本主義制
度和政策，這就決定了《香港基本法》的諸多內容在形式上必然與憲法
存在衝突。但由於憲法第 31 條的「但書」性質以及在憲法和法律兩個
層面對全國人大的授權，《香港基本法》形式上的「違憲性」就具有了合
憲性。

（二）憲法第 31 條之涵義

　　憲法第 31 條包含兩句話，分別是「國家在必要時得設立特別行政
區」、「在特別行政區內實行的制度按照具體情況由全國人民代表大會
以法律規定」。其中第一句話是對地理層面和行政區劃層面的特別行
政區而言的，表明國家在必要時候可以設立行政區劃層面的特別行政
區，並確定特別行政區的地域面積；第二句話是對制度層面的特別行
政區而言的，表明在特別行政區內實行什麼樣的制度，由全國人大以
法律來規定。就中央對香港特區的管治權而言，這兩句話授予全國人
大兩種權力：設立和取消香港特區的權力、規定和變更香港特區實行
的制度的權力。

1. 設立和取消香港特區的權力

眾所周知，「一國兩制」方針是國家為了解決香港、澳門和台灣問題而提出的創造性理論。根據「一國兩制」方針，香港、澳門和台灣可以設立特別行政區，實行不同於內地的資本主義制度和生活方式。憲法第 31 條即是對「一國兩制」方針的法制化、憲法化。憲法第 31 條第一句話規定：「國家在必要時得設立特別行政區」。該句話包含兩層含義：其一，國家擁有設立特別行政區的權力，這既包括設立作為行政區劃的特別行政區，也包括確定特別行政區的區域面積；其二，特別行政區的設立並非任意的，而是必須存在需要設立特別行政區的必要性。據此，如果有必要，國家即可設立特別行政區；如果沒有必要，國家即不必設立特別行政區。如果特別行政區設立之後，當初設立的必要性已經不存在，那麼國家同樣可以取消特別行政區的設立。也就是說，對於特別行政區，國家既有設立權，亦有取消權。根據憲法第 62 條第（13）項的規定，這種設立和取消特別行政區的權力由全國人大享有，其他任何國家機關都不享有這兩項權力。

就香港特區而言，全國人大既有設立香港特區的權力，亦有取消香港特區的權力。1990 年 4 月 4 日，第七屆全國人大第三次會議根據憲法第 31 條和第 62 條第（13）項的規定，決定自 1997 年 7 月 1 日起設立香港特區，並確定了香港特區的區域面積。根據該決定，實際上在 1997 年 7 月 1 日零點那一刻，如下兩個過程瞬間完成：原港英政府殖民統治下的香港回歸中國，香港消失；緊接着，處於中國主權之下的香港特區成立，香港重新出現。出於維護「一國兩制」的目的，儘管全國人大享有取消香港特區的權力，但仍然要保持克制，慎於行使該項權力。

2. 規定和變更香港特區實行的制度的權力

根據憲法第 31 條第二句話的規定，唯有全國人大才有權規定香港特區內實行何種制度，其他中央國家機關均無此項權力。而全國人大通過何種形式來規定香港特區內實行的制度呢？憲法第 31 條第二句話

明確規定，要以法律的形式來規定。也就是說，全國人大要通過制定法律來規定香港特區實行的制度。而這種制定法律的權力又包含如下兩層涵義：

1.1　通過制定《香港基本法》來規定香港特區內實行的制度

《香港基本法》是全國人大制定的、專門用來規定香港特區內實行何種制度的法律。《香港基本法》在內容、體系結構上與憲法具有相似性或者同構性，較為全面地規定了香港特區內實行的制度。其中，第三章規定了香港居民的基本權利和義務，第四章規定了香港特區的政治體制，第五至七章規定了香港特區經濟、教育、科學、文化、對外事務等方面的制度。可以說，在構建香港特區實行的制度時，《香港基本法》發揮着主導性作用。這種主導性作用通過《香港基本法》在香港特區的憲制性地位、《香港基本法》修改的實體和程序上的限制、《香港基本法》第11條第1款的「自足性」等內容得到保障。關於此點，參見第三章第一節中關於中央基本法管治權之規範基礎的論述。

1.2　通過制定其他法律來變更香港特區內實行的制度

憲法第31條中的「具體情況」一詞具有豐富的涵義，實際上賦予了全國人大一種義務，即要根據香港特區的具體情況來變更香港特區內實行的制度。

具體情況暗含着空間和時間兩個向度的比較。在空間向度的比較方面，與彼地的情況相比，此地的情況為具體情況；在時間向度的比較方面，與彼時的情況相比，此時的情況為具體情況。就香港特區來說，全國人大在制定《香港基本法》時，在空間向度的比較方面，憲法第31條中的「具體情況」一詞主要是指通過與內地實行的社會主義制度和生活方式的比較，來區別性地構建香港特區欲實行的資本主義制度和生活方式。眾所周知，在「一國兩制」方針中，「兩制」就是指內地實行的社會主義制度和生活方式，以及特別行政區實行的資本主義制度和生活方式，這正是憲法第31條中「具體情況」一詞涵義在空間向度的體現。在時間向度的比較方面，具體情況並非固定不變的情況。隨着

時間的不斷流逝和推進，一些舊有的情況可能會發生改變甚至消失，而一些原本不存在的情況則可能會出現，這時就需要根據變化了的具體情況來修改原來已經制定的法律，或者制定新的法律。而就香港特區來說，《香港基本法》無疑就屬於這裏的「原來已經制定的法律」。但由於《香港基本法》第159條已經規定了自身的修改程序，因此，如果需要根據香港特區的具體情況來修改《香港基本法》以變更香港特區實行的制度的話，那麼直接根據《香港基本法》第159條規定的修改程序即可，無須再依據憲法第31條的規定。

但是，如果無法或者不方便通過修改《香港基本法》來變更香港特區實行的制度，以應對香港特區的具體情況的話，那麼就可以通過制定其他法律來達到此目的。這就涉及到憲法第31條中「法律」一詞的涵義，即其是否僅指《香港基本法》（或者《澳門基本法》），還是亦包括其他法律？對此問題，有學者基於《香港基本法》序言第三段[15]與憲法第31條的相似性，特別是《香港基本法》序言第三段第二句中的「特」字一詞，認為憲法第31條中的「法律」一詞就是指「基本法」而不是其他法律。[16]筆者認為，該觀點實際上是在以下位法《香港基本法》去解釋上位法憲法，這種解釋路徑顯然會限縮憲法條文的應有涵義。按照通常的法律解釋方法，「着手解釋法律的時候，首先便須去確定文義涵蓋的範圍」，[17]這說明要確定法律條文的涵義，必須首先採用文義解釋方法，即「按照憲法文字的明確含義和慣常用法來確定憲法的意義」。[18]在文義解釋中，同一法律條文的不同語詞之間並非各自獨立，而是構成一個整體，彼此進行着一定程度的限定。就憲法第31條

---

15. 《香港基本法》序言第三段為：根據《中華人民共和國憲法》，全國人民代表大會特制定《中華人民共和國香港特別行政區基本法》，規定香港特別行政區實行的制度，以保障國家對香港的基本方針政策的實施。

16. 參見黃明濤：〈論《香港特別行政區基本法》的自足性 —— 對基本法第11條第1款的一種解讀〉，《學習與探索》2015年第1期。

17. 黃茂榮：《法學方法與現代民法》（第五版）（北京：法律出版社，2007），頁335。

18. 焦洪昌主編：《憲法學》（第五版）（北京：北京大學出版社，2013），頁85。

而言，無法從「法律」一詞本身確定其是否僅指「基本法」，這時就要從該條文中的其他用詞來確定，而「具體情況」一詞即有助於闡釋和確定「法律」一詞的涵義。如前所述，「具體情況」一詞實際上賦予了全國人大一種義務，即全國人大要通過變更香港特區實行的制度來應對香港特區的具體情況。而這種變更如果能夠通過修改《香港基本法》來實現的話，那就直接按照《香港基本法》本身規定的程序進行修改即可，無須動用憲法第 31 條。但是如果這種變更無法或者不便於通過修改《香港基本法》來實現，那麼全國人大就可以直接依據憲法第 31 條來制定其他法律。根據國家的立法體制和慣例，全國人大亦可以授權全國人大常委會制定其他法律。同時，由於這些法律與《香港基本法》同樣都是由全國人大依據憲法第 31 條制定的，因此，這些法律與《香港基本法》具有同等的法律效力，達到在《香港基本法》文本之外修改或者補充《香港基本法》的效果。

實際上，香港特區成立之初時，臨時立法會的設立即可以從憲法第 31 條中的「具體情況」一詞中取得合憲性。當時港英政府違背了「直通車」計劃，導致港英政府的最後一屆立法局議員無法直接過渡成為香港特區第一屆立法會議員，在此情況下，根據變化了的具體情況，為了香港特區成立之初的正常運作，全國人大批准了臨時立法會的設立。關於臨時立法會合憲性的探討，參見第三章第四節的相關論述。

因此，憲法第 31 條構建了憲法上的授權框架，其既是全國人大對香港特區進行授權的依據，同時也賦予了全國人大設立和取消香港特區的權力、規定和變更香港特區實行的制度的權力。

三、中央管治權與《香港基本法》

《香港基本法》具有授權性、限權性與擴權性三重屬性。所謂《香港基本法》的授權性，即《香港基本法》在中央與香港特區之間構架了授權框架，通過《香港基本法》，中央授予香港特區高度自治權。同時，《香港基本法》亦規定中央對香港特區享有若干管治權力，這些權

力與中央依據憲法享有的權力存在一定程度的不同，即：一方面《香港基本法》對中央依據憲法享有的權力進行了一定程度的限制，此即為《香港基本法》的限權性；另一方面《香港基本法》又規定了一些中央依據憲法所沒有明確享有的權力，此即為《香港基本法》的擴權性。通過授權性、限權性與擴權性，《香港基本法》構建了一個較為明確的中央與香港特區的關係，甚至可以說，《香港基本法》構建了一個區別於憲法的中央國家機關。

(一)《香港基本法》的授權性

《香港基本法》是一部授權法，通過《香港基本法》，全國人大授予香港特區高度自治權，香港特區即享有高度自治的行政管理權、立法權、獨立的司法權和終審權，同時，部分權力由中央直接行使，並且中央對香港特區的高度自治權享有監督權。

1. 《香港基本法》作為授權法的法理依據

《香港基本法》之所以是授權法，其法理依據主要體現在如下幾個方面：其一，香港的回歸意味着國家恢復對香港行使主權，這為中央通過《香港基本法》對香港特區進行授權奠定了政治基礎。香港自古以來就是中國的領土，晚晴時期，英國通過不平等條約竊取了香港，但中國政府從來不承認這些不平等條約的效力。20世紀80年代中英兩國政府經過談判，明確了香港的主權屬於中國，確認香港在1997年回歸中國，中國對香港恢復行使主權。只有中國恢復行使對香港的主權，國家才能在香港設立特別行政區，才能通過制定《香港基本法》對香港特區進行授權，香港特區也才能借此獲得高度自治權。

其二，中國單一制的國家結構形式決定了香港特區的高度自治權並非固有的，而是來自於中央的授權。根據《香港基本法》的規定，香港特區享有高度自治的行政管理權、立法權、獨立的司法權和終審權，這種高度自治權的範圍不但超出了內地的民族自治區的自治權力範圍，也超出了聯邦制國家中成員國的權力範圍。如中國內地的民族

自治區使用全國統一的貨幣 —— 人民幣，民族自治區的高等法院不享有司法終審權，等等。又如，在世界各個國家，無論是聯邦制還是單一制，其司法終審權往往由中央層面的司法機關統一行使，鮮有將司法終審權授予某一地方的司法機關。美國各州無權發行自己的貨幣，並且也沒有獨立的邊境控制權和管理權，等等。而香港特區擁有自己的貨幣種類，其財政保持獨立，收入全部歸自己支配，不用上交中央人民政府，並且中央人民政府也不在香港特區徵稅。因此，香港特區高度自治權的範圍異常廣泛，基於此，有觀點認為，香港特區的設立及其高度自治權的享有，改變了中國單一制的國家結構形式，使中國的國家結構形式具有了聯邦制的要素，形成了「新聯邦主義理論」，[19] 也有學者據此將中國的國家結構形式稱為「複雜單一制」。[20]

　　對於此觀點，如前文所述，判斷一個國家的國家結構形式究竟是單一制還是聯邦制，不能看地方政府的權力大小，而要看地方政府的法律地位、權力來源及其性質等。正如有學者所說，如果地方政府的權力並非原始的、固有的，而是來自於中央的授予，中央的權力才是原始的、正統的，那麼這個國家的國家結構形式就是單一制，無論地方政府享有的權力有多大，都不能改變該國家的單一制國家結構形式。[21] 就香港特區來說，儘管香港特區享有高度自治權，但高度自治並非「完全自治」，也不是其本身所固有的，而是中央為了照顧香港特區的具體情況，[22] 由全國人大通過《香港基本法》授予的，香港特區在法律地位上仍然是直轄於中央人民政府的地方行政區域，要接受中央人民政府的領導，其高度自治權的行使要接受中央的監督，並且中央享有撤銷授權 —— 即收回高度自治權的權力。中央對香港特區的授權並

19. 參見鄒平學等：《香港基本法實踐問題研究》（北京：社會科學文獻出版社，2014），頁 128。

20. 參見王禹：《「一國兩制」憲法精神研究》（廣州：廣東人民出版社，2008），頁 65。

21. 參見王振民：《中央與特別行政區關係 —— 一種法治結構的解析》（北京：清華大學出版社，2002），頁 23。

22. 參見程潔：〈香港新憲制秩序的法理基礎：分權還是授權〉，《中國法學》2017 年第 4 期。

不會導致中央失去授予的權力,更不會致使香港特區獲得地方分離權或對抗權。[23]因此,香港特區的高度自治權並非其固有的,而是來自於中央的授予,是派生的和從屬的,香港特區的設置並沒有改變我們國家單一制的國家結構形式。

其三,《香港基本法》作為香港特區的憲制性法律,是由全國人大而非香港特區自身制定的,這亦說明《香港基本法》是授權法。《香港基本法》制定時,香港尚未回歸,香港特區尚未建立。同時,作為中國的地方行政區域,回歸後的香港也沒有地方組織權,無權制定本行政區域的組織法。因此,為了香港的順利回歸和香港特區的順利建立,同時為了維護國家的主權、統一和領土完整以及保持香港長期繁榮穩定,全國人大專門制定了《香港基本法》,對即將回歸的香港以及即將成立的香港特區進行授權,授予他們高度自治權,這充分說明《香港基本法》在充當授權法的作用。

2. 《香港基本法》作為授權法的體現

《香港基本法》作為授權法的特性,除了體現在憲法第 31 條的規定中之外,還體現在《香港基本法》自身的相關規定中:

其一,《香港基本法》中諸多的「授權」條款直接確認了《香港基本法》的授權法性質。《香港基本法》中存在着諸多直接表明香港特區的權力來自於中央授予的條款,這些條款有的直接以「授權」用語來表述,有的則用「可」、「自行」等語詞來表述。[24]其中,直接採用「授權」來表述的就有 12 個條文。例如,《香港基本法》第 2 條規定,全國人大「授權」香港特區依照《香港基本法》的規定實行高度自治;第 13 條第 3 款規定,中央人民政府「授權」香港特區依照《香港基本法》的規定,

---

23. 參見程潔:〈中央管治權與特區高度自治 —— 以《基本法》規定的授權關係為框架〉,載一國兩制研究中心主編:《香港回歸十周年 —— 基本法回顧與前瞻研討會論文集 (2007)》,頁 60。

24. 參見鄒平學等:《香港基本法實踐問題研究》(北京:社會科學文獻出版社,2014),頁 133。

自行處理有關的對外事務；第 158 條第 2 款規定全國人大常委會「授權」香港特區法院在審理案件時，對《香港基本法》關於香港特區自治範圍內的條款自行解釋。

其二，在授權方式方面，《香港基本法》採用了多種授權方式，包括綜合性授權、具體事項授權以及進一步授權等方式。所謂綜合性授權，顧名思義，就是不列舉具體事項，而採取的一種概括性的授權方式。例如，《香港基本法》第 2 條均規定，全國人大授權香港特區依照《香港基本法》的規定實行高度自治，享有行政管理權、立法權、獨立的司法權和終審權。所謂具體事項授權，就是《香港基本法》在授權的相關規定中具體列明需要授權的相關事項。例如，《香港基本法》第 13 條第 3 款規定，中央人民政府授權香港特區依照本法自行處理有關的對外事務。所謂進一步授權，就是根據《香港基本法》第 20 條的規定，香港特區還可以享有全國人大及其常委會和中央人民政府授予的其他權力。

因此，通過《香港基本法》，全國人大授予了香港特區諸多的權力，香港特區憑藉授權獲得高度自治的行政管理權、立法權、獨立的司法權和終審權。但在授予香港特區高度自治權的同時，全國人大亦在《香港基本法》中規定了中央直接享有的若干權力，以及中央對香港特區高度自治權的監督權。可以說，《香港基本法》的授權性表明在中央管治權與香港特區高度自治權的關係中，中央管治權是本、是源，而香港特區高度自治權則是末、是流。通過將中央管治權與中央依據憲法所享有的權力進行比較，可以發現《香港基本法》對中央依據憲法所享有的權力一方面進行了限制，另一方面又進行了擴充。

（二）《香港基本法》的限權性

所謂《香港基本法》的限權性，是說《香港基本法》根據「一國兩制」方針，對中央國家機關根據憲法的規定享有的權力進行了一定程度的限制。這種限制既包括實體上的限制，亦包括程序上的限制。

1. 實體上的限制

　　所謂實體上的限制，即《香港基本法》對中央國家機關依據憲法的規定所享有的權力，在實體上進行了一定程度的限縮，甚至乾脆排除了特定中央國家機關的權力。根據憲法規定，中央國家機關享有諸多的權力，但這些憲法框架內的中央權力並非都可以直接轉化成《香港基本法》框架內的中央權力；相反，《香港基本法》根據「一國兩制」方針，對這些憲法框架內的中央權力進行了一定程度的限縮，對特定中央國家機關的權力甚至乾脆予以排除。

　　就《香港基本法》對憲法框架內的中央權力進行的限縮而言，例如，憲法第 67 條第（3）項是關於全國人大常委會法律修改權的規定。根據該項規定，在全國人大閉會期間，全國人大常委會有權對全國人大制定的法律進行部分補充和修改，並且這種補充和修改不得同該法律的基本原則相抵觸。該項規定中出現一個關鍵詞即「部分」，但卻沒有明確界定「部分」的具體含義，比如當補充和修改的條文數量超過該法律條文總數多少百分比時，就不再屬於部分補充和修改了。因而，該項中的「部分」並沒有法定的標準，從而導致在全國人大常委會修改全國人大制定的法律的實踐中，會出現一些較高修改幅度的現象，例如 1998 年全國人大常委會對全國人大制定的《村民委員會組織法》的修改中，增加和修改的條文數量佔該法條文總數的 90% 以上；又如，在 2001 年全國人大常委會對全國人大制定的《婚姻法》進行的修改中，該法原有 37 項條文，但補充和修改的條文總數卻達到 39 個，佔原有條文的 106%。[25] 這說明由於「部分」的涵義不明確，所以無法明確界定全國人大常委會對全國人大制定的法律的修改權之界限。或者可以這樣說，根據憲法第 67 條第（3）項的規定，只要不抵觸該法的基本原則，全國人大常委會可以對全國人大制定的法律的任何部分進行補充和修改。但全國人大常委會的這種沒有邊界的修改權卻不適用於《香港基

---

25. 參見韓大元：〈論全國人民代表大會之憲法地位〉，《法學評論》2013 年第 6 期。

本法》的修改。根據《香港基本法》第 159 條的規定，《香港基本法》的修改權屬於全國人大。同時，根據《香港基本法》附件一和附件二的規定，全國人大常委會對《香港基本法》附件一和附件二的修改享有批准權和備案權，這種批准權和備案權並非程序性的權力，而是實質性的權力。[26] 根據《香港基本法》第 18 條的規定，全國人大常委會享有修改附件三的權力，可以對列於附件三中的法律作出增減。因此，全國人大常委會對《香港基本法》的三個附件都享有實質性的修改權。而無論是附件，還是正文，無疑都是《香港基本法》的有機組成部分。也就是說，在《香港基本法》的修改問題上，憲法第 67 條第 (3) 項規定中「部分」一詞的涵義得到了具體化，全國人大對《香港基本法》包括正文和附件在內的所有內容都可以進行修改，但是全國人大常委會對《香港基本法》的修改權僅限於修改三個附件。因此，《香港基本法》限縮了全國人大常委會根據憲法享有的法律修改權。

又如，憲法第 67 條第 (4) 項是關於中國法律解釋權的規定。根據該項規定，全國人大常委會享有法律解釋權，據此可以解釋一部法律的任何部分。但就《香港基本法》的解釋來說，根據《香港基本法》第 158 條的規定，儘管全國人大常委會仍然享有《香港基本法》的解釋權，可以對《香港基本法》的任何條款作出最終解釋，但全國人大在《香港基本法》中也強制性地規定全國人大常委會授予香港特區法院基本法解釋權，由香港特區法院在審理案件時對《香港基本法》中關於香港特區自治範圍內的條款自行解釋。這說明，在一般情況下，全國人大常委會要保持克制，要尊重香港特區法院對《香港基本法》中關於香港特區自治範圍內的條款作出的解釋，而不得隨意推翻該解釋。因此可以說，《香港基本法》限縮了全國人大常委會根據憲法享有的法律解釋權。

---

26. 參見強世功：〈文本、結構與立法原意 ——「人大釋法」的法律技藝〉，《中國社會科學》2007 年第 5 期。

就《香港基本法》排除憲法框架內的中央權力而言，例如，根據憲法第 58 條、第 62 條第（3）項、第 67 條第（2）項的規定，全國人大和全國人大常委會是中國的立法機關，行使國家立法權，可以制定民事、刑事等方面的法律。但全國人大通過《香港基本法》授予香港特區立法權，香港特區可以自行制定其民事、刑事等方面的法律，而全國人大和全國人大常委會制定的民事、刑事等方面的法律則不在香港特區實施。因此可以說，《香港基本法》對全國人大和全國人大常委會依據憲法享有的立法權進行了一定程度的排除。又如，憲法第 3 章第 7 節是關於人民法院和人民檢察院的規定，根據該節規定，最高人民法院和最高人民檢察院分別是中國的最高審判機關和最高檢察機關。最高人民法院監督地方各級人民法院和專門人民法院的審判工作，最高人民檢察院領導地方各級人民檢察院和專門人民檢察院的工作。據此，香港特區屬於中國的一個地方行政區域，最高人民法院和最高人民檢察院本應可以對香港特區行使相應的審判權和檢察權，但由於《香港基本法》授予香港特區獨立的司法權和終審權，在香港特區構建了自身特有的一套司法體系，這就徹底排除了最高人民法院和最高人民檢察院對香港特區的管轄權，甚至排除了最高人民法院的終審權。

2. 程序上的限制

所謂程序上的限制，即《香港基本法》在重述中央國家機關依據憲法的規定所享有的特定權力的基礎上，對這些權力的行使程序進行了額外的限制。例如，根據憲法第 67 條第（4）項的規定，全國人大常委會享有法律解釋權，全國人大常委會在解釋法律時，在程序上必須遵守憲法、《立法法》和《全國人大常委會議事規則》的規定。而《香港基本法》第 158 條第 1 款雖然按照憲法的相關規定，將《香港基本法》的解釋權賦予全國人大常委會，但同時在該條第 4 款中規定，全國人大常委會在對《香港基本法》作出解釋前，必須徵詢其所屬的香港特別行政區基本法委員會的意見。也就是說，全國人大常委會在解釋《香港基本法》時，在程序上除了要遵循憲法、《立法法》和《全國人大常委會議事

規則》的相關規定之外，還要履行徵詢香港特別行政區基本法委員會的意見的程序性要求。又如，根據憲法第 62 條第（3）項的規定，全國人大享有法律修改權，全國人大在對法律進行修改時，在程序上必須遵循憲法和《立法法》等法律的規定。而根據《香港基本法》第 159 條第 1款的規定，全國人大雖然仍然享有《香港基本法》的修改權，但根據該條第 4 款的規定，《香港基本法》的修改議案在列入全國人民代表大會的議程前，香港特別行政區基本法委員會要先行研究並提出意見。因此，《香港基本法》在進行修改時，在程序上除了要遵循憲法和《立法法》等法律的相關規定外，還需要遵循《香港基本法》本身規定的程序上的限制。

（三）《香港基本法》的擴權性

所謂《香港基本法》的擴權性，是說《香港基本法》根據「一國兩制」方針，賦予了中央國家機關根據憲法規定並未明確享有的權力。根據憲法的相關規定，中央國家機關享有諸多的權力，但這些憲法框架內的中央權力在特定的領域並不能滿足「一國兩制」方針的要求。因而，《香港基本法》根據「一國兩制」方針的要求，對中央國家機關的權力進行了補充，賦予了中央國家機關一些新的權力，而這些權力在憲法中並未明確規定。例如，根據憲法第 101 條第 2 款的規定，地方各級人民法院院長（包括省一級的高級人民法院院長）的任免權由本級人民代表大會享有，並且這種任免無須報全國人大常委會備案。也就是說，全國人大常委會對地方各級人民法院院長（包括省一級的高級人民法院院長）的任免不享有備案權。但是，根據《香港基本法》第 90 條第 2 款的規定，香港特區終審法院法官和高等法院首席法官的任免須報全國人大常委會備案。據此，全國人大常委會擁有一項憲法沒有明確規定的權力，其可以依據《香港基本法》第 90 條第 2 款的規定，行使對香港特區終審法院法官和高等法院首席法官任免的備案權。又如，根據憲法第 101 條第 1 款的規定，地方各級人民政府的首長（其中包括省級人民政府的省長）的任免權由本級人民代表大會享有，中央人民政府

在此過程中不享有任何權力。而根據《香港基本法》第 45 條第 1 款的規定，在香港特區行政長官的產生過程中，無論是現階段實行的選舉委員會選舉產生辦法，還是將來實行的普選產生辦法，中央人民政府對選舉產生的行政長官候任者均享有任命權，而且這種任命權並非形式性的，而是實質性的。[27] 據此，中央人民政府擁有一項憲法沒有明確規定的權力，其可以依據《香港基本法》第 45 條第 1 款的規定，決定任命或者不任命在香港特區經由選舉產生的行政長官候任者。

綜上所述，通過授權性，《香港基本法》不僅授予香港特區高度自治權，而且還授予中央對香港特區的諸多管治權。這些管治權並非簡單地複製中央依據憲法所享有的權力，而是對此權力進行了一定程度的限制與擴充。通過這些限制與擴充，中央管治權即能有效地代表「一國」、維護「一國」，亦能有效地保障「兩制」、維護「兩制」。《香港基本法》的限權性與擴權性說明，中央國家機關在憲法和《香港基本法》中享有不同的權力內容。在一定程度上可以說，《香港基本法》構建了自身特有的一套司法體系。

---

27. 參見韓大元、黃明濤：〈論中央人民政府對香港特區行政長官的任命權〉，《港澳研究》2014 年第 1 期。

第三章

法治視角下的中央管治權

∽∾∽∾∽∾∽∾∽∾∽∾∽∾∽∾∽∾∽∾∽∾

　　本章從法治視角對中央管治權進行研究。中央管治權以憲法和《香港基本法》為其規範基礎，並受到憲法和《香港基本法》實體和程序上的限制。本章第一節運用類型化的研究方法對中央憲法管治權與中央基本法管治權之規範基礎進行探討；第二節沿用中央憲法管治權與中央基本法管治權的類型劃分，對中央管治權在憲法和《香港基本法》的實體和程序上的限制進行探討；第三節則試圖構建中央管治權之審查模型，包括審查主體、審查基準、審查結果，並從實踐角度對中央管治權之審查進行探討。

一、中央管治權之規範基礎

　　權力奉行「法無授權即禁止」原則，這說明權力必須具有自己的規範基礎。作為一種權力，中央管治權同樣必須具備自己的規範基礎。那麼，中央管治權的規範基礎是什麼呢？這就要到香港特區的憲制基礎 —— 憲法和《香港基本法》當中去尋找。凱爾森（Hans Kelsen）的規範等級體系認為，[1] 法律秩序是一個有着規範等級結構的規範體系，其中低級規範的效力來自於高級規範，所有規範的效力最終均來自於該實證法體系中的最高規範，也就是憲法這個根本法。然而，在香港特區的法律體系中，除了憲法這個根本法之外，還存在着一個特殊的法

---

1. 參見〔奧〕凱爾森，沈宗靈譯：《法與國家的一般理論》（北京：商務印書館，2013），頁 193。

律，即作為香港特區憲制性法律的《香港基本法》。《香港基本法》並
非香港特區的根本法，香港特區的根本法乃是國家的憲法，《香港基
本法》的合法性亦來自於憲法，是根據憲法制定的。但與此同時，《香
港基本法》是「一國兩制」方針在香港特區的具體化、法制化體現。在
「一國兩制」環境下，香港特區實行不同於內地的制度，憲法的一些規
定並不在香港特區實施，而《香港基本法》在這些領域對憲法起到補充
作用，代替憲法在香港特區實施。正如有學者所說，在「一國兩制」方
針下，《香港基本法》對憲法的內容進行了一定程度的限制、吸納和過
濾。[2] 據此，香港特區存在着兩個規範等級體系：一個是以憲法為核心
的規範等級體系，當中憲法具有最高法律效力，其他任何法律規範都
不得抵觸憲法，否則無效。另一個是以《香港基本法》為核心的次規範
等級體系，當中《香港基本法》具有最高法律效力，其他任何法律規範
都不得抵觸《香港基本法》，否則無效。這兩個規範等級體系分別為中
央憲法管治權和中央基本法管治權提供了規範基礎。

（一）中央憲法管治權之規範基礎

所謂中央憲法管治權，是指中央根據以憲法為核心的規範等級體
系，而享有的管治香港特區的權力。理論上由於以《香港基本法》為
核心的次規範等級體系亦屬於以憲法為核心的規範等級體系的組成部
分，所以中央基本法管治權亦屬於廣義的中央憲法管治權。所謂廣義
的中央憲法管治權是指中央依據以憲法為核心的規範等級體系（包括以
《香港基本法》為核心的次規範等級體系在內）而享有的管治權。但為
了論述方便，下文的中央憲法管治權並不是廣義的，而是狹義的，是
指廣義的中央憲法管治權中除去中央基本法管治權之後的剩下部分，
其規範基礎是以憲法為核心的規範等級體系與以《香港基本法》為核
心的次規範等級體系的差額。在這種情況下，中央是否享有憲法管治

---

2. 參見強世功：《中國香港：政治與文化的視野》（北京：生活・讀書・新知三聯書店，2014），頁
　244。

權，就取決於憲法在香港特區的實施方式，即憲法是僅能通過《香港基本法》在香港特區實施，還是亦可以直接在香港特區實施？若是前者，那麼中央就不享有憲法管治權，只享有基本法管治權；若是後者，那麼中央除了享有基本法管治權外，還享有憲法管治權。

1. 憲法在香港特區適用的意義

所謂憲法在香港特區適用的意義，主要是要探討憲法在香港特區的適用能夠發揮哪些方面的作用。

一般而言，憲法具有限制、統一、鞏固和宣傳作用。[3] 所謂限制作用，主要是指憲法起着限制政府權力的作用，防止政府濫用權力、侵犯民眾的權益。阿克頓勳爵（Lord Acton）曾説，權力會導致腐敗，絕對權力會導致絕對腐敗。[4] 孟德斯鳩也曾説：「一切有權力的人都容易濫用權力，這是萬古不易的一條經驗。」[5] 而作為人民與政府簽訂的一項契約，憲法具有兩大重要內容，即國家權力的正確行使和公民權利的有效保障。[6] 其中，公民權利的有效保障是目的，國家權力的正確行使是手段。而國家權力來自憲法的授權，但授權的另一層涵義就是限權。正如有學者所説，真正有效的憲法一定包含着如下的規定，即：各種政治機構如何產生和組成、各機構擁有什麼職權，以及多少職權、這些職權又該如何行使。[7] 那麼，各政治機構必須依照憲法的這些規定組成，必須按照憲法規定的程序行使職權，同時不得行使未授予的權力。所謂統一作用，是説憲法象徵着獨立和統一，「憲法的由來和發展過程即是國家的統一過程」。[8] 例如，美國民眾一直因他們的憲法而自豪，原因就是在美國建國二百年的時間裏，正是通過憲法，才將「這個

---

3. 參見龔祥瑞：《比較憲法與行政法》（北京：法律出版社，2003），頁 34–37。

4. 參見〔英〕阿克頓，侯健、范亞峰譯：《自由與權力》（北京：商務印書館，2001），頁 342。

5. 〔法〕孟德斯鳩，張雁深譯：《論法的精神（上）》（北京：商務印書館，1997），頁 154。

6. 參見周葉中：《憲政中國研究（上）》（武漢：武漢大學出版社，2006），頁 264。

7. 參見龔祥瑞：《比較憲法與行政法》（北京：法律出版社，2003），頁 34。

8. 龔祥瑞：《比較憲法與行政法》（北京：法律出版社，2003），頁 35。

多民族、多中心和多元化的社會結合而成為一個政治共同體」。[9] 將憲法的統一作用發揮至極致的是憲法愛國主義學說。例如，斯登貝格（Dolf Sternberger）的「保護性憲法愛國主義」將國家視為法律共同體，憲法愛國主義就是要保護自由民主的憲法以及根據該憲法而建立的自由民主共和政體；哈貝馬斯（Jürgen Habermas）的「建構性憲法愛國主義」則試圖在具有多樣性的文化與族群之上，通過憲法建構一種基於抽象性程序與原則的「理性的集體認同」。[10] 因此，憲法愛國主義本質上必然是一種建國理論，旨在建立和建設一個具有多元文化和族群的國家。「憲法愛國主義是立憲民主政體得以穩定和維持的情感基礎，一種現代社會的公民倫理，也可以説是立憲民主政體之下，國家主義或愛國主義的表現形式。」[11] 所謂鞏固作用，是説憲法具有鞏固政權的作用。如毛澤東同志曾指出：「世界上歷來的憲政，不論是英國、法國、美國，或者是蘇聯，都是在革命成功有了民主事實之後，頒佈一個根本大法，去承認它，這就是憲法。」[12] 所謂宣傳作用，説的是憲法對民眾具有教育作用，使他們接受憲法所宣傳的理念或者價值。

就憲法在香港特區的適用而言，憲法的統一作用在 1997 年 7 月 1 日香港回歸，依據憲法制定的《香港基本法》開始在香港特區生效實施之後，即告完成。而憲法在香港特區的宣傳作用是為其鞏固作用服務的，即通過對憲法的理念和價值的宣傳，在香港特區培養國家認同、形成國家共識，以鞏固國家政權。因此，在「一國兩制」環境下，憲法的上述四種作用可以進一步概括為限制作用與鞏固作用。就限制作用而言，憲法從實體或者程序上對中央管治權進行了限制，關於此點內容，將在本章第二節詳細論述。此處主要探討憲法在香港特區促進國

---

9. 龔祥瑞：《比較憲法與行政法》(北京：法律出版社，2003)，頁 35。

10. 參見翟志勇：〈中華民族與中國認同 —— 論憲法愛國主義〉，載許章潤主編：《憲法愛國主義》(北京：法律出版社，2010)，頁 169–171。

11. 參見翟志勇：〈中華民族與中國認同 —— 論憲法愛國主義〉〉，載許章潤主編：《憲法愛國主義》(北京：法律出版社，2010)，頁 171。

12. 毛澤東：《毛澤東選集（第二卷）》(北京：人民出版社，1991)，頁 735。

家認同的鞏固作用。憲法在香港特區的適用能夠從以下幾個方面促進國家認同：

第一，塑造主體認同，即強化香港居民對中國這個國家主體的認同感，主體認同是國家認同的前提和核心。[13]中國憲法在序言中寫到：「中國是世界上歷史最悠久的國家之一」，「中華人民共和國是全國各族人民共同締造的統一的多民族國家」。這就在憲法文本上塑造了一種國家主體的認同理念。而憲法在香港特區的適用首要的任務就是塑造這種對國家主體的認同感，這就體現在根據憲法制定的《香港基本法》的相關規定上。《香港基本法》第1條規定，香港特區是中華人民共和國不可分離的部分，這就在《香港基本法》上塑造和確認了對中國這個國家主體的認同，即香港與內地同屬於中國這個國家主體。

第二，確立主權認同。主權認同是國家認同的主要內容。儘管我們不承認清政府與英國政府簽訂的不平等條約的有效性，但在殖民時期，中國的國家主權確實沒有在香港行使過，這在客觀上是一個不爭的事實。因此，當香港回歸之際，我們就通過制定《香港基本法》，在其序言中明確指出香港「自古以來就是中國的領土……確認中華人民共和國政府……恢復對香港行使主權」。正如有學者所說，憲法與國家主權存在着密切聯繫，國家主權的最高性和統一性特點決定着憲法必須要在全國範圍內實施。唯有如此，才能為國家主權的行使提供法律保障；否則，如果憲法不能在香港特區適用，那麼就會影響國家主權的最高性與統一性。[14]同時，在國家領土範圍內設立香港特區，這本身就是國家主權行為的體現。[15]

第三，促進制度認同。制度認同是國家認同的重要方式。[16]就「一國兩制」下的內地與香港特區來說，內地居民與香港居民既要認同國家

---

13. 參見殷嘯虎：〈論憲法在特別行政區的適用〉，《法學》2010年第1期。

14. 張文彪：〈論《憲法》與《香港特別行政區基本法》的關係〉，《嶺南學刊》1997年第1期。

15. 參見殷嘯虎：〈論憲法在特別行政區的適用〉，《法學》2010年第1期。

16. 參見殷嘯虎：〈論憲法在特別行政區的適用〉，《法學》2010年第1期。

在宏觀角度實行的「一國兩制」制度，即認同內地和香港同屬一國，又要在微觀角度尊重彼此實行的制度和政策，不破壞彼此實行的制度和政策。而這些內容在憲法文本上均有體現，例如，根據憲法制定的《香港基本法》在香港特區構建了特別行政區制度，而憲法本身即在內地構建了社會主義制度。同時，憲法和《香港基本法》確認了內地與香港同屬中國這個國家的事實。因此，憲法在香港特區的適用，意在促進兩個方面的制度認同：一方面是促進香港居民對根據憲法制定的《香港基本法》在香港特區所構建的制度和政策的認同，這屬於積極的認同，表現為根據這些制度和政策去從事相關行為；另一方面，香港居民也要承認和尊重憲法本身在內地所構建的社會主義制度和政策，這屬於消極的認同，表現為不得破壞這些制度和政策。

第四，提升文化認同。文化認同是國家認同的重要途徑。[17]憲法在香港特區的適用在提升文化認同方面，同樣包含着兩個方面：一方面是提升對中國光輝燦爛的歷史文化的共同認同，另一方面是提升對彼此文化的認同，即內地居民認可和尊重香港特區實行的資本主義文化，香港居民認可和尊重內地實行的社會主義文化。

2. 憲法在香港特區的適用問題研究

憲法在香港特區的適用問題包含如下三個問題：其一是憲法在香港特區是否有效？其二，憲法哪些條款可以在香港特區實施？其三，憲法在香港特區通過什麼方式實施？下面分別予以探討。

2.1 憲法在香港特區的效力問題

憲法在香港特區是否有效是個應然層面的問題，該問題的答案是憲法能否在香港特區實施這個問題的前提，因為憲法在香港特區的實施就是要將憲法在香港特區應然層面的效力轉化為實然層面的實效：若憲法在香港特區有效，才能夠進一步談憲法哪些內容可以在香港特

---

17. 參見殷嘯虎：〈論憲法在特別行政區的適用〉，《法學》2010 年第 1 期。

區實施、以及該如何實施等問題；若憲法在香港特區沒有效力，那麼憲法在香港特區的實施問題就無從談起了。同時，效力與效力的實施方式也存在着差別，[18]也就是説一部整體具有效力的法律，其不同部分的效力可以通過不同的方式來實施和實現。

　　關於憲法在香港特區的效力及適用問題，有學者對學界的觀點進行過總結，學界共存着「憲法整體有效、部分不適用説」、「憲法效力區際差異説」、「憲法自我限制説」、「基本法變通適用憲法説」、「部分條款失卻效力補充適用説」、「基本法是憲法的特別法説」、「基本法仲介説」、「憲法在特區適用及它與基本法的關係不確定論」、「憲法效力和直接適用適度區分説」、「既要區分憲法效力和憲法適用，又不能割裂憲法條文來討論憲法效力説」等諸多學説。[19]其中，關於憲法在香港特區的效力問題，學界主要存在三種觀點：其一是認為憲法在香港特區無效。該觀點認為，既然憲法沒有被全國人大常委會列入《香港基本法》附件三，那麼憲法就不應當在香港特區具有效力。[20]其二是認為憲法在香港特區整體有效。持這種觀點的學者認為，憲法作為一個整體可以適用於香港特區，其意思也就是説憲法在香港特區整體有效。[21]憲法作為一個國家的根本法，當然在該國的全部領土範圍內具有最高法律效力，因此必然在香港特區也具有最高法律效力。[22]亦有學者認為，憲法具有最高法律效力，其他任何法律都是憲法的下位法，都不得限定憲法的效力範圍，憲法本身也沒有對其自身的效力範圍作出任何限

---

18. 參見秦前紅主編：《新憲法學》（武漢：武漢大學出版社，2005），頁 73。

19. 參見鄒平學：〈憲法在香港特別行政區的效力和適用研究述評〉，《深圳大學學報（人文社會科學版）》2013 年第 5 期。

20. 參見香港基本法諮詢委員會：《中華人民共和國香港特別行政區基本法（草案）徵求意見稿諮詢報告第五冊》（1988），頁 79。

21. 參見王叔文主編：《香港特別行政區基本法導論》（北京：中共中央黨校出版社，1990），頁 69 頁；蕭蔚雲等：《憲法學概論》（北京：北京大學出版社，2002），頁 51；饒戈平：〈一國兩制方針與憲法在香港特區的適用問題〉，載楊允中、饒戈平：《成功的十年：「一國兩制」在澳門的實踐》（澳門：澳門基本法推廣協會，2009）。

22. 參見秦前紅主編：《新憲法學》（武漢：武漢大學出版社，2005），頁 73。

定。因此，憲法的效力範圍應當覆蓋整個領土範圍。[23]其三認為憲法部分條款在香港特區不具有法律效力。如有學者在論及憲法與《香港基本法》的關係時，認為憲法部分條款在香港特區不具有法律效力，《香港基本法》在這些條款本應調整的領域內發揮補充作用。[24]

筆者不贊成第一種觀點。眾所周知，《香港基本法》是根據憲法制定的，是憲法的下位法。作為下位法的《香港基本法》，是無權限定作為上位法的憲法的效力範圍。筆者認為，憲法在香港特區是整體有效的。

憲法是制憲權作用的結果，體現着主權者的意志。當制憲者制定並頒佈憲法後，憲法即生效，具有法律效力。憲法是和國家主權連在一起的。憲法和國家主權具有密切聯繫，國家主權在法律制度上的權威表現形式就是憲法。國家主權的最高性決定着憲法的根本法性質，賦予憲法最高法律效力，國家主權的覆蓋範圍就是憲法的效力範圍。[25]國家主權指的是國家獨立自主地處理其對內和對外事務的權力。若憲法的效力範圍不及於國家主權的覆蓋範圍，必然會影響國家主權的獨立性，影響國家主權的有效行使和民眾對國家主權行為的認同性。主權的最高性、唯一性和不可分割性決定着憲法的根本法地位，進而決定了主權國家憲法的空間效力必然及於該國家的所有領土範圍。[26]中國現行的 1982 年憲法在 1982 年 12 月 4 日公佈後即已生效，具有法律效力，其效力範圍覆蓋中國主權所及的整個領土範圍。儘管在現行憲法頒佈之時，中央無法對港英政府殖民統治下的香港行使主權，憲法的效力因而尚不及於香港。但當香港於 1997 年 7 月 1 日回歸中國之日起，中國即對香港恢復行使主權，作為國家主權法律表現

---

23. 參見王振民：〈「一國兩制」實施中的若干憲法問題淺析〉，《法商研究》2000 年第 4 期。

24. 參見許昌：〈對中國憲法與基本法關係的再思考〉，載駱偉建、王禹主編：《澳門人文社會科學研究文選（基本法卷）》（北京：社會科學文獻出版社，2009）。

25. 參見王叔文主編：《香港特別行政區基本法導論》（北京：中共中央黨校出版社，1990），頁 67。

26. 參見韓大元：〈憲法和香港基本法共同構成特區憲制基礎〉，《法制日報》2014 年 6 月 19 日第 4 版。

形式的憲法即對香港產生法律效力。而憲法作為國家的根本法與最高法，憲法文本是一個整體，不能將其不同部分隔離開來，不能說憲法某一部分在香港特區有效，某一部分在香港特區無效，憲法作為一個整體，在香港特區要麼有效，要麼無效。上述第三種觀點認為憲法部分條款在香港特區不具有法律效力，這其實不是在談憲法在香港特區的法律效力問題，而是在談憲法在香港特區的實施方式問題。而效力和效力的實施方式是不一樣的，憲法作為一個整體，在香港特區具有法律效力，只是其不同部分具有不同的實施方式。

2.2　憲法哪些條款可以在香港特區實施？

關於憲法哪些條文可以在香港特區實施，學界同樣存在着諸多觀點。如有學者認為憲法中關於全國人大及其常委會、國家主席、國務院、中央軍委這些中央國家機關的產生、組成、任期、職權等內容的規定，以及有關國家主權、國防、外交、國旗、國徽、首都等內容的規定，可以在香港特區實施；而憲法中關於審判機關、檢察機關、地方國家權力機關和行政機關、四項基本原則的規定，則不能在香港特區實施。[27] 有學者認為，憲法中關於公民權利義務條款的規定也不在香港特區實施，因為憲法規定的公民基本權利，香港居民根據《香港基本法》即已享有，而憲法規定的公民基本義務，香港居民依據《香港基本法》則不用承擔，因此可以說，憲法關於公民基本權利義務條款的規定被《香港基本法》中的相關條款所修正和取代。[28] 也有學者認為，雖然憲法中關於公民權利自由的規定不在香港特區實施，但是憲法中關於公民維護國家統一與國家安全方面的義務的規定應當在香港特區實施。[29] 亦有學者認為，憲法中有關維護國家主權、統一和領土完整的規

---

27. 參見蕭蔚雲：〈論中華人民共和國憲法與香港特別行政區基本法的關係〉，《北京大學學報（哲學社會科學版）》1990 年第 3 期。

28. 參見王振民：〈「一國兩制」實施中的若干憲法問題淺析〉，《法商研究》2000 年第 4 期。

29. 參見殷嘯虎：〈論憲法在特別行政區的適用〉，《法學》2010 年第 1 期。

定應當在香港特區實施，而關於社會主義制度和政策方面的規定則不在香港特區實施。【30】

關於憲法哪些條款可以在香港特區實施的問題，筆者認為，不能將憲法割裂開來，憲法「具有一種主權意義上的不可分割性」，【31】憲法所有條文均可在香港特區實施，只是不同條文在香港特區的實施方式不一樣。有學者曾將憲法的實施方式分為兩種，即顯性的實施方式和隱性的實施方式。前者又可稱為憲法的積極實施，即根據憲法、按照憲法的規定進行立法、執法和司法等活動；後者又可稱為憲法的消極實施，即認可、尊重、承認憲法構建的制度，不破壞憲法構建的制度，否則即觸犯了憲法。【32】據此，憲法在香港特區的實施既有顯性的實施，也有隱性的實施。顯性的實施如全國人大根據憲法制定《香港基本法》，即是憲法在香港特區的顯性實施，又如憲法中關於全國人大及其常委會、國家主席、國務院、中央軍委等中央國家機關的相關規定在香港特區的實施也是一種顯性的實施方式；隱性的實施如香港特區雖然不實行社會主義制度和政策，但其要承認和尊重憲法中關於社會主義制度和政策的相關規定在內地的效力。所以，這裏的隱性實施並非傳統意義上的實施，並非直接在香港特區構建起社會主義制度和政策等，而是一種「尊重」的實施模式。【33】

其實，憲法在香港特區的實施方式也體現於「一國兩制」方針的實施方式上。在「一國兩制」方針中，「兩制」共存於「一國」之中，為了維護「一國」的存在，兩制之間必須互相尊重，也就是尊重和認可彼此實行的制度和政策，不破壞彼此實行的制度和政策。具體來說，就是內地居民要認可和尊重根據憲法制定的《香港基本法》在香港特區構建

30. 參見王叔文主編：《香港特別行政區基本法導論》（北京：中共中央黨校出版社，1990），頁70–71。

31. 參見韓大元：〈憲法在澳門特別行政區的效力問題〉，《「一國兩制」研究》2016 年第 1 期。

32. 參見鄒平學：〈1982 年《憲法》第 31 條辨析——兼論現行《憲法》在特別行政區的適用〉，《當代港澳研究》第 10 輯。

33. 參見鄒平學：〈論構建憲法認同和憲法共識〉，《「一國兩制」研究》2016 年第 1 期。

的制度和政策；同時，香港居民也要認可和尊重憲法在內地構建的制度和政策。這說明，「一國兩制」方針決定了憲法在香港特區具有顯性和隱性兩種實施方式。

2.3　憲法在香港特區的實施方式問題

除了上述顯性與隱性兩種實施方式之外，學界關於憲法在香港特區的實施方式還存在着如下兩種觀點：一種觀點認為憲法只能通過《香港基本法》在香港特區實施，言外之意就是憲法不能直接在香港特區實施。例如，已故的著名憲法學家許崇德教授認為，《香港基本法》在憲法允許的情況下對憲法的許多規定作了變通。在這種情況下，實施《香港基本法》也就是在實施憲法，就是在實施變通了的憲法。亦即是說，憲法是通過《香港基本法》在香港特區實施的。[34]也有學者通過對《香港基本法》性質的分析，認為《香港基本法》是憲法的特別法，只要《香港基本法》在香港特區具有法律效力、得到實施，就意味着憲法在香港特區具有法律效力、得到實施。[35]另一種觀點認為，憲法除了通過《香港基本法》在香港特區實施之外，憲法中的一些規定亦可以直接在香港特區實施。例如，香港城市大學梁美芬教授認為，應當根據「一國兩制」原則來對憲法中的條文進行詳細的區分，凡是能夠體現「一國」並且不違背「兩制」的相關規定，都應當適用於香港特區，不能籠統地對憲法在香港特區的適用性進行判斷。[36]而憲法中那些體現「一國」並且不違背「兩制」的規定中，有的體現在《香港基本法》中，有的則沒有。那些沒有體現在《香港基本法》中的規定應當可以直接在香港特區實施。例如，憲法第 62 條中有關於全國人大人事任免權的規定，其中關於全國人大選舉產生國家主席和副主席的規定、關於決定國務院相

---

34. 參見許崇德：〈簡析香港特別行政區實行的法律〉，《中國法學》1997 年第 3 期。

35. 參見李琦：〈特別行政區基本法之性質：憲法的特別法〉，《廈門大學學報（哲學社會科學版）》2002 年第 5 期。

36. See Priscilla Leung Mei-fun, *The Hong Kong Basic Law: Hybrid of Common Law and Chinese Law*, Hong Kong: LexisNexis, 2006, p. 13.

關人選的規定、關於選舉產生中央軍委主席以及決定中央軍委相關人
選的規定，無疑都可以直接在香港特區實施，因為這些人既然是中國
整個國家的領導人，那麼當然也是作為國家組成部分的香港特區領導
人。[37] 也有學者通過對憲法第 31 條的分析，得出同樣的結論。憲法第
31 條規定：「……在特別行政區內實行的制度按照具體情況由全國人
民代表大會以法律規定。」該學者認為，憲法第 31 條中的「法律」一詞
是個概稱，其包括基本法律，也包括普通法律，甚至還包括決定，而
不限於《香港基本法》。例如，在實踐中，全國人大及其授權機關制定
過多種關於特別行政區制度的規定，[38] 其文本形式有法律、決定、辦法
等多種，它們共同構成特別行政區的憲制基礎。[39] 也就是說，在《香港
基本法》之外，全國人大還可以通過其他多種形式來行使對香港特區
的管治權。既然這些管治權並非來自於《香港基本法》的規定，那就只
能來自於《香港基本法》的上位法——憲法。也有學者基於《香港基本
法》第 11 條第 1 款的規定認為，[40] 凡是該款明確列舉的事項，均以《香
港基本法》的規定為依據，憲法的相關規定不在香港特區實施；但如果
不屬於該款明確列舉的事項，那麼就必須以憲法的相關規定為依據，

37. See Priscilla Leung Mei-fun, *The Hong Kong Basic Law: Hybrid of Common Law and Chinese Law*, Hong Kong: LexisNexis, 2006, p. 11.

38. 關於香港特別行政區的規定有：《中華人民共和國香港特別行政區基本法》（1990 年 4 月 4 日）、《全國人民代表大會關於香港特別行政區第一屆政府和立法會產生辦法的決定》（1990 年 4 月 4 日）、《中華人民共和國香港特別行政區臨時立法會的產生辦法》（1996 年 10 月 5 日）、《全國人民代表大會香港特別行政區籌備委員會關於設立香港特別行政區臨時性區域組織的決定》（1997 年 2 月 1 日）等。

39. 參見葉海波：〈主權決斷對法律形式的背離與回歸——憲法第 31 條與香港基本法的合憲性〉，載葛洪義主編：《法律方法與法律思維（第 8 輯）》（北京：法律出版社，2012），頁 118。

40. 《香港基本法》第 11 條第 1 款規定：根據憲法第 31 條的規定，香港特區實行的制度和政策，包括社會、經濟制度，有關保障居民的基本權利和自由的制度，行政管理、立法和司法方面的制度，以及有關政策，均以《香港基本法》的規定為依據。

憲法的相關規定在香港特區直接、自動生效。[41]也有學者提出了測試憲法直接適用條款的標準，即「未替代性」和「關聯性」標準。所謂「未替代性」，「是指憲法條款的內容沒有被基本法具體條款的內容否定或替代」；所謂「關聯性」，是指考察憲法有關條款與「一國兩制」在香港特區的運行是否有直接關聯。[42]也就是說，能夠同時符合「未替代性」和「關聯性」兩個標準的憲法條款，可以直接在香港特區實施。

筆者贊同後兩種觀點，即憲法除了通過《香港基本法》在香港特區實施之外，還可以直接在香港特區實施。憲法第三章是關於國家機構的規定，這其中許多規定雖然不是專門針對香港特區制定的，但其無疑可以在香港特區實施。例如，就憲法關於全國人大的相關規定而言，除了前文梁美芬教授論述中的憲法第 62 條的相關規定可以在香港特區直接實施之外，第 64 條第 1 款規定了憲法修改議案的提出，在這個過程中，香港特區全國人大代表無疑可以參與其中，並且憲法修正案的表決要求全體全國人大代表的三分之二以上的多數，這裏的「全體代表」必然包括香港特區全國人大代表在內；憲法第 64 條第 2 款規定全國人大須以過半數表決通過法律，而《香港基本法》第 18 條規定全國性法律可以列於附件三，在香港特區實施，這就使得憲法第 64 條第 2 款的規定可以適用於香港特區。就全國人大常委會而言，例如，憲法第 67 條第 (15) 項規定，全國人大常委會決定中國與外國締結的條約和重要協定的批准和廢除，該項規定必然適用於香港特區；第 (22) 項規定全國人大常委會還可享有全國人大授予的其他職權，該項規定亦同樣可以在香港特區直接實施。實際上，憲法第 67 條關於全國人大常委會職權的規定中，並沒有明確規定全國人大常委會對省高級人民法院

---

41. 參見許昌：〈對中國憲法與基本法關係的再思考〉，《澳門人文社會科學研究文選（基本法卷）》（北京：社會科學文獻出版社，2009），頁 87。另參見駱偉建：〈論「一國」框架下的「兩制」關係 —— 共存還是對抗？〉，《一國兩制」研究》2015 年第 1 期；黃明濤：〈論憲法在香港特別行政區的效力與適用〉，《法商研究》2018 年第 6 期。

42. 參見曹旭東：〈憲法在香港特別行政區的適用：理論回顧與實踐反思〉，《政治與法律》2018 年第 1 期。

法官任免的備案權。但全國人大依照憲法第 67 條第（22）項，通過《香港基本法》第 90 條第 2 款的規定，授予全國人大常委會對香港特區終審法院法官和高等法院首席法官的任免的備案權。就國家主席而言，《香港基本法》隻字未提「國家主席」一詞，更遑論規定國家主席的職權，但憲法第 3 章第 2 節關於國家主席和副主席的相關規定無疑可以直接在香港特區實施。

雖然在以憲法為核心的規範等級體系內，《香港基本法》構建了以其自身為核心的次規範等級體系，但這並非意味着該次規範等級體系就是封閉的。《香港基本法》在序言中指明其立法目的，即維護國家的統一和領土完整，保持香港的繁榮穩定。香港特區的政治、經濟、社會、文化等是不斷發展的，如果《香港基本法》故步自封，不保持一定程度的開放性，那必然會影響香港特區的繁榮穩定，影響國家的統一和領土完整的維護。因此，為了使中央管治權與香港特區高度自治權的內容能夠與香港特區政治、經濟、社會、文化等的發展相適應，以《香港基本法》為核心的次規範等級體系就必須具有一定程度的開放性，這種開放性就體現在《香港基本法》第 20 條的規定上。該條規定使該次規範等級體系能夠適時從以憲法為核心的規範等級體系那裏獲得新鮮血液。《香港基本法》第 20 條規定，香港特區可享有全國人大及其常委會和中央人民政府授予的其他權力。該條規定的文字雖然簡單，但實際上包含如下三層涵義：其一，《香港基本法》中未明確規定的權力屬於中央所有。很顯然，該條中所說的權力，在《香港基本法》上並未明確規定，只有這些權力屬於中央所有，才存在中央對香港特區進一步授權的現象；若這些權力屬於香港特區所有，那麼就無須中央對香港特區進一步授權了。其二，若這些未明確規定的權力屬於「一國兩制」中「兩制」的範疇，那麼中央就須把這些權力的相關部分授予香港特區，由香港特區行使。其三，若這些權力不屬於「兩制」範疇，而屬於「一國」範疇，那麼中央可以直接對香港特區行使這些權力，無須對香港特區授權。

綜上所述，儘管由於實行「一國兩制」方針，香港特區具有自己的特殊性，但這種特殊性並不足以排除憲法在香港特區的法律效力。只要香港的主權屬於中國，那麼承載着國家主權的憲法文本就必然整體在香港特區具有法律效力，並且所有條文均可在香港特區實施，既包括顯性實施，也包括隱性實施，既通過《香港基本法》實施，也可以直接實施。

3.　中央憲法管治權之規範基礎的構成

在明確了憲法在香港特區的效力及實施方式等問題之後，就需要探討以憲法為核心的規範等級體系內，究竟哪些法律能夠作為中央憲法管治權的規範基礎。對此，筆者認為中央憲法管治權之規範基礎除了包括憲法自身之外，還包括那些依據憲法制定並用來規範全國人大及其常委會、國家主席、中央人民政府、中央軍委這五個對香港特區享有管治權的中央國家機關所作行為的憲法性法律。這些憲法性法律大多是從程序上對中央依據憲法所享有的權力進行規定，儘管這些憲法性法律並不是專門針對「一國兩制」下中央對香港特區的管治權而制定的，但中央在依據憲法行使對香港特區的管治權時，無疑需要遵守這些憲法性法律的程序性規定。

（二）中央基本法管治權之規範基礎

中央基本法管治權是中央依據以《香港基本法》為核心的次規範等級體系所享有的管治香港特區的權力。由於受到「一國兩制」方針的限制，憲法的絕大多數條款並不直接在香港特區實施，《香港基本法》在這些領域就對憲法起着補充作用，從而在以憲法為核心的規範等級體系內構建了以《香港基本法》為核心的次規範等級體系。正是這一次規範等級體系為中央基本法管治權提供了規範基礎。

1.　《香港基本法》的憲制地位

儘管憲法在香港特區具有法律效力，可以在香港特區適用，但由於受到「一國兩制」方針的限制，憲法中的一些條款僅能以隱性的方式

在憲法特區適用，也就是香港居民要認可和尊重這些條款在內地所構建的社會主義制度和政策，這也就意味着這些條款並未在香港特區構建相應的制度。此時，《香港基本法》就對憲法起着補充作用，代替憲法在香港特區構建了相應的制度。例如，《香港基本法》在三章規定了香港居民的權利和義務，這些規定代替了憲法中關於公民基本權利和義務的規定；在第四章規定了香港特區的政治體制，包括行政長官、行政機關、立法機關和司法機關的產生、組成和職權等，這些規定代替了憲法第三章第 5 節關於「地方各級人民代表大會和地方各級人民政府」的規定、第 6 節關於「民族自治地方的自治機關」的規定和第 8 節關於「人民法院和人民檢察院」的規定；在第五章、第六章規定了香港特區的經濟、社會、文化等方面的制度，這些規定代替了憲法中的相關規定；等等。

因此，在「一國兩制」環境下，《香港基本法》對憲法起着補充作用，[43]使得《香港基本法》與憲法在內容上具有同構性，在功能上具有相同性。所謂內容上的同構性，是說《香港基本法》與憲法的主要內容均包括基本權利義務、政府的組成以及法律自身的解釋和修改等制度設計；所謂功能上的相同性，是說《香港基本法》與憲法都發揮着保障基本人權、組織國家政權、平衡重大社會利益、明確法律體系的構成等功能。基於此，有學者將《香港基本法》稱為憲法的特別法，[44]也有學者將《香港基本法》稱為香港特區的「小憲法」。[45]因此，無論在國家的法律體系中，還是在香港特區的法律體系中，《香港基本法》並非一部普通的法律，而是一部憲制性法律，其在香港特區的憲制地位亦可以從《香港基本法》的相關規定中看出來。例如，根據《香港基本法》

---

43. 許昌：〈對中國憲法與基本法關係的再思考〉，載駱偉建、王禹主編：《澳門人文社會科學研究文選（基本法卷）》（北京：社會科學文獻出版社，2009），頁 85。

44. 參見李琦：〈特別行政區基本法之性質：憲法的特別法〉，《廈門大學學報（哲學社會科學版）》2002 年第 5 期。

45. 參見鄭賢君：〈我國憲法解釋技術的發展 —— 評全國人大常委會 99《香港特別行政區基本法》釋法例〉，《中國法學》2000 年第 4 期。

第 8 條的規定，香港原有法律在香港特區得以保留的前提是其不抵觸《香港基本法》，或者由香港特區立法會依據《香港基本法》對之進行修改；根據《香港基本法》第 11 條第 2 款規定，香港特區立法機關制定的任何法律都不得與《香港基本法》相抵觸。這說明，《香港基本法》在效力位階上高於香港特區內部制定的任何規範性文件。

2. 《香港基本法》的穩定性與自足性

以《香港基本法》為核心的次規範等級體系具有較高程度的穩定性與自足性，能夠防止來自該次規範等級體系之外的行為對該次規範等級體系的侵犯，因而這種穩定性與自足性對維護「一國兩制」方針具有十分重要的作用。由於《香港基本法》在該次規範等級體系中處於核心地位，《香港基本法》的穩定性與自足性就決定着該次規範等級體系的穩定性與自足性。所謂穩定性，是指《香港基本法》文本不能被輕易修改，必須保持較高程度的穩定性；所謂自足性，是指《香港基本法》在設定香港特區實行的制度和政策方面的專有地位或者獨佔地位。[46]也就是說，在香港特區實行的制度和政策，必須以《香港基本法》為依據才有效，否則就無效。《香港基本法》的穩定性與自足性具有密切聯繫，即《香港基本法》的穩定性能夠在一定程度上保障《香港基本法》的自足性。如果《香港基本法》的穩定性得不到保障，那麼通過修改《香港基本法》就可以侵蝕《香港基本法》的自足性；而《香港基本法》的自足性亦能夠在一定程度上保障《香港基本法》的穩定性。如果《香港基本法》不具有自足性，那麼就需要通過修改《香港基本法》來增強其自足性，這無疑會有損《香港基本法》的穩定性。為了維護該次規範等級體系在香港特區所構建的制度和政策的穩定性與自足性，《香港基本法》從三個層次對自身的穩定性與自足性提供了保障，從而保障了以《香港

---

46. 參見黃明濤：〈論《香港特別行政區基本法》的自足性 —— 對基本法第 11 條第 1 款的一種解讀〉，《學習與探索》2015 年第 1 期。

基本法》為核心的次規範等級體系的穩定性，使該次規範等級體系具有一定程度的自足性。

首先，《香港基本法》的修改條款提供了程序上的保障。《香港基本法》第 159 條前三款規定了《香港基本法》的修改程序。根據這些規定，《香港基本法》的修改程序從兩個方面為《香港基本法》的穩定性提供保障：第一個方面是外部保障，即排除了憲法框架內的相關權力主體。在憲法框架內，有權修改法律的主體包括全國人大和全國人大常委會，而《香港基本法》正文的修改權僅屬於全國人大，這就排除了全國人大常委會對《香港基本法》正文的修改。《香港基本法》的修改提案權屬於全國人大常委會、國務院和香港特區。這與中國憲法框架內普通法律的修改提案權的主體不同。根據《立法法》第 59 條和第 2 章第 2 節的規定，有權向全國人大提出法律修改提案的主體包括全國人大常委會、國務院、中央軍事委員會、最高人民法院、最高人民檢察院、全國人大各專門委員會以及一個代表團或者 30 名以上的代表聯名。《香港基本法》則將憲法框架內享有法律修改提案權的諸多主體限縮為全國人大常委會、國務院和香港特區三個。第二個方面是內部保障，即《香港基本法》為香港特區修改提案權規定了嚴格的行使程序。即，香港特區提出的修改議案，須要經香港特區的全國人大代表三分之二多數、立法會全體議員三分之二多數和行政長官同意後，交由香港特區出席全國人大的代表團向全國人大提出。可見，《香港基本法》對香港特區的修改提案權有較為嚴格的程序上限制。

其次，《香港基本法》的修改條款提供了實體上的保障。雖然《香港基本法》修改條款在程序上對香港特區的修改提案權有較為嚴格的限制，但其並未對全國人大常委會和國務院的修改提案權進行任何程序上的特殊限制，這就使得全國人大常委會和國務院提出《香港基本法》修改提案的程序與提出普通法律修改提案的程序相同。而在憲法框架內，全國人大常委會和國務院通過這種較為普通的修改提案的提出程序，可以很輕宜地提出修改議案，從而很難為《香港基本法》的穩定性提供較為充分的保障。為此，《香港基本法》第 159 條第 4 款從實體

上對《香港基本法》的修改進行了限制，規定《香港基本法》的任何修改，都不得抵觸中國對香港既定的基本方針政策。而中國對香港既定的基本方針政策就是「一國兩制」方針，其具體內容規定在《中英關於香港問題的聯合聲明》第 3 條，共包括 12 項內容。《香港基本法》的任何修改，都不得抵觸這 12 項內容。因此，《香港基本法》第 159 條第 4 款從實體上限制了《香港基本法》的修改，能夠為《香港基本法》的穩定性提供實體上的保障。

最後，《香港基本法》第 11 條第 1 款提供了實體上的保障。雖然《香港基本法》的修改條款能夠在程序和實體上限制肆意修改《香港基本法》，保障《香港基本法》的穩定性，但這種穩定性的保障也僅是通過限制修改《香港基本法》文本來達到的，而如果跳出《香港基本法》文本，在憲法框架內，全國人大通過普通的立法權來制定相關法律，根據「新法優於舊法」原則，同樣可以達到修改《香港基本法》的目的。因此，總體來說，《香港基本法》修改條款程序和實體上的限制並不能完全保證《香港基本法》的穩定性和自足性。而《香港基本法》第 11 條第 1 款則能夠為《香港基本法》的穩定性和自足性提供更大程度的保障。該款規定，香港特區實行的制度和政策，包括社會、經濟方面的制度，有關保障居民的基本權利和自由方面的制度，行政管理、立法和司法方面的制度，以及有關政策，均以《香港基本法》的規定為依據。據此，凡在香港特區實行的制度和政策涉及到上述幾個方面的，無論這些制度和政策是由中央制定，還是由香港特區制定，都必須以《香港基本法》的相關規定為依據。因此，《香港基本法》第 11 條第 1 款被學者稱為《香港基本法》的「自足性條款」。[47]

通過上述三個層面的保障，《香港基本法》為自身的穩定性與自足性提供了較為充分的保障，以《香港基本法》為核心的次規範等級體系的穩定性與自足性亦獲得較為充分的保障。

---

47. 參見黃明濤：〈論《香港特別行政區基本法》的自足性 —— 對基本法第 11 條第 1 款的一種解讀〉，《學習與探索》2015 年第 1 期。

3. 中央基本法管治權之規範基礎的構成

「法律體系的形成以概念為基礎，以價值為導向，其間以歸納或具體化而得之類型或原則為其聯結上的紐帶。」【48】因此，法律體系是由諸多不同類型的法律構成的，運用類型化的研究方法對法律體系進行研究，能夠使法律體系的構成較為清晰地呈現出來。所謂類型化的研究方法就是「使抽象者接近於具體，使具體者接近於抽象」的研究方法。【49】以《香港基本法》為核心的次規範等級體系具有海量的法律條文，這些法律條文散佈於各種不同的法律文本當中，根據這些不同法律文本的性質和特點，可以將這些法律文本進行抽象進而類型化。具體而言，以《香港基本法》為核心的次規範等級體系由如下幾種類型的法律構成：

3.1 《香港基本法》

作為該次規範等級體系的核心，《香港基本法》構建了香港特區基本的政治、經濟、文化和社會等方面的制度，在該次規範等級體系中具有最高法律效力，該次規範等級體系中的任何法律都不得與《香港基本法》相抵觸。

3.2 全國人大常委會的基本法解釋

根據《香港基本法》的規定，全國人大常委會對香港基本法享有最終的解釋權。在憲法框架內，根據《立法法》第 50 條的規定，全國人大常委會的法律解釋與法律具有同等法律效力。因此，全國人大常委會的基本法解釋與《香港基本法》亦具有同等法律效力。全國人大常委會的基本法解釋能夠明確《香港基本法》條文的涵義，理順《香港基本法》條文之間的邏輯關係和真正涵義，對香港特區實行的制度和政策具有

---

48. 參見黃茂榮：《法學方法與現代民法》（第五版）（北京：法律出版社，2007），頁 575。
49. 參見黃茂榮：《法學方法與現代民法》（第五版）（北京：法律出版社，2007），頁 575。

重要影響，屬於以《香港基本法》為核心的次規範等級體系的重要組成部分。

3.3　列於附件三的全國性法律

受到「一國兩制」方針的限制，大多數全國性法律不在香港特區實施，但那些體現和維護國家主權、統一和領土完整的法律無疑應當在香港特區實施。這些全國性法律在香港特區的實施必須經過《香港基本法》第 18 條規定的程序，因此可以歸入以《香港基本法》為核心的次規範等級體系，並受到《香港基本法》第 11 條第 1 款的限制，不得違背《香港基本法》的相關規定。這些法律中有些法律可能會賦予中央國家機關相應職權，因而能夠作為中央基本法管治權之規範基礎。

3.4　香港特區內部立法

香港特區為實施《香港基本法》而進行的本地立法，是《香港基本法》的具體化，根據《香港基本法》第 11 條第 2 款的規定，香港特區的本地立法不得與《香港基本法》相抵觸，否則無效。但香港特區是中國的一個地方行政區域，香港特區立法機關無權制定法律來規範中央國家機關的權力。《香港基本法》及其解釋以及列於附件三的全國性法律已對中央國家機關的權力作出規範，香港特區的內部立法不得抵觸這些法律，只能作出一些重複性規定。

二、中央管治權之受限性

權力與權利不同。在權利的場域內，奉行「法不禁止即自由」原則，即凡是法律沒有明確禁止的行為，公民都可以行使；而在權力的場域內，奉行「法不授權即禁止」原則，即只要法律沒有明確授權，政府就沒有權力從事相關行為。同時，如果法律對權力進行了明確規定，那麼權力就必須按照法律規定的實體和程序上的要求運行，否則即存在違法之嫌。中央管治權作為一種權力，來自於憲法與《香港基本法》的規定。凡憲法和《香港基本法》沒有明確規定的權力，中央即不

得行使;凡憲法和《香港基本法》對中央管治權作出實體與程序上的限制,在行使中央管治權時就必須遵循這些限制。

(一)中央基本法管治權之受限性

中央基本法管治權是中央根據以《香港基本法》為核心的次規範等級體系所享有的管治香港特區的權力。作為香港特區的憲制性法律,《香港基本法》明確界定了中央與香港特區的權力界限。但在《香港基本法》明確規定的權力範圍內,中央必須依照《香港基本法》的規定行使對香港特區的管治權,既要依照《香港基本法》的實體性規定,又要依照《香港基本法》的程序性規定。也就是說,中央基本法管治權的行使須受到《香港基本法》實體和程序上的限制。同時,作為根據憲法成立的中央國家機關,其在行使權力作出行為的時候,也要符合憲法及相關憲法性法律規定的程序性要求,因而中央基本法管治權亦必須受到憲法的程序性限制。

1. 《香港基本法》對中央基本法管治權的限制

《香港基本法》對中央基本法管治權所作的限制既包括實體上的限制,亦包括程序上的限制。中央在對香港特區行使基本法管治權的過程中不得違背這些限制。

1.1 《香港基本法》對中央基本法管治權實體上的限制

作為「一國兩制」方針的法制化文本,《香港基本法》負有在香港特區維護「一國兩制」的重要使命,為此,《香港基本法》對中央基本法管治權的行使規定了諸多實體上的限制,這些限制可以分為個別性限制和概括性限制。

所謂個別性限制,即《香港基本法》的條款在規定中央基本法管治權的同時,對其亦進行了相應的限制。例如,《香港基本法》第 17 條規定,香港特區立法會制定的法律要報全國人大常委會備案,備案不影響該法律的生效。全國人大常委會接受備案之後,在徵詢其所屬的香港特別行政區基本法委員會後,如果認為該法律不符合《香港基本法》

關於中央管理的事務及中央與香港特區關係的條款，那麼可以發回該法律，但不作修改。這就對全國人大常委會對香港特區立法會報送備案的法律的審查範圍進行了實體上的限制，即全國人大常委會只能審查該法律是否符合《香港基本法》中關於中央管理的事務及中央和香港特區關係的條款，而不得審查該法律是否符合《香港基本法》關於香港特區高度自治的條款。再如，《香港基本法》第 18 條第 4 款規定了全國人大常委會的緊急狀態決定權，但同時又對該決定權進行了實體上的限制，即全國人大常委會決定香港特區進入緊急狀態的原因，必須是且只能是香港特區內發生香港特區政府不能控制且危及國家統一或安全的動亂，不能是其他原因。[50] 又如，《香港基本法》第 158 條第 1 款和第 2 款規定，《香港基本法》的解釋權屬於全國人大常委會，全國人大常委會授權香港特區法院在審理案件時對《香港基本法》中關於香港特區自治範圍內的條款自行解釋。據此，《香港基本法》實際上對全國人大常委會的基本法解釋權進行了一定程度的實體上的限制，即在「一國兩制」方針下，全國人大常委會應當保持克制，一般不對《香港基本法》中關於香港特區自治範圍內的條款自行解釋，而應當將其留給香港特區法院自行解釋。

所謂概括性限制，即《香港基本法》並非針對某一項具體的中央基本法管治權，而是籠統地規定的限制，這就是《香港基本法》第 11 條第 1 款。該款規定，根據憲法第 31 條的規定，香港特區實行的制度和政策，包括社會、經濟制度，有關保障香港居民的基本權利和自由的制度，行政管理、立法和司法方面的制度，以及有關政策，均須以《香港基本法》的規定為依據。據此，中央在行使基本法管治權過程中，例如，全國人大常委會在審查香港特區立法會報送備案的法律時，在解釋《香港基本法》的相關條款時，如果涉及到《香港基本法》第 11 條第

50.　參見張小帥：〈論全國性法律在香港特區的實施——基於對《香港基本法》第十八條的分析〉，《港澳研究》2015 年第 3 期。

1 款所列舉的相關制度和政策，那麼就必須以《香港基本法》的規定為依據。

1.2 《香港基本法》對中央基本法管治權程序上的限制

程序能夠在很大程度上限制權力的恣意。《香港基本法》在程序上同樣為中央基本法管治權規定了諸多限制。《香港基本法》為中央基本法管治權規定的程序體現了中央與香港特區之間的合作性、協調性、協商性等特點，對於維護「一國兩制」具有重要作用。例如，根據《香港基本法》第 45 條的規定，中央人民政府對行政長官享有任命權，這種任命權並非形式性的，而是實質性的。[51] 但即便如此，這也並不意味着中央人民政府可以完全憑藉自己的意願去任命某人為行政長官，而是要受到香港特區內部先行程序的限制。所謂先行程序，即在行政長官的產生過程中，必須先在香港特區內部通過選舉委員會選舉產生行政長官侯任者，在普選條件下則要先由一個具有廣泛代表性的提名委員會提名產生行政長官候選人，再由香港選民從行政長官候選人中選舉產生行政長官侯任者，然後才是中央人民政府出場，對行政長官侯任者進行任命或者不任命。再如，根據《香港基本法》第 17 條和第 158 條的規定，全國人大常委會在發回香港特區立法會報送備案的法律之前，以及全國人大常委會在對《香港基本法》作出解釋之前，都必須先徵詢其所屬的香港特別行政區基本法委員會的意見。如果不徵詢香港特別行政區基本法委員會的意見，那麼就會影響全國人大常委會作出的發回行為及基本法解釋的效力。又如，根據《香港基本法》第 14 條第 3 款的規定，中央在香港特區的駐軍不干預香港特區的地方事務，香港特區政府在必要時，可以向中央人民政府請求駐軍協助維持社會治安和救助災害。這說明，除非應香港特區政府的請求，否則中央在香港特區的駐軍不得干預香港特區的地方事務。

---

51. 參見韓大元、黃明濤：〈論中央人民政府對香港特區行政長官的任命權〉，《港澳研究》2014 年第 1 期。

2. 憲法對中央基本法管治權的限制

憲法是中國的根本法，是中國法律體系中的最高法，同樣亦是《香港基本法》的合法性來源。從此角度而言，憲法同樣可以對中央基本法管治權作出限制，但這並不意味着憲法可以對中央基本法管治權作出程序和實體上的雙重限制。由於受到「一國兩制」方針的影響，憲法不得從實體上限制中央基本法管治權，但作為憲法規定的中央國家機關，其在行使基本法管治權時，必須符合憲法以及憲法性法律規定的程序性要求，也就是說，憲法可以對中央基本法管治權作出程序上的限制。

2.1　中央基本法管治權無須受到憲法實體上的限制

眾所周知，《香港基本法》是「一國兩制」方針的法制化，儘管憲法是《香港基本法》的制定依據，但實際上，《香港基本法》對憲法作出了許多差異性規定。在這些規定的效力範圍內，《香港基本法》實際上在替代憲法發揮效力。儘管筆者不贊成憲法只能通過《香港基本法》在香港特區實施的觀點，但正如主張《香港基本法》是憲法特別法的學者所認為，在《香港基本法》調整的事項領域內，其的確具有優先於憲法在香港特區實施的效力。[52]根據憲法的規定，中央對各省、自治區、直轄市享有諸多的管治權，包括立法權、行政權、司法權等。而中央基本法管治權其實是全國人大在「一國兩制」方針的指導下，通過制定《香港基本法》，對中央依據憲法所享有的管治權進行「轉換」而形成的。這種「轉換」既包括程序上的轉換，也包括實體上的轉換。其中，實體上的轉換就使得中央基本法管治權必須具有實體上的合基本法性。在「一國兩制」方針下，為了確保香港特區實行與內地相區別的資本主義制度和生活方式，在實體內容上，《香港基本法》其實與憲法的規定相衝突，而《香港基本法》能夠優先於憲法在香港特區適用的這種「優先

---

52. 參見李琦：〈特別行政區基本法之性質：憲法的特別法〉，《廈門大學學報（哲學社會科學版）》2002 年第 5 期。

性」無疑就主要是一種實體上的優先。試想，如果中央依據憲法的實體內容——例如憲法關於社會主義內容的規定，對香港特區行使相關權力，必然會損害「一國兩制」，影響香港特區實行的資本主義制度和生活方式。所以，在實體上，中央基本法管治權的行使無須受到憲法的限制。

2.2 中央基本法管治權須受到憲法程序上的限制

如前所述，中央基本法管治權是全國人大通過制定《香港基本法》，對中央依據憲法所享有的管治權在程序和實體上進行轉換而形成的。其中，實體上的轉換比較徹底。轉換之後，中央基本法管治權在實體上僅須受到《香港基本法》的限制即可，而無須受到憲法的限制。但程序上的轉換則使得中央基本法管治權須同時受到《香港基本法》與憲法的限制，這是因為中央基本法管治權的主體是中央國家機關，這些國家機關的組成、職權、權力行使程序（例如會議規則、表決規則）等均是由憲法及憲法性法律所規定。也就是說，《香港基本法》僅是從外部對中央國家機關的權力行使程序進行規定的，而憲法及憲法性法律則是從中央國家機關內部對其權力行使程序進行規定。因此，這些中央國家機關在行使基本法管治權時，必須受到憲法及憲法性法律所規定的程序性上的限制，否則就會影響所作行為或者決定的效力。例如，根據憲法第 64 條第 2 款的相關規定，全國人大須以全體代表的過半數才能表決通過法律和其他議案。在實踐中，如果根據香港特區的實際情況，全國人大需要作出相關決定，那麼該決定就必須獲得全國人大全體代表的過半數支持，才具有效力，否則就具有程序上的瑕疵，其效力就會受到影響。再如，根據《香港基本法》第 158 條的規定，全國人大常委會享有《香港基本法》的解釋權，但該條並沒有對全國人大常委會的解釋程序作出規定，這時就需要查找憲法性法律《立法法》的相關規定。根據《立法法》第 49 條規定，法律解釋草案表決稿應當由全國人大常委會全體組成人員中過半數通過。該條規定無疑也適用於全國人大常委會作出的基本法解釋。據此，全國人大常委會在作

出一項基本法解釋時，該解釋草案的表決稿必須獲得全國人大常委會全體組成人員的過半數贊成才算通過，才具有法律效力，否則就違反了《立法法》第 49 條的程序性規定，其效力就會受到影響。所以，中央基本法管治權的行使須受到憲法和憲法性法律規定的程序上的限制。憲法和《香港基本法》在程序上共同對中央基本法管治權進行限制，確保中央基本法管治權不被濫用。

（二）中央憲法管治權之受限性

中央憲法管治權，是中央在以《香港基本法》為核心的規範等級體系之外，直接依據憲法及憲法性法律所享有的管治香港特區的權力。中央憲法管治權在實體和程序上的受限性較為複雜，在程序上僅須受到憲法的限制，無須受到《香港基本法》的限制；在實體上，則需要根據中央憲法管治權的行使依據及中央憲法管治權的權力內容與《香港基本法》第 11 條第 1 款的關係等因素而定。具體探討如下：

1.　中央憲法管治權程序上之受限性

根據本章第一節所述，中央憲法管治權之規範基礎包括憲法和憲法性法律，這說明《香港基本法》並沒有規定中央憲法管治權，更遑論從程序上限制中央憲法管治權。也就是說，《香港基本法》並沒有在程序上限制中央憲法管治權的行使，中央憲法管治權的行使因而在程序上無須受到《香港基本法》的限制。但這並不意味着中央憲法管治權亦無須受到憲法及憲法性法律規定的程序上的限制。中央憲法管治權是中央國家機關依據憲法及憲法性法律享有的管治香港特區的權力，憲法及憲法性法律對中央國家機關行使權力的程序進行了明確規定，中央在行使憲法管治權時必須受到憲法及憲法性法律規定的程序上的限制，否則就會影響中央憲法管治權的效力。例如，根據第二章第五節的論述，依據憲法第 31 條的規定，全國人大可以在《香港基本法》之外，專門針對香港特區的具體情況制定專門性法律，《香港基本法》顯然沒有對這類法律的制定程序進行規定，全國人大在制定這類法律時

顯然只能依據憲法和《立法法》的相關規定。再如，根據《香港基本法》第 20 條的規定，全國人大及其常委會、中央人民政府均可授予香港特區其他權力。這說明，《香港基本法》本身並非所授予權力的合法性來源，其更沒有對授予權力的程序、形式等作出規定。全國人大及其常委會、中央人民政府所授予的權力並非來自於《香港基本法》，那麼這些權力最終必然來自於憲法。基於此，全國人大及其常委會、中央人民政府在作出授予香港特區相關權力的決定時，以什麼程序和形式作出該決定等都必須依照憲法和憲法性法律的相關規定進行。

2. 中央憲法管治權實體上之受限性

從表面上看，既然中央憲法管治權的規範基礎是憲法及憲法性法律而非《香港基本法》，那麼中央憲法管治權就無須受到《香港基本法》的限制，既無須受到《香港基本法》程序上的限制，亦無須受到《香港基本法》實體上的限制。但正如本章第一節所述，《香港基本法》為以其自身為核心的次規範等級體系的穩定性與自足性提供了多重保障。其中，第 159 條第 2 款和第 3 款從程序上、第 4 款從實體上為避免通過修改《香港基本法》自身來改變《香港基本法》的自足性和穩定性提供了保障；第 11 條第 1 款則能夠避免通過《香港基本法》之外的其他立法行為來改變《香港基本法》的自足性與穩定性。中央憲法管治權不涉及《香港基本法》第 159 條的規定，但卻在一定程度上受到《香港基本法》第 11 條第 1 款的限制。

《香港基本法》第 11 條第 1 款規定，根據憲法第 31 條的規定，香港特區實行的制度和政策，包括社會、經濟制度，有關保障香港居民的基本權利和自由的制度，行政管理、立法和司法方面的制度，以及有關政策，均以本法的規定為依據。有學者將該款規定稱之為《香港基本法》的「自足性條款」，意指該款規定能夠使得《香港基本法》在設定香港特區實行的各項制度與政策方面具有獨佔地位或者專有地位，進而能夠排除如下行為在香港特區的效力，即通過繞開《香港基本法》第 159 條規定的嚴格修改程序，而在《香港基本法》之外制定法律，以

達到修改《香港基本法》實際效果這一公法行為在香港特區法律體制內的效力。[53]但實際上，第 11 條第 1 款並沒有賦予《香港基本法》完全的獨佔地位，因為仔細考究第 11 條第 1 款的用語會發現，其在列舉相關事項後，並未在其後附以「等」字，這說明第 11 條第 1 款規定的內容僅限於三類，即社會、經濟制度及有關政策，有關保障香港居民的基本權利和自由的制度及有關政策，行政管理、立法和司法方面的制度及有關政策。也就是說，僅在這三類制度及有關政策的領域內，《香港基本法》才具有獨佔地位，中央及香港特區在作出相關行為時，必須遵循《香港基本法》在這些制度及有關政策領域內的相關規定；在這三類制度及有關政策的領域外，《香港基本法》即不具有獨佔地位，此時就要遵循憲法的相關規定。此外，第 11 條第 1 款賦予《香港基本法》的自足性和獨佔地位是在「制度和政策」領域內的自足性和獨佔地位，若不涉及香港特區實行的制度和政策，則同樣無須遵循《香港基本法》的規定。就此而言，中央憲法管治權在實體上的受限性問題可以在如下幾個層面來探討：

第一，如果中央行使的憲法管治權的內容不涉及香港特區實行的制度及有關政策，那麼就無須遵循《香港基本法》的規定，即無須受到《香港基本法》實體上的限制，但必須受到憲法實體上的限制。例如，關於香港特區行政區域圖的問題無疑不涉及制度和政策範疇，並且《香港基本法》本身也沒有規定香港特區行政區域圖的調整權的隸屬問題。如果要調整香港特區行政區域圖，那麼由誰調整、如何調整就要依據憲法及相關規定進行。儘管迄今為止，香港特區的行政區域圖尚未調整過，但澳門特區的行政區域圖卻調整過。在《澳門基本法》生效前，全國人大曾在 1993 年作出《全國人民代表大會關於設立中華人民共和國澳門特

---

53. 參見黃明濤：〈論《香港特別行政區基本法》的自足性 —— 對基本法第 11 條第 1 款的一種解讀〉，《學習與探索》2015 年第 1 期。

別行政區的決定》，[54] 在宣佈自 1999 年 12 月 20 日起設立澳門特區的同時，規定由國務院另行公佈澳門特區的行政區域圖。由於《澳門基本法》尚未生效，並且全國人大這項決定是直接依據憲法作出的，因而無疑屬於中央憲法管治權之運用。同時，由國務院來公佈澳門特區的行政區域圖也並非全國人大對國務院的一項新的授權，而是在澳門特區的範疇內重複憲法第 89 條第（15）項的規定。[55] 隨後，國務院在 1999 年 12 月 20 日和 2015 年 12 月 23 日依據全國人大的上述決定兩次公佈了澳門特區的行政區域圖。[56] 國務院在行使這些憲法管治權、確定澳門特區行政區域圖的時候，無疑在實體和程序上都無須遵循《澳門基本法》的規定。而這些原理同樣亦適用於香港特區和《香港基本法》。

第二，如果中央行使的憲法管治權的內容涉及到香港特區內實行的制度和政策，但是不涉及《香港基本法》第 11 條第 1 款所列舉的那些制度和有關政策，那麼同樣在實體上無須受到《香港基本法》的限制。如前所述，《香港基本法》第 11 條第 1 款僅在特定的三大領域內賦予《香港基本法》獨佔地位。因此，如果中央憲法管治權的權力內容不屬於這三大領域，那麼就無須受到《香港基本法》實體上的限制。

第三，如果中央行使的憲法管治權的內容涉及到《香港基本法》第 11 條第 1 款所列舉的那些範疇內的制度和政策，那麼就要按具體情況具體分析。根據《香港基本法》第 11 條第 1 款的規定，該款受到憲法第 31 條的保障。憲法第 31 條在整個憲法文本中相當於一個「但書」，具有特別效力。因此，受到憲法第 31 條保障的《香港基本法》第 11 條第 1 款也具有特別效力。根據中央憲法管治權行使的依據是否是憲法第 31 條，可以分為如下兩種情況：其一，如果中央是直接依據憲法第 31 條

---

54. 參見《全國人民代表大會關於設立中華人民共和國澳門特別行政區的決定》，資料來源：www.hmo.gov.cn/Contents/Channel_439/2013/0226/26219/content_26219.htm（瀏覽日期：2016 年 1 月 16 日）

55. 憲法第 89 條第（15）項規定：國務院「批准省、自治區、直轄市的區域劃分，批准自治州、縣、自治縣、市的建置和區域劃分」。

56. 參見《中華人民共和國國務院令第 275 號（1999）》和《中華人民共和國國務院令第 665 號》。

對香港特區行使管治權,那麼由於其和《香港基本法》第 11 條第 1 款的依據均是憲法第 31 條,因而就無須受到《香港基本法》第 11 條第 1 款的限制,亦即無須受到《香港基本法》的相關限制。如筆者在第二章第五節中所論述,全國人大根據憲法第 31 條可以直接針對香港特區的具體情況制定專門性法律,而不受《香港基本法》的相關限制;其二,如果中央對香港行使的管治權並非依據憲法第 31 條作出,那麼就必須受到《香港基本法》第 11 條第 1 款的限制,亦即必須遵循《香港基本法》的相關規定。

三、中央管治權審查模型之構建

在「依法治港」理念下,中央管治權之行使必須遵循憲法和《香港基本法》規定的實體與程序上的限制。合憲性審查制度已經在國家憲法框架內建立並逐漸完善,中央管治權之行使也要接受合憲性與合基本法性審查。本節主要對中央管治權之審查進行研究。任何權力都必須依法行使,對中央管治權進行審查就是為了確保中央管治權在憲法和《香港基本法》規定的軌道內行使,確保中央管治權的行使符合憲法和《香港基本法》規定的實體或者程序上的限制。中央管治權之審查涉及到審查主體、對象與客體、審查基準、審查結果等幾個問題。關於審查主體、對象與客體,香港法院沒有審查權,不是審查主體;但全國人大則可以審查全國人大常委會對香港特區的所有管治權,而全國人大常委會也可以審查中央人民政府和中央軍委對香港特區的所有管治權;關於審查基準,根據中央管治權之類型與內容,筆者構建了一般審查、中度審查和嚴格審查三個標準;關於審查結果,針對不同主體的管治權,適用改變或者撤銷的不同結果。

(一)審查主體、對象與客體

審查主體、對象與客體屬於中央管治權之審查中的硬體要素。審查主體說的是哪些主體有權對中央管治權進行審查;審查對象說的是

審查主體有權對哪些中央國家機關的管治權進行審查；審查客體説的是審查主體有權對審查對象的哪些管治權進行審查。

1. 審查主體與審查對象

關於中央管治權之審查對象，由於「一國兩制」下的中央是指全國人大、全國人大常委會、國家主席、中央人民政府和中央軍委這五個中央國家機關，而國家主席的職權主要是形式性、禮儀性的，所以中央管治權之審查對象就只包括全國人大、全國人大常委會、中央人民政府和中央軍委這四個中央國家機關。關於中央管治權之審查主體，《香港基本法》並未作出任何規定。香港法院曾試圖確立自己對中央管治權之審查權，但作為國家的一個地方性法院，香港法院顯然無權對中央管治權進行審查。要確定中央管治權之審查主體，就必須跳出《香港基本法》，而在國家的憲法體制內尋找。在憲法體制中，全國人大和全國人大常委會無疑是審查主體，有權對中央管治權進行審查。

1.1 香港法院之審查權

香港有着濃厚的普通法傳統。在該傳統中，香港法院扮演着舉足輕重的作用。香港法院是否有權對中央管治權進行審查，對型塑香港特區的高度自治權、中央與香港特區的關係及香港居民對「一國」的理解等，有着重要的影響。《香港基本法》是香港的憲制性法律，是香港法院的設立依據。要考察香港法院是否有權審查中央管治權，無疑需要進入《香港基本法》框架，考察《香港基本法》關於香港法院審判權和管轄權的相關規定。根據《香港基本法》的相關規定，香港法院的審判權和管轄權並不是毫無限制的，而是要受到如下幾個方面的限制：[57]

其一，香港法院的審判權要受到香港原有法律制度和原則對法院審判權所作的限制。在「馬維騉案」中，代表香港特區政府出庭的律政專員馮華健即指出，在港英政府時期，英國國會對香港制定的任何法

---

57. 參見張小帥：〈論香港特別行政區政改方案的司法覆核性〉，《「一國兩制」研究》2015 年第 4 期。

律或者英皇對香港作出的任何行政行為（如任命港督），香港法院只能接受，不得對其進行審查並推翻其效力，因為國會和英皇是代表主權國的最高權力機關。[58] 港英政府時期香港法院受到的這種限制，並沒有隨着香港憲制基礎的變更而消失。根據《香港基本法》第 19 條第 2 款的規定，香港法院要受到「香港原有法律制度和原則對法院審判權所作的限制」。據此，回歸後的香港法院同樣不得對其主權國的主權行為進行審查。而主權是中央管治權的政治基礎，中央管治權是一種基於主權的權力，其代表着國家主權。對香港特區來說，中央管治權是國家主權的象徵，香港法院因而無權對中央管治權進行審查。

其二，香港法院的管轄權受到國家行為的限制。根據《香港基本法》第 19 條第 3 款的規定，香港法院對「國防、外交等國家行為無管轄權」。據此，香港法院的管轄權要受到國家行為的限制。那麼，國家行為包括哪些呢？是僅包括國防和外交兩種行為，還是也包括除此之外的其他行為呢？這就涉及到第 19 條第 3 款中「等」字的涵義，即「等」字是「等內等」還是「等外等」？若是「等內等」之涵義，那麼國家行為就只包括國防、外交，除此之外，不包括任何其他行為；若是「等外等」之涵義，那麼除了國防、外交兩類行為之外，國家行為還包括其他行為，而不限於國防、外交兩類行為。對此問題，學界存在着兩種觀點：持「等內等」觀點的學者認為，《中英聯合聲明》第 3 條第（2）項提到了國防、外交等內容，但卻沒有「等」字，該項規定如下：「香港特別行政區直轄於中華人民共和國中央人民政府。除外交和國防事務屬中央人民政府管理外，香港特別行政區享有高度的自治權」。據此，該觀點認為第 19 條第 3 款中的「等」字應作「等內等」的理解。但有學者對此進行了反駁，該學者認為，《中英聯合聲明》第 3 條第（2）項規定的是中央與香港特區各自的權限，而《香港基本法》第 19 條第 3 款規定的則是香港法院的管轄權，這兩者屬於不同範疇，具有不同的性質，不能混為一談。此外，該學者還以《香港基本法》的英文版本為例進一

---

58. [1997] HKLRD 761

步說明。《香港基本法》第 19 條第 3 款的英文版本為："The courts of the Hong Kong Special Administrative Region shall have no jurisdiction over acts of state such as defence and foreign affairs"。該學者指出，其中的 "such as" 一詞表明其對應的「等」字應作「等外等」之理解。【59】本書贊同後一種觀點，即《香港基本法》第 19 條第 3 款中的「等」字應作「等外等」之理解，國家行為不限於國防和外交兩類行為。那麼，除了國防和外交之外，國家行為還包括哪些行為呢？要明確國家行為包括哪些行為，就需要探討國家行為理論，明確國家行為的提出背景和作用。

國家行為理論主要意在明確法院管轄權的界限。國家行為理論認為，司法機關或者其他違憲審查機關不得審查國家行為的合法性或者合憲性。具體該如何判斷哪些行為屬於國家行為，哪些行為不屬於國家行為，也就是國家行為的判斷標準問題，往往主要由司法機關或者其他違憲審查機關在審查實踐中自行確定。關於何為國家行為，國家行為理論中並沒有統一的定義，國家行為在各國的判斷標準和內涵指涉往往取決於該國相關的制度設計和國家行為理論。例如，法國是最早形成國家行為理論和制度的國家。在法國的國家行為理論中，判斷國家行為的標準經歷了由「動機說」到「性質說」的發展過程；在日本的國家行為理論中，國家行為是指「國會、內閣等作為政治部門的國家機關的行為中，具有高度政治性的行為，雖然法院對此有進行法律判斷的必要，但由於其高度政治性，處於法院裁判權的範圍之外的行為」；美國則採用「政治問題」理論來判斷國家行為。【60】對國外國家行為理論的上述考察能夠為中國構建「一國兩制」下的國家行為理論提供一定的借鑒作用。但實際上，由於中國在法制傳統、司法系統等方面與國外存在着較大的差別，「一國兩制」下的國家行為理論必須體現這些差別，所以國外的行為理論對「一國兩制」下國家行為理論能夠提供

---

59. 參見王禹：〈國家行為、政治問題與香港法院管轄權〉，載一國兩制研究中心主編：《香港回歸十周年──基本法回顧與前瞻研討會論文集》，頁 166。

60. 參見胡錦光、劉飛宇：〈論國家行為的判斷標準及範圍〉，《中國人民大學學報》2000 年第 1 期。

的借鑒作用有限。實際上，上述各國的法制傳統、司法系統具有兩個共同特點：第一是各國均屬於一個單一的法系，即從中央到地方均屬於同樣的法系，要麼全部是英美法系，要麼全部是大陸法系，而不存在中央屬於一個法系，地方屬於另一個法系的問題。相同的法系具有相同的法律解釋方法，不同的法系具有不同的法律解釋方法。而法律解釋方法的異同在很大程度上會影響對法律條文涵義的理解和解釋。在此情況下，在這些國家的司法系統中，無論是中央司法機關還是地方司法機關，其解釋國家行為時，由於具有相同的解釋方法，因而其所解釋的國家行為的涵義不會出現太大的差異。第二是各國在中央層面均保留有中央司法機關，該中央司法機關擁有該國憲法的最終解釋權，並且據此可以推翻地方司法機關的判決。中央司法機關及其權限的保留具有十分重要的作用，因為地方司法機關距離地方較近，其判決無疑容易受到地方的影響，站在地方的角度作出判決；而中央司法機關距離地方較遠，可以擺脫地方的影響，站在國家的角度作出判決。當地方司法機關出於維護地方利益而罔顧國家利益、對國家行為作出不適當或者不合法的解釋時，中央司法機關就可以基於國家利益的考量而作出適當、合法的解釋，推翻地方司法機關的解釋。因此，中央司法機關通過行使其相關職權，實際上發揮着中央對地方的控制作用。[61]

　　但在「一國兩制」環境下，內地與香港特區具有自己的特點：一方面內地與香港特區分別屬於不同的法系，香港特區屬於英美法系，內地屬於大陸法系，內地和香港特區對國家行為的理解可能因為不同的解釋方法而出現較大的差異；另一方面，由於香港在司法方面實行高度自治，享有獨立的司法權和終審權，中央層面的最高人民法院無權干涉香港法院司法權的行使。雖然全國人大常委會享有《香港基本法》的解釋權，能夠對《香港基本法》的所有條款進行解釋，但全國

---

61. 參見馬丁·夏皮羅，張生、李彤譯：《法院：比較法上和政治學上的分析》(北京：中國政法大學出版社，2005)，頁 71 以下。

人大常委會所作解釋並沒有溯及力，無法推翻香港法院已經作出的相關判決。在這種情況下，如果中央在行使管治權之時要接受香港法院審查，那麼當香港法院出於維護香港本地利益而宣佈中央管治權無效時，中央對香港特區的管治權無疑會受到嚴重侵蝕，中央與香港特區的關係亦會受到嚴重損害，[62]進而影響「一國兩制」方針的順利實施，甚至會危及「一國」的存在。香港特區在政治地位上僅是主權國家下的一個地方行政區域，在憲制上是沒有主權地位的。基於此，國家主權機關行使的任何行為，作為地方司法機關的香港法院都無權進行審查。因此，為了確保「一國」的存在，便於「一國兩制」方針的正確實施，筆者認為應當把所有中央管治權的行使列入國家行為範疇，而作為地方司法機關的香港法院無權對其進行審查。

1.2 全國人大之審查權

全國人大作為中國最高國家權力機關，「在國家體系中處於主導地位，其行使的權力具有最高性和全權性，其他國家機關相對它來講則具有從屬性」。[63]基於此政治地位，沒有任何其他機關能夠審查全國人大的行為。在這種情況下，如果全國人大行使的管治權存在一定的瑕疵，要審查並糾正這種瑕疵的話，在中國現行的體制下，只能由全國人大自身來糾正。就全國人大管治權的審查實踐而言，迄今為止，全國人大對自身共進行過兩次審查，這兩次分別是對全國人大制定的《香港基本法》和《澳門基本法》的合憲性進行審查。經過審查，全國人大作出了兩部法律符合憲法的決定。

根據憲法第 62 條第（11）項的規定，全國人大有權改變或者撤銷全國人大常委會不適當的決定。該項規定同樣適用於香港特區，即全國人大有權審查全國人大常委會對香港特區行使的管治權。

---

62. 參見吳天昊：〈論香港法院司法管轄權的邊界〉，《當代港澳研究》2013 年第 1 期。

63. 周葉中主編：《憲法》（第三版）（北京：高等教育出版社，2011），頁 396。

就中央人民政府和中央軍委的管治權而言，憲法並沒有明確規定全國人大有權對二者進行審查。例如，憲法第 62 條和《立法法》第 97 條只規定全國人大有權改變或者撤銷全國人大常委會不適當的決定，並未提及全國人大是否有權審查中央人民政府和中央軍委所作決定。那麼，這是否意味着全國人大無權審查中央人民政府和中央軍委的管治權呢？有學者綜合考慮憲法第 3 條、第 62 條、第 63 條、第 67 條、第 92 條及第 94 條的規定之後認為，全國人大有權對中央人民政府和中央軍委所作行為進行審查。[64] 筆者認為，基於權力法定原則，既然憲法沒有明確規定全國人大可以審查中央人民政府和中央軍委所作行為，全國人大就不享有這種權力。況且，憲法第 67 條規定全國人大常委會可以審查中央人民政府和中央軍委所作行為，全國人大可以通過再審查全國人大常委會所作的審查來實現對中央人民政府和中央軍委所作行為的監督。因此，全國人大無權審查中央人民政府和中央軍委對香港特區行使的管治權。

1.3 全國人大常委會之審查權

根據憲法的相關規定，全國人大常委會有權對中央人民政府和中央軍委對香港特區行使的管治權進行審查。

就全國人大常委會對中央人民政府管治權的審查而言，根據憲法第 67 條第 (7) 項的規定，全國人大常委會有權撤銷中央人民政府制定的與憲法、法律相抵觸的行政法規、決定和命令。儘管中央人民政府制定的行政法規不得在香港特區實施，但根據憲法和《香港基本法》的相關規定，中央人民政府可以對香港特區作出特定的決定和命令，全國人大常委會應當有權對這些決定和命令進行審查。

就全國人大常委會對中央軍委管治權的審查而言，憲法並未明確規定全國人大常委會有權審查中央軍委的行為。但通過對憲法文本的整體、系統的分析與考察，特別是憲法第 67 條第 (6) 項和第 94 條的規

---

64. 參見王振民：《中國違憲審查制度》(北京：中國政法大學出版社，2004)，頁 108。

定可知，在全國人大閉會期間，中央軍委要對全國人大常委會負責並接受全國人大常委會的監督。這裏的「負責」和「監督」同樣意味着全國人大常委會有權審查中央軍委作出的相關行為。

綜上所述，中央管治權之審查主體包括全國人大和全國人大常委會。其中，全國人大僅可以審查全國人大常委會對香港特區行使的管治權，而全國人大常委會則可以審查中央人民政府與中央軍委對香港特區行使的管治權。

2. 審查客體

在通常的司法審查中，法院要受到「政治問題不審查」原則的限制。[65] 如美國法院不得對外交、國防、軍隊的內部管理、總統任命高級助手和顧問、國家安全等問題進行審查。[66] 法院之所以不宜對政治行為進行審查，是由於在三權分立的政治體制下，立法、行政、司法各自分工不同，法院必須尊重立法機關和行政機關特定權限範圍內的行為。但在中國，全國人大是中國的最高國家權力機關，全國人大常委會是其常設機關。因此，相對於全國人大常委會而言，全國人大是擁有全權的，因而可以監督全國人大常委會的所有行為，在「一國兩制」下，也就可以審查全國人大常委會對香港特區行使的所有管治權。相對於中央人民政府和中央軍委而言，全國人大常委會同樣擁有全權，可以監督中央人民政府和中央軍委的所有行為，在「一國兩制」下，也就可以審查中央人民政府和中央軍委對香港特區行使的所有管治權。

（二）審查基準

一般而言，審查基準問題解決的是在國家權力對公民權利進行限制時，由審查機關審查這種限制措施的合憲性，並對不同類型的公民權利採取不同程度的審查標準，以對不同類型的公民權利提供不同程

---

65. 參見胡肖華：〈違憲審查原則論〉，《湖南科技大學學報（社會科學版）》2004 年第 3 期。

66. 參見王名揚：《美國行政法》（北京：中國法制出版社，2005），頁 610–611。

度的保護。可以說，審查基準旨在保護國家權力與公民權利關係中處於弱勢一方的公民權利。就「一國兩制」下中央管治權之審查而言，審查基準問題解決的是全國人大及其常委會依據什麼標準對中央管治權進行審查的問題。憲法中規定了合法性與合理性的審查基準，在將這種審查基準適用於「一國兩制」下對中央管治權之審查時，需要對其中的合理性審查基準進行精細化，即引入比例原則，並在比例原則下構建一般審查與嚴格審查的雙重審查基準。

1.　憲法上的審查基準：合法性與合理性

關於審查基準，憲法規定了合法性與合理性兩種，合理性審查基準要嚴於合法性審查基準。也就是說，一個行為在合法性上不存在問題，並不能說明其在合理性上不存在問題。合理性審查基準適用於全國人大對全國人大常委會所作決定的審查；而合法性審查基準則適用於全國人大常委會對中央人民政府和中央軍委所作決定的審查。

根據憲法第 62 條第（11）項的規定，全國人大有權改變或者撤銷全國人大常委會不適當的決定。這裏的「不適當」其實就是在強調一種合理性審查基準，其既包括不合憲、不合法的決定，亦包括不合理的決定。[67] 憲法之所以規定全國人大可以對全國人大常委會所作決定進行合理性審查，主要是因為全國人大常委會是全國人大的常設機關，兩者性質相同，均是中國的權力機關、立法機關。但全國人大及其常委會與中央人民政府和中央軍委的性質則不同，中央人民政府是全國人大的執行機關，是中國的最高行政機關，而中央軍委則是中國的軍事領導機關。由於職權分工的不同，全國人大及其常委會必須尊重中央人民政府和中央軍委在其職權範圍內行使自由裁量權而依法所作的決定。但如果中央人民政府和中央軍委所作的決定超出其職權範圍，或者沒有遵守法定程序，那麼就屬於違法了，全國人大常委會就可以對其進行審查。也就是說，全國人大常委會只能對中央人民政府和中央

67.　參見王振民：《中國違憲審查制度》（北京：中國政法大學出版社，2004），頁 108。

軍委所作決定進行合法性審查，而不能進行合理性審查。這裏的「合法性」既包括合憲性，也包括狹義的合法性（即合法律性）。這也就是為什麼憲法第 67 條第（7）項規定全國人大常委會有權撤銷國務院制定的與憲法、法律相抵觸的行政法規、決定和命令。這裏的「相抵觸」強調的就是不合法而非不合理。

2. 「一國兩制」下之合法性審查基準：合憲性與合基本法性

合法性審查基準是指全國人大常委會對中央人民政府和中央軍委對香港特區行使的管治權的合法性審查。憲法中的合法性審查基準中的「合法性」是廣義的，包括合憲性與狹義的合法性。這種合法性審查基準在「一國兩制」環境下就具體化為合憲性與合基本法性。其中合憲性，是指中央管治權之行使要符合憲法及相關憲法性法律在實體或者程序上的限制；合基本法性，是指中央管治權之行使要符合以《香港基本法》為核心的次規範等級體系在實體或者程序上的限制。據此，全國人大常委會可以審查中央人民政府與中央軍委對香港特區行使的管治之合憲性與合基本法性。如本章第二節所述，中央憲法管治權與中央基本法管治權受到憲法與《香港基本法》在實體和程序上不同程度的限制，中央人民政府和中央軍委在對香港特區行使管治權之時，必須遵循這些限制，否則就會受到全國人大常委會的審查。

3. 「一國兩制」下之合理性審查基準：比例原則下的雙重審查基準

在「一國兩制」環境下，合理性審查基準就是指全國人大審查全國人大常委會對香港特區行使的管治權。合法性是個非此即彼的狀態，即一個行為要麼合法、要麼非法，不存在處於合法與非法之間的中間地帶。但合理性則不同。合理性並非一個非此即彼的狀態，而是存在程度之分、情況之別，需要綜合考慮所處環境、採取的措施與欲達成之目的等多種因素，才能夠作出一個合理性之判斷。因而，合理性原則內在地要求合比例性，可以通過引入比例原則對合理性原則進行細化，並在比例原則下構建一般審查與嚴格審查的雙重審查基準。

3.1 比例原則之引入

比例原則肇始於德國行政法，原意旨在抵抗警權過度侵害人民的權利；其後逐漸在憲法領域中適用，用來控制立法者所立之法限制基本權利的程度。[68] 比例原則包含三個子原則，即適當性原則、必要性原則和狹義比例原則。

所謂適當性原則，就是指權力行為必須能夠達到所欲追求的目的，即手段與目的相協調，作為手段的權力行為要能夠實現目的。對適當性原則的審查通常比較寬鬆，如果權力行為與目的之間的適當性沒有受到挑戰，那麼一般就推定為符合憲法或者法律的規定。[69] 所謂必要性原則，是指在所有能夠達到目的之措施中，所採取措施應當是對公民權益造成最小損害的措施。必要性原則的判斷要考慮相同有效性與最小侵害性兩個要素。[70] 所謂相同有效性，即要將盡可能多且能夠達到目的之措施納入考慮範圍；所謂最小侵害性，即在能夠達到目的的諸多措施中選擇對公民權益造成損害最小的措施。所謂狹義比例原則，是指所欲追求之目的即所採取措施能夠帶來的利益，必須與該措施對公民權益造成的損害達到一定的平衡關係。因此，狹義比例原則可以說是一種利益衡量方式。[71]

比例原則可以適用於全國人大對全國人大常委會對香港特區行使的管治權之審查。例如，按照《香港基本法》第 17 條的規定，全國人大常委會對香港特區立法會報送備案的法律享有備案審查權。經過審查，如果發現該法律不符合《香港基本法》中關於中央管理的事務或者中央與香港特區關係的條款，那麼全國人大常委會可以將該法律發

---

68. 蔡宗珍：〈公法上之比例原則初論 —— 以德國法的發展為中心〉，《政大法學評論》1999 年第
    62 期。

69. 參見許宗力：〈基本權利的保障與限制（上）〉，《月旦法學教室》2003 年第 11 期。

70. 參見何永紅：《基本權利限制的憲法審查：以審查基準及其類型化為焦點》(北京：法律出版社，
    2009)，頁 17。

71. 參見何永紅：《基本權利限制的憲法審查：以審查基準及其類型化為焦點》(北京：法律出版社，
    2009)，頁 18。

回。在其中，全國人大常委會的備案審查權所欲追求的目的是維護《香港基本法》所構建的香港特區法制體系的統一，而受其限制的則是香港特區立法會高度自治的立法權。在全國人大常委會對報送備案的法律進行審查的過程中，如果發現報送備案的法律的相關規定既可以作出符合《香港基本法》關於中央管理的事務或者中央與香港特區關係的條款的解釋，也可以作出不符合的解釋時，那麼此時，不發回該法律顯然對香港特區立法會的立法權造成的損害最小。比例原則此時就要求全國人大常委會不得發回該法律，同時要直接對報送備案的法律作出符合《香港基本法》關於中央管理的事務或者中央與香港特區關係的條款的解釋。否則，全國人大即有權按照比例原則來審查全國人大常委會發回報送備案的法律這一行為的合理性。

3.2 一般審查與嚴格審查

通常來説，審查基準是在國家權力對公民基本權利的限制中，根據不同公民權利的價值，而對限制行為進行程度不一的審查。不論是德國比例原則下三層次審查基準的運用，[72]還是美國的雙重審查基準到三重審查基準的發展，[73]皆是根據不同基本權利的價值，而對國家權力限制公民權利這一行為的不同程度的審查。審查基準問題旨在保護國家權力與公民權利關係中處於弱勢一方的公民權利。在「一國兩制」環境下，不僅存在着全國人大常委會的管治權與香港居民的基本權利這對範疇，還存在着全國人大常委會的管治權與香港特區高度自治權這對範疇。其中，相對於中央管治權，香港居民的基本權利與香港特區的高度自治權均處於弱勢地位。由於香港居民的基本權利與香港特區的高度自治權均屬於「一國兩制」中「兩制」的重要組成部分和典型體現，對香港居民基本權利和香港特區高度自治權的維護與保障就是對

---

72. 參見何永紅：《基本權利限制的憲法審查：以審查基準及其類型化為焦點》(北京：法律出版社，2009)，頁 26–36。

73. 參見何永紅：《基本權利限制的憲法審查：以審查基準及其類型化為焦點》(北京：法律出版社，2009)，頁 78–141。

「兩制」原則的維護與保障，對香港居民基本權利和香港特區高度自治權的限制就是對「兩制」原則的限制。因此，可以根據全國人大常委會的管治權是否限制了香港居民的基本權利與香港特區的高度自治權，從而採取一般審查與嚴格審查的雙重審查基準。如果全國人大常委會行使管治權來限制香港居民的基本權利和香港特區的高度自治權，全國人大就要對全國人大常委會行使的管治權進行嚴格審查；如果全國人大常委會行使的管治權並不構成對香港居民基本權利和香港特區高度自治權的限制，那麼全國人大就只對全國人大常委會行使的管治權進行一般審查即可。

3.2.1　一般審查

所謂一般審查是指全國人大在對全國人大常委會管治香港特區的行為進行審查的過程中，只要沒有發現全國人大常委會對香港特區的管治行為存在明顯的不適當，就應當裁定全國人大常委會的管治行為符合憲法或者《香港基本法》的規定。[74]一般審查適用於全國人大對全國人大常委會監督權的審查。根據第二章第四節的論述，全國人大常委會的監督權包括基本法解釋權、香港特區憲制發展決定權和對香港特區立法會立法的備案審查權。這類監督權均是《香港基本法》明確規定的，其僅是發揮着對香港特區高度自治權的監督作用，是在香港特區的相關高度自治權行使完畢後，對這些高度自治權進行監督，確保這些高度自治權的行使符合《香港基本法》的規定，而這些監督權本身並不能決定和限制香港特區高度自治權的內涵及其行使（當然，全國人大常委會的基本法解釋權較為複雜，其中一部分可以決定和限制香港特區高度自治權的內涵，下文再論述）。在全國人大對全國人大常委會行使的這些監督權進行審查的過程中，只要沒有發現全國人大常委會行使的監督權存在明顯不適當的情形，就應當裁定這些監督權的行使符合憲法和《香港基本法》的規定。

---

74. 參見李雲霖：〈論人大監督規範性文件之審查基準〉，《政治與法律》2014 年第 12 期。

3.2.2 嚴格審查

嚴格審查適用於全國人大對全國人大常委會限制香港居民基本權利和香港特區高度自治權的管治權行為的審查。香港居民的基本權利屬於香港特區實行的資本主義制度和生活方式的重要內容，其與香港特區的高度自治權皆屬於「一國兩制」中「兩制」的範疇。眾所周知，在香港特區實施「一國兩制」方針、維護香港的資本主義制度和生活方式、保障香港特區的高度自治權是中央向世人、尤其是向香港居民作出的莊嚴承諾。因此，筆者認為不宜對香港居民的基本權利和香港特區的高度自治權內容作出價值高低的等級排序，更不宜對不同等級所受限制進行不同程度的審查。相反，為了維護「一國兩制」，凡是全國人大常委會作出的限制香港居民基本權利、限制香港特區高度自治權的管治行為，均應該受到嚴格審查。嚴格審查要求全國人大常委會的限制行為必須是旨在維護「一國」，保障國家的主權、安全和發展利益，追求極其重要的國家利益；限制行為與國家利益之間必須具有緊密的關聯性；並且全國人大常委會要向全國人大證明限制行為符合憲法或者《香港基本法》的規定。[75] 在嚴格審查基準下，全國人大對全國人大常委會的管治行為應當採取違反憲法或者違反基本法的推定，除非全國人大常委會能夠充分地證明其管治行為的合法性與合理性。全國人大常委會能夠限制香港居民基本權利和香港特區高度自治權的管治權包括如下幾種：

第一種是全國人大常委會的基本法解釋權。全國人大常委會的基本法解釋權可以一分為三：其一是對《香港基本法》明確規定的關於中央管理的事務以及中央與香港特區關係的條款的解釋。就這部分基本法解釋而言，按照《香港基本法》第 158 條第 3 款的規定，其對香港法院的基本法解釋起着監督作用。其二是對《香港基本法》明確規定屬於香港特區高度自治範圍內的條款的解釋。根據《香港基本法》第 158 條

---

75. 參見何永紅：《基本權利限制的憲法審查：以審查基準及其類型化為焦點》(北京：法律出版社，2009)，頁 80。

第 1 款的規定,《香港基本法》的解釋權屬於全國人大常委會,全國人大常委會據此可以對《香港基本法》的所有條款進行解釋,[76]當然就可以對香港特區高度自治範圍內的條款進行解釋。香港終審法院在「劉港榮案」中亦承認全國人大常委會可以對《香港基本法》所有條款進行解釋。[77]其三是對歸屬問題比較模糊的條款的解釋,全國人大常委會通過解釋意在明確這些條款是屬於香港特區高度自治範圍內的條款,還是屬於關於中央管理的事務或者中央與香港特區關係的條款。全國人大常委會的基本法解釋不受時間限制,其可以在任何時間主動作出基本法解釋,因此全國人大常委會可以通過後兩類解釋明確香港特區高度自治權的內涵,甚至可以通過第二類解釋對香港居民的權利自由條款進行解釋,明確香港居民權利自由的界限。例如,香港社會當前存在着一些充斥「港獨」意識形態的政治團體或者政黨,它們旨在「獨立建國」,這本身已經觸及到「一國兩制」中「一國」的底線,已經危及到國家的主權、安全和發展利益,而香港社會卻仍然沒有對這些政治團體或者政黨的設立是否屬於言論自由或者結社自由以及是否違法達成共識,進而無法對這些政治團體或者政黨進行有效的懲戒。在此情況下,全國人大常委會即可以對《香港基本法》中的言論自由或者結社自由的條款主動作出解釋,明確言論自由或者結社自由並不包括成立推動「港獨」的政治團體或者政黨的自由,以懲戒「港獨」政治團體或者政黨。

　　第二種是全國人大常委會的緊急狀態決定權。根據《香港基本法》第 18 條第 4 款的規定,香港特區內發生香港特區政府不能控制的危及國家統一或安全的動亂時,全國人大常委會有權決定香港特區進入緊急狀態。同時,全國人大常委會亦應當有權決定香港特區何時結束緊

---

76. Yash Ghai, *Hong Kong's New Constitutional Order: The Resumption of Chinese Sovereignty and the Basic Law*, second edition (Hong Kong: Hong Kong University Press), p. 198.

77. FACV 10&11/1999.

急狀態。【78】在緊急狀態下，人權通常會受到一定程度的克減和限制，【79】因而在全國人大常委會決定香港特區進入緊急狀態之後，香港居民的權利和自由必然會受到一定程度的限制。並且，在緊急狀態情況下，中央人民政府可發佈命令，將有關全國性法律在香港特區實施，這些全國性法律在香港特區的實施無疑會減損香港特區的高度自治權，構成對香港特區高度自治權的限制。

因此，在全國人大常委會行使基本法解釋權或者緊急狀態決定權，以及對香港居民的基本權利和香港特區的高度自治權進行限制、限縮時，其目的必須是為了維護「一國」，保障國家主權、安全與發展利益，追求極其重要的國家利益。在全國人大對全國人大常委會的這些管治權進行嚴格審查時，全國人大常委會要向全國人大提供充分的合法性與合理性證明。

（三）審查結果

全國人大和全國人大常委會對中央管治權進行審查之後，如果發現中央管治權不存在不合法或者不合理之處，那麼就應當予以維持。但如果發現存在不合法或者不合理之處，那麼就應當根據憲法的相關規定，作出如下處理：

1. 改變或者撤銷

憲法第 62 條第（11）項規定：全國人大有權「改變或者撤銷」全國人大常委會不適當的決定。據此，改變或者撤銷適用於全國人大對全國人大常委會管治行為之審查。經過審查，如果發現全國人大常委會對香港特區的管治行為不符合憲法或者《香港基本法》的規定，或者

---

78. 參見張小帥：〈論全國性法律在香港特區的實施 —— 基於對《香港基本法》第十八條的分析〉，《港澳研究》2015 年第 3 期。

79. 參見李衞海：《緊急狀態下的人權克減研究》（北京：中國法制出版社，2007），頁 34。

存在不合理之處，那麼全國人大既可以撤銷全國人大常委會的管治行為，亦可以直接對該行為作出更改。

2.　撤銷

撤銷適用於全國人大常委會對中央人民政府和中央軍委的管治行為之審查。經過審查，如果發現中央人民政府和中央軍委對香港特區的管治行為在實體或者程序上不符合憲法或者《香港基本法》的規定，那麼全國人大常委會可以撤銷中央人民政府和中央軍委的管治行為。根據憲法第 67 條第（6）項的規定，全國人大常委會有權監督中央人民政府和中央軍委的工作；根據第 67 條第（7）項的規定，全國人大常委會有權撤銷中央人民政府制定的不符合憲法或者《香港基本法》的決定。雖然憲法第 67 條並未明確規定全國人大常委會對中央軍委的監督形式，但筆者認為類似於全國人大常委會對中央人民政府所作決定的撤銷，全國人大常委會亦應當通過撤銷這一形式來實現對中央軍委所作決定的監督。

那麼，為什麼全國人大對全國人大常委會的管治行為進行監督的形式是「改變或者撤銷」，而全國人大常委會對中央人民政府和中央軍委的管治行為進行監督的形式僅是「撤銷」而不包括「改變」呢？筆者認為，這主要是由於全國人大和全國人大常委會兩者性質相同，均是中國的權力機關、立法機關，而全國人大常委會與中央人民政府和中央軍委的性質則不相同，中央人民政府是中國的最高行政機關，中央軍委是中國的最高軍事領導機關，出於專業性的考慮，全國人大常委會不得代替中央人民政府和中央軍委作出決定，因而只能撤銷而不能改變中央人民政府和中央軍委對香港特區的管治行為。中央人民政府和中央軍委應當自行修改被全國人大常委會撤銷的管治行為，如果不修改，全國人大常委會可以追究相關負責人的政治責任。[80]

80.　參見王振民：《中國違憲審查制度》(北京：中國政法大學出版社，2004)，頁 114。

四、中央管治權審查實踐之考察

自香港特區成立至今，反對派多次企圖通過司法覆核程序來挑戰中央管治權的合法性與合理性。本節即以香港特區成立之初即發生的「馬維琨案」中的一個爭議焦點 —— 臨時立法會的合法性，以及作為香港民主政制發展重要載體的「政改方案」的合法性與合理性為例，來對中央管治權的審查進行實踐考察。

（一）臨時立法會之審查

在「馬維琨案」中，馬和其他兩名被告人以普通法上的串謀妨礙司法公正罪的罪名被起訴至高等法院。該案件的審理在香港回歸之前即已開始由香港最高法院進行，並跨越了香港回歸，延續至香港回歸之後。在 1997 年 7 月 3 日，即香港回歸後的第一個工作日，香港高等法院繼續審理此案。但是在回歸後對該案件的繼續審理中，被告人提出他們不接受妨礙司法公正罪的指控。他們認為，回歸前對他們進行審理的香港最高法院在回歸之後已經停止運作；回歸前在該案中適用的香港原有法律包括普通法，在回歸後沒有經過一個明確的「採用行為」，因而在香港特區不適用；回歸前的法律程序，由於缺乏《香港基本法》的明確規定，因而在香港特區亦不適用。雖然《香港回歸條例》對上述問題均已作規定，例如，第 8 條規定高等法院取代最高法院，第 7 條規定香港原有法律包括普通法等在香港特區繼續適用，第 10 條規定香港原有法律程序在香港特區繼續適用，但是被告人認為《香港回歸條例》是由臨時立法會制定的，而臨時立法會並非是依照《香港基本法》規定成立的法定立法機關，因而是不合法的。[81]也就是說，被告人及其辯護人的辯護觀點的邏輯可以概括如下：被告人是否應當接受審判以及是否有罪均取決於香港原有的普通法傳統在回歸後是否繼續有效；而普通法傳統在香港回歸後是否繼續有效，依照《香港基本法》的

---

81. [1997] HKLRD 761.

規定，又取決於全國人大常委會或者香港特區立法機關是否採取了積極的採用行為，將香港原有的普通法採用為香港特區的法律；雖然《香港回歸條例》中規定了積極的採用行為，但是，《香港回歸條例》是由臨時立法會制定的，而臨時立法會並非依照《香港基本法》規定設立，因此是不合法的；香港法院負有解釋《香港基本法》的權力和責任，應當對全國人大及其常委會的行為是否符合《香港基本法》以及是否與中國在《中英聯合聲明》中宣佈的基本方針政策相抵觸進行審查。[82]因此，該案的核心其實就涉及到設立臨時立法會這一行為的合法性與合理性以及誰有權對設立臨時立法會這一行為的合法性與合理性進行審查的問題。

1.　臨時立法會的設立背景與過程

臨時立法會在《香港基本法》中並不存在。按照《香港基本法》的規定，隨香港特區一同成立的應當是香港特區第一屆立法會而非臨時立法會，臨時立法會是在中英之間的「直通車」計劃無法實現之後才成立的。

按照《香港基本法》第 68 條第 3 款、附件二以及《關於香港特別行政區第一屆政府和立法會產生辦法的決定》（下文簡稱：《第一屆產生辦法》）的規定，香港特區第一屆立法會議員有兩種產生方式：第一種是通過選舉產生，即分別由分區直選產生 20 名議員，由選舉委員會選舉產生 10 名議員，由功能組別選舉產生 30 名議員；第二種是通過「直通車」計劃產生。所謂「直通車」計劃，即在制定《香港基本法》的香港特區政治體制部分時，為了實現香港政權從英方到中方的順利交接和平穩過渡，中方接受英方的建議，即如果港英政府的最後一屆立法局議員的組成符合《香港基本法》和《第一屆產生辦法》中關於香港特區第一屆立法會議員組成的規定，並擁護《香港基本法》、願意效忠香港

---

82. 參見陳友清：《1997-2007：一國兩制法治實踐的法理學觀察 —— 以法制衝突為視角》（北京：法律出版社，2008），頁 53-54。

特區和符合《香港基本法》規定的條件，那麼在經香港特別行政區籌備委員會確認之後，即可直接過渡為香港特區第一屆立法會議員。「直通車」計劃「充分體現了國家主權與平穩過渡的原則，也體現了互相銜接的內容」。[83] 對此問題，英方曾經提出只要港英政府最後一屆立法局議員宣誓效忠《香港基本法》，無須香港特別行政區籌備委員會的確認即可成為香港特區第一屆立法會議員。中方對此提出了堅決反對。實際上，香港特別行政區籌備委員會的確認程序並非是可有可無，而是具有實質涵義的，其確認標準除了包括擁護《香港基本法》、願意效忠香港特區之外，還應當包括「愛國愛港」、擁護中國對香港恢復行使主權和「一國兩制」方針，致力於香港政權的平穩過渡和順利交接，以及香港的長期繁榮穩定等。[84]

無論是通過選舉產生，還是通過「直通車」計劃產生，香港特區第一屆立法會議員的產生無疑都需要港英政府的配合才行。在前者，第一屆立法會議員必須與香港特區同時成立，在 1997 年 7 月 1 日凌晨起開始履行職權，以便批准相關的法律和人事任命，否則即會出現權力和法律的真空，會影響香港社會秩序的穩定。也就是說，第一屆立法會議員必須在香港回歸之前產生，三種選舉方式特別是分區直選和功能組別選舉方式決定了第一屆立法會議員的選舉過程必須在港英政府管治下的香港進行，因而必然需要港英政府的配合；沒有港英政府的配合，第一屆立法會議員的選舉即無法在港英政府管治下的香港完成。在後者，「直通車」計劃意在實現港英政府最後一屆立法局議員和香港特區第一屆立法會議員的無縫對接，這種對接不僅對港英政府最後一屆立法局議員有形式上的要求，而且有實質上的要求。此外，這種對接既包括整體的對接，也包括具體類型的對接：所謂整體的對接，即要求港英政府最後一屆立法局議員整體過渡成為香港特區第一屆立法會議員；所謂具體類型的對接，即不僅要實現整體對接，而且

---

83. 參見蕭蔚雲：《論香港基本法》(北京：北京大學出版社，2003)，頁 220。

84. 參見周平：《香港政治發展 (1980–2004)》(北京：中國社會科學出版社，2006)，頁 180。

還要在不同的選舉方式、議員名額上實現對接。因此，要實現港英政府最後一屆立法局議員與香港特區第一屆立法會議員的無縫對接，無疑需要港英政府的密切配合。

但末代港督彭定康推行的激進化代議制改革使得「直通車」計劃最終無法實現。彭定康推行的激進化改革，意圖使一些親西方價值觀的「民主派」議員通過「直通車」計劃直接過渡成為香港特區第一屆立法會議員，同時通過對立法局權力和地位的改變，將港英政府時期實行的行政主導制改變成議會主導制，這樣英國就可以在回歸後通過控制立法會來繼續掌握香港政局。[85] 由於港英政府最後一屆立法局部分議員並非「愛國愛港」者，他們不支持「一國兩制」方針和中國對香港恢復行使主權，彭定康在回歸過渡期間推行的政改明顯違背了「直通車」計劃，所以港英政府最後一屆立法局議員無法直接過渡成為香港特區第一屆立法會議員。而彭定康的這些行為亦破壞了英國政府與中國的外交關係，港英政府必然不會與中國政府合作以完成香港特區第一屆立法會議員在香港的選舉，這就使得香港特區第一屆立法會議員無法在港英政府管治下的香港通過選舉方式產生。

「馬維琨案」的主審法官在判決中曾說：「連續性是實現穩定性的關鍵。任何（對連續性的）破壞都是災難性的。即便是一時的法律真空亦會導致混亂」。[86] 為了使香港回歸前後能夠保持連續性，其社會秩序不致被破壞，在《香港基本法》規定的第一屆立法會無法依法產生的情況下，負責籌備成立香港特區相關事宜的香港特別行政區籌備委員會經過慎重考慮之後，在 1996 年 3 月 24 日作出了《關於設立香港特別行政區臨時立法會的決定》（以下簡稱：《設立臨時立法會的決定》），規定了臨時立法會的組成、限定了臨時立法會的職權，並且明確規定臨時立法會工作至香港特區第一屆立法會產生為止，其時間不得超過 1998

---

85. 參見周平：《香港政治發展（1980–2004）》（北京：中國社會科學出版社，2006），頁 167–168。

86. [1997] HKLRD 761.

年 6 月 30 日。[87] 1996 年 12 月 21 日，臨時立法會 60 名議員由香港特區第一屆政府推選委員會在深圳推選產生。[88] 1997 年 3 月 14 日，第八屆全國人大第五次會議批准了臨時立法會的設立和組成。[89] 1997 年 7 月 1 日凌晨，臨時立法會通過了《香港回歸條例》，其中第 7（1）條規定香港原有法律，包括普通法、衡平法、條例、附屬法例及習慣法繼續適用；第 8 條規定廢除港英時期的最高法院，代之以香港特區高等法院；第 10 條規定，法律程序、刑事司法體系、司法以及社會公正的延續，不受中國對香港恢復行使主權的影響。

2. 臨時立法會之設立依據與主體

臨時立法會之設立涉及到臨時立法會是依據什麼設立的，以及由誰設立的這兩個問題。

2.1 臨時立法會之設立依據

臨時立法會是因應香港的實際情況而設立的，其主要任務是制定必不可少的法律、參與必要的人事安排，以確保香港特區成立之初的正常運作。[90] 港英政府在回歸末期違反「直通車」計劃的行為以及與中國政府不合作的其他行為，為臨時立法會的設立提供了客觀的事實基礎。但作為香港特區成立之初的政權架構的重要組成部分，臨時立法會的設立亦必須具有一定的規範依據。這種規範依據無疑最終只能從《香港基本法》或者憲法中尋求。

---

87. 參見《全國人民代表大會香港特別行政區籌備委員會關於設立香港特別行政區臨時立法會的決定》，資料來源：www.chinalawedu.com/falvfagui/fg21752/28941.shtml（瀏覽日期：2016 年 1 月 29 日）

88. 參見《全國人民代表大會香港特別行政區籌備委員會工作報告》，資料來源：www.npc.gov.cn/wxzl/gongbao/2000-12/07/content_5003727.htm（瀏覽日期：2016 年 1 月 29 日）

89. 參見《第八屆全國人民代表大會第五次會議關於全國人民代表大會香港特別行政區籌備委員會工作報告的決議》，資料來源：www.npc.gov.cn/wxzl/wxzl/2001-01/02/content_3726.htm（瀏覽日期：2016 年 1 月 29 日）

90. 參見《全國人民代表大會香港特別行政區籌備委員會工作報告》，資料來源：www.npc.gov.cn/wxzl/gongbao/2000-12/07/content_5003727.htm（瀏覽日期：2016 年 1 月 29 日）

　　筆者認為，《香港基本法》並非設立臨時立法會的規範依據，不能為臨時立法會提供合法性。這主要基於如下幾個方面的理由：其一，《香港基本法》並沒有關於臨時立法會的任何明確規定。關於立法會的產生方式，《香港基本法》的規定採用了「一般—具體」、「一般—特殊」和「一般—例外」三種模式。首先，在第 68 條和附件二之間，《香港基本法》採用了「一般—具體」模式，即《香港基本法》先在第 68 條第 1 款和第 2 款一般性地規定立法會議員由選舉產生，同時，要根據香港特區的實際情況和循序漸進的原則，逐步實現立法會議員的普選；然後，又通過第 68 條第 3 款將附件二與立法會聯繫起來，用附件二來具體規定立法會議員的產生辦法和法案、議案的表決程序。其次，在第二屆及其之後的立法會與第一屆立法會之間，採用了「一般—特殊」模式，即第二屆及其之後的立法會議員依據附件二的規定產生，而第一屆立法會議員的產生則有單獨的規範依據，即《第一屆產生辦法》。最後，在第一屆立法會的選舉方式與「直通車」方式之間採用了「一般—例外」模式。《第一屆產生辦法》中第 6 條「原香港最後一屆立法局的組成如符合 ……」中的「如」字就形象生動地刻畫了一般與例外的關係，即一般情況下，採用選舉方式產生第一屆立法會；而如果「直通車」計劃能夠實現，那麼例外情況即發生，選舉方式不再適用，第一屆立法會通過「直通車」計劃產生。但除此之外，該條實際上還隱含着另外一種「一般—例外」模式，即一般情況下，第一屆立法會產生並運作；例外情況下，其他形式的立法會而非第一屆立法會產生並運作。因為如前所述，第一屆立法會無論是通過《第一屆產生辦法》規定的三種選舉方式產生，還是通過「直通車」計劃直接過渡產生，其都需要港英政府的密切配合才能實現。在制定《香港基本法》時，中方無疑是將港英政府的密切配合視為一般情況，所以才沒有明確地作出例外規定。在此情況下，如果港英政府遵守《中英聯合聲明》以及中英兩國政府達成的相關協議的規定，按照與《香港基本法》相銜接的原則推進香港的代議制改革，那麼香港特區第一屆立法會將按照《香港基本法》和《第一屆產生辦法》的規定順利產生。但實際發生的卻並非一般情況，

而是例外情況，即港英政府在回歸末期推行的激進代議制改革違背了《中英聯合聲明》、違背了《香港基本法》的精神、違背了中英雙方關於香港特區第一屆立法會產生辦法所達成的相關協定，[91]使得一般情況下的香港特區第一屆立法會無法產生。由於《香港基本法》和《第一屆產生辦法》均沒有對這種例外情況作出相關規定，在這種情況下，就需要拋開《香港基本法》和《第一屆產生辦法》，另尋規範依據來設立其他形式的立法會。

其二，若《香港基本法》能夠為臨時立法會提供合法性，那麼將出現《香港基本法》自我否定的現象。1990 年 4 月 4 日，第七屆全國人大第三次會議通過《香港基本法》，同日，中國主席令第 26 號公佈《香港基本法》，並宣佈其自 1997 年 7 月 1 日起實施。也就是說，按照《香港基本法》的生效日期，香港特區第一任行政長官、第一任政府、第一屆立法會以及香港法院必須在 1997 年 7 月 1 日凌晨起開始履職。但臨時立法會是在第一屆立法會無法正常產生情況下的產物，這意味着臨時立法會替代第一屆立法會在香港特區成立之初履行職權，第一屆立法會在 1997 年 7 月 1 日凌晨根本不存在，更遑論履行職權。根據《設立臨時立法會的決定》的規定，臨時立法會履行職權至第一屆立法會產生為止，其時間不得超過 1998 年 6 月 30 日。因此可以說，臨時立法會的設立改變了《香港基本法》關於第一屆立法會開始履行職權的日期規定，《設立臨時立法會的決定》實際上是在修改《香港基本法》。在「馬維琨案」中，辯方律師即以臨時立法會的設立是在修改《香港基本法》，但卻沒有遵循《香港基本法》第 159 條規定的修改程序為由，企圖否定臨時立法會的合法性。[92]在這種情況下，如果還要從《香港基本法》中為臨時立法會尋求合法性，那麼就會造成《香港基本法》自我否定的結果，即《香港基本法》通過為臨時立法會的設立提供規範依據，否定了自身部分內容的效力。

---

91. 參見蕭蔚雲：《論香港基本法》(北京：北京大學出版社，2003)，頁 226。

92. [1997] HKLRD 761.

　　作為在香港特區成立之初即開始履行職權、為香港特區的順利成立和平穩過渡作出重要貢獻的臨時立法會，其設立必須具有合法性。既然《香港基本法》無法為臨時立法會提供合法性，那麼就只能從憲法中為臨時立法會尋求合法性。筆者認為，憲法第 31 條能夠為臨時立法會的設立提供合法性，是臨時立法會的設立依據。

　　憲法第 31 條規定：「……在特別行政區內實行的制度按照具體情況由全國人民代表大會以法律規定」。該條是憲法中為數不多提及「特別行政區」一詞的若干條文中的一條，當然也是最重要的一個條文。該條規定中的「具體情況」一詞具有十分豐富的涵義，能夠為臨時立法會的設立提供合法性。何為具體情況？關於具體情況一詞的涵義，在第二章第四節和第五節中已有詳細論述，在此再予以簡要論述。具體情況暗含着空間和時間兩個向度的比較。在空間向度的比較方面，與彼地的情況相比，此地的情況為具體情況；在時間向度的比較方面，與彼時的情況相比，此時的情況為具體情況。就香港特區來說，在制定《香港基本法》時，在空間向度的比較方面，憲法第 31 條中的「具體情況」一詞主要是指通過與內地實行的社會主義制度和政策的比較，來區別性地構建香港特區欲實行的資本主義制度和政策。眾所周知，在「一國兩制」方針中，「兩制」就是指內地實行的社會主義制度和政策，以及特別行政區實行的資本主義制度和政策，這正是憲法第 31 條中「具體情況」一詞涵義的體現。在時間向度的比較方面，具體情況並非固定不變的情況。隨着時間的不斷流逝和前進，一些舊有的情況可能會發生改變甚至消失，而一些原本不存在的情況則可能會出現，這時就需要根據變化了的具體情況來修改原來已經制定的法律，或者制定新的法律。

　　就臨時立法會的設立而言，臨時立法會即是根據已經發生變化了的「具體情況」而設立的。如上文所述，在制定《香港基本法》時，中國政府是以港英政府的合作態度為基礎，才作出關於第一屆立法會產生辦法的相關規定，即在取得港英政府密切合作的情況下，第一屆立法會通過「直通車」計劃產生或者在港英政府管治下的香港通過選舉委

員會、分區直選和功能團體三種選舉方式選舉產生。這屬於《香港基本法》制定之時的具體情況。但在香港即將回歸之時，港英政府非但沒有與中國政府合作，而且肆意破壞中英雙方達成的相關協定，阻撓香港的順利回歸，這就屬於此時的具體情況。在此情況下，要保證香港特區成立之初的順利運作，就必須成立臨時立法會。臨時立法會的設立可以通過兩種途徑取得合法性：一種是修改《香港基本法》，在《香港基本法》中對臨時立法會的設立予以規定；一種是根據憲法第 31 條中的「具體情況」一詞來設立臨時立法會。臨時立法會的設立最終採取了後者。在「馬維騉案」中，香港特區政府認為無法通過修改《香港基本法》來解決設立臨時立法會的問題，因為按照《香港基本法》第 159 條第 3 款的規定，《香港基本法》的修改議案在列入全國人大的議程前，需要先由香港特別行政區基本法委員會研究並提出意見。而由於《香港基本法》尚未生效實施，香港特別行政區基本法委員會也就不存在，所以無法按照第 159 條規定的程序進行修改。[93] 筆者贊成香港特區政府的上述結論，但不贊成其論證方法和過程。香港特區政府的論證過程實際上具有邏輯上的矛盾。其一方面基於《香港基本法》尚未生效實施，認為香港特別行政區基本法委員會不存在，另一方面卻又認為對《香港基本法》的修改應當按照第 159 條規定的程序進行。然而，既然《香港基本法》沒有生效實施，那麼《香港基本法》的任何條文都不應當具有法律效力，第 159 條又怎麼能夠約束全國人大修改《香港基本法》的行為呢？所以，既然《香港基本法》沒有生效，全國人大就沒有必要按照《香港基本法》第 159 條規定的修改程序進行修改，只需要按照普通的立法程序進行修改就行。然而，當中央政府開始籌備香港特區成立的相關事宜之時，距離香港回歸之日已經很近，由於有諸多的回歸事宜需要處理，若是通過修改《香港基本法》來解決臨時立法會的設立問題則會耗費比較多的時間和立法資源，會影響香港回歸事宜的籌備進

---

93. [1997] HKLRD 761.

度。所以，臨時立法會的設立最終沒有採取修改《香港基本法》的途徑，而是從憲法中尋得了設立的合法性。

2.2 臨時立法會之設立主體

既然憲法第 31 條中的「具體情況」一詞為臨時立法會的設立提供了憲法上的合法性，那麼臨時立法會的設立主體在應然程度上亦應當根據憲法第 31 條來確定。憲法第 31 條規定：「……在特別行政區內實行的制度按照具體情況由全國人民代表大會以法律規定」。據此，唯有全國人大有權根據香港的具體情況來進行判斷、作出行為，並且該條中的「法律」一詞應當是指第二章第五節所論述的專門針對香港具體情況而制定的法律，其除了包括以「法律」形式命名的規範性文件之外，還包括以決定等形式命名的規範性文件。而從臨時立法會的設立過程上看，雖然臨時立法會是由香港特別行政區籌備委員會直接設立的，但香港特別行政區籌備委員會的設立行為得到了全國人大的事先授權和事後批准。所謂事先授權，即在 1990 年 4 月 2 日，也就是在全國人大表決通過《香港基本法》兩天前，全國人大即表決通過了《第一屆產生辦法》。該辦法規定全國人大要在 1996 年內設立香港特別行政區籌備委員會，負責籌備成立香港特別行政區的有關事宜，根據本決定規定第一屆政府和立法會的具體產生辦法。其中「有關事宜」的表述說明全國人大在該辦法中對香港特別行政區籌備委員會進行了充分的授權，香港特別行政區籌備委員會有權對與香港特區成立有關的事宜作出決定。當第一屆立法會無法依照《第一屆產生辦法》的規定產生時，按照變化了的具體情況產生其他形式的立法會無疑屬於與香港特區成立有關的事宜，理應在香港特別行政區籌備委員會的職權範圍之內。所謂事後批准，即在 1997 年 3 月的第八屆全國人大第五次會議上，香港特別行政區籌備委員會主任委員錢其琛代表香港特別行政區籌備委員會，向全國人大作了工作報告。在該工作報告中，錢其琛主任專門彙報了臨時立法會設立的背景、必要性、任期、職權、議員構成等情況。隨後，全國人大批准了該報告。全國人大的批准行為無疑補強了

臨時立法會的合法性。因此，通過事先授權和事後批准，其中特別是事後批准，可以說臨時立法會的設立主體並非香港特別行政區籌備委員會，而是全國人大。也就是說，臨時立法會是全國人大根據憲法第31條的規定直接行使憲法管治權設立的。通過全國人大的批准行為，臨時立法會從憲法第31條規定中獲得了充分的合法性與合理性。

3. 臨時立法會之審查

雖然《香港基本法》是香港特區的憲制性法律，香港法院享有基本法解釋權，但如上文所述，臨時立法會的設立實際上是全國人大依據憲法第31條中的「具體情況」一詞，在《香港基本法》之外，對《香港基本法》進行的修改。這種修改與《香港基本法》一樣，均是根據憲法第31條和整個憲法文本，針對香港的具體情況專門制定的，因而具有充分的正當性與合法性，並且不受《香港基本法》的限制。所以，香港法院無權依據《香港基本法》來審查臨時立法會的合法性。並且，臨時立法會是由全國人大依據憲法第31條設立的，是代表國家作出的主權行為，香港法院作為中國的地方法院，自然亦無權對之進行審查。

（二）政改方案之審查

何為政改方案？「政改方案」一詞並非法律文本上的用語。在香港特區的民主政制發展過程中，內地和香港特區的官方、學界把「行政長官和立法會議員的產生辦法以及立法會法案、議案的表決程序」的修改方案簡稱為「政改方案」。所以政改方案內容關乎行政長官和立法會議員如何產生，關乎立法會法案、議案如何進行表決，政改方案的效力如何直接關係着香港民主政制的發展進程。在有關2017年香港特區行政長官普選的政改之爭中，反對派曾表示，如果最終的政改方案不能吸納他們的意見，不能令他們滿意，他們除了會通過發動「佔中」運動來使香港特區政府癱瘓之外，還會利用司法覆核制度，向香港終審法

院提出司法覆核，要求香港終審法院審查政改方案的合法性。[94] 現在，雖然有關 2017 年行政長官普選的政改之爭已經結束，但鑒於香港民主政制仍將會繼續發展的趨勢以及政改方案對香港民主政制發展的重要性，對政改方案的司法覆核進行探討，明確哪個主體有權對政改方案的合法性進行審查，特別是香港法院是否有權對政改方案的合法性進行審查，就顯得尤為重要。

　　那麼究竟何為政改方案呢？這就涉及到政改方案的性質。實際上，政改方案具有三重屬性：其一，政改方案具有修改《香港基本法》的屬性。政改方案的內容實際上體現為對《香港基本法》附件一和附件二內容的修改，即對附件一和附件二中關於「行政長官和立法會議員的產生辦法以及立法會法案、議案的表決程序」的修改。那麼，為什麼不將附件一和附件二的內容置於正文中，而要設置單獨的附件呢？對此，香港基本法起草委員會委員蕭蔚雲教授總結了如下幾個方面的原因：「第一，行政長官、立法機關產生辦法不可能 50 年不變，而且社會上爭論很多，將來不可避免要修改。將行政長官、立法機關的產生辦法寫在《香港基本法》正文中，就會產生常要修改正文的問題，寫在附件中雖然與正文有同等法律效力，但修改程序靈活些，可以避免經常修改正文。第二，行政長官、立法機關產生辦法比較具體，內容較多，雖然有些詳細內容可以在選舉法中規定，但內容還是比其他條文的內容多，所以寫入附件，以免這兩條條文過長，與其他條文在內容和體例上很不一致。」[95] 所以說，《香港基本法》之所以設置單獨的附件是具有特殊用意的，其一方面是為了使《香港基本法》正文的內容和體系在形式上保持一致，另一方面則是便於對附件內容進行相應的修改。這也說明，在內容上，《香港基本法》的附件一和附件二與正文

---

94. 劉乃強：《香港司法系統不要成為反對派張目》，資料來源：www.crntt.com/doc/1029/6/1/5/102961508.html?coluid=33&kindid=546&docid=102961508&mdate=0106002950（瀏覽日期：2016 年 3 月 15 日）

95. 蕭蔚雲：《論香港基本法》（北京：北京大學出版社，2003），頁 116。

其實並沒有實質性的差別，因而在法律效力上，兩個附件與正文具有同等的法律效力。附件一和附件二無疑是《香港基本法》的重要組成部分，與序言、正文具有同樣的重要性。基於此，對附件一和附件二的修改也就是對《香港基本法》的修改，因此可以說，政改方案具有修改《香港基本法》的屬性。

其二，政改方案具有實施《香港基本法》的屬性。一般而言，法律實施具有直接實施與間接實施兩種方式。所謂直接實施，即法律規範直接作用於社會，規範社會生活秩序；所謂間接實施，即法律規範並不直接作用於社會，而是通過制定下位法來實施。通常而言，法律修改與法律實施是兩個彼此獨立的法律活動，不存在交叉。但也存在一些特殊的法律，其中的某些特定的條款決定了對這些法律的特定修改也是在實施該法律。這些法律中的特定條款往往規定了在什麼時間以及什麼條件下應當修改這些法律。那麼，當規定的時間和條件都得到滿足時，就應當實施這些條款來修改這些法律，修改這些法律的過程也就是實施這些法律的過程。例如，葡萄牙 1919 年憲法第 82 條曾作出一項規定，即本憲法每隔十年修改一次。[96] 葡萄牙每隔十年就需要對該憲法進行一次修改，而修改憲法的過程就是實施上述條款規定的過程，也就是在實施該憲法。因而可以說，如果某部法律對其特定內容的修改規定了限制條件時，當這些限制條件得到滿足後，修改該部法律就是在實施該部法律。就政改方案而言，其不但是對《香港基本法》的修改，而且是對《香港基本法》的實施，這是因為政改方案的修改對象即附件一和附件二，與《香港基本法》正文第 45 條和第 68 條有着密切聯繫。第 45 條第 2 款概括性地規定了行政長官的產生辦法和最終所欲達成的普選目標，並為中央與香港特區設置了一項義務，即要根據香港特區的實際情況和循序漸進的原則，逐步提高行政長官產生辦法中的民主成分，最終達致普選。因此，中央與香港特區就有義務適時地修改《香港基本法》中關於行政長官產生辦法的規定，提高行政長

---

96. 周葉中主編：《憲法》(第三版)(北京：高等教育出版社，2011)，頁 379。

官產生辦法的民主性。那麼究竟行政長官通過什麼樣的具體辦法產生呢？第 45 條第 3 款規定行政長官產生的具體辦法由附件一規定，該款規定在附件一和第 45 條第 2 款之間發揮了仲介作用，使得附件一與第 45 條第 2 款聯繫了起來。在這種聯繫中，中央與香港特區對附件一的修改過程實際上也就是實施第 45 條第 2 款的過程。同樣道理，第 68 條第 3 款在附件二和第 68 條第 2 款之間發揮了仲介作用，使得第 68 條第 2 款和附件二建立了聯繫，中央和香港特區對附件二的修改過程實際上也就是實施第 68 條第 2 款的過程。因此，作為對附件一和附件二內容進行修改的政改方案，實際上就是在實施第 45 條第 2 款和第 68 條第 2 款，因而具有實施《香港基本法》的屬性。

其三，政改方案在本質上是由全國人大常委會作出的決定。全國人大常委會曾在 2004 年對香港基本法附件一第 7 條和附件二第 3 條作出解釋，[97] 明確了政改方案的制定過程，這就是所謂的「五步曲」程序：第一步，行政長官向全國人大常委會提出報告，提請全國人大常委會決定是否需要對附件一和附件二的內容進行修改；第二步，全國人大常委會對是否需要修改附件一和附件二作出相應決定；第三步，如果全國人大常委會作出需要修改的決定，那麼香港特區政府需要向立法會提出附件一和附件二的修改議案，該議案需要經立法會全體議員的三分之二多數通過；第四步，行政長官同意立法會通過的修改議案；第五步，行政長官將修改議案報全國人大常委會，由全國人大常委會作出批准或者備案的相關決定。[98] 據此，政改方案從準備到生效的整個過程，必須經過「五步曲」的程序，其中包括最終的全國人大常委會的批准或者備案程序。通過該解釋，全國人大常委會明確了中央對香港特區民主政制發展的主導權和決定權。所謂主導權就是全國人

97.《全國人民代表大會常務委員會關於〈中華人民共和國香港特別行政區基本法〉附件一第七條和附件二第三條的解釋》，資料來源：www.hmo.gov.cn/Contents/Channel_438/2013/0221/25633/content_25633.htm（瀏覽日期：2016 年 1 月 25 日）

98.《二零一七年行政長官及二零一六年立法會產生辦法諮詢文件》，資料來源：www.2017.gov.hk/tc/consult/document.html（瀏覽日期：2016 年 1 月 25 日）

大常委會決定行政長官和立法會的產生辦法是否需要修改；所謂決定權，就是全國人大常委會最終的批准或者備案的權力，是實質性權力而非程序性權力，也就是說全國人大常委會既可以作出批准或者備案的決定，也可以作出不批准或者不備案的決定。[99]唯有經過全國人大常委會最終的批准或者備案程序，政改方案才能生效。全國人大常委會作出的上述解釋闡明了《香港基本法》附件一和附件二的具體涵義，對中央與香港特區均具有約束力，中央與香港特區在制定政改方案過程中必須遵守該解釋的規定。因此，政改方案實際上就是全國人大常委會作出的決定。

根據前文所述，政改方案是作為國家主權機關的全國人大常委會作出的一項決定，應當屬於國家行為範疇，香港法院無權對其進行審查。而全國人大則可以對政改方案進行審查，由於政改方案在性質上是全國人大常委會對香港特區高度自治權的一種監督權，所以全國人大須採用一般審查基準對政改方案進行審查，即只要政改方案沒有明顯不符合憲法或者不符合《香港基本法》的情形存在，全國人大就應當維持政改方案的效力。

---

99. 強世功：〈文本、結構與立法原意 ——「人大釋法」的法律技藝〉，《中國社會科學》2007 年第 5 期。

第四章

中央管治權之全面性

❧❧❧❧❧❧❧❧❧❧❧❧❧❧❧❧❧❧

《白皮書》指出，中央擁有對香港特區的全面管治權，這種全面管治權既包括中央直接行使的權力，也包括授權香港特區依法實行高度自治。而中央直接行使的權力中，部分權力能夠對香港特區的高度自治權發揮監督作用，因而屬於中央監督權。本章主要分析中央管治權之全面性，闡述中央管治權之內容，包括中央授予香港特區高度自治權、中央直接行使的權力、中央對香港特區高度自治權的監督權與變更權，以及屬於中央的《香港基本法》未規定權力等。

一、中央授予香港特區高度自治權和中央直接行使的權力

在「一國兩制」下，中央通過《香港基本法》授予香港特區高度自治權，包括行政管理權、立法權、獨立的司法權和終審權。同時，中央保留若干直接行使的權力。

（一）中央授予香港特區高度自治權

高度自治權是《香港基本法》上的主要權力形態，也是「一國兩制」中「兩制」的法律體現。根據《香港基本法》的規定，香港特區高度自治權的內容極其廣泛，包括行政管理權、立法權、獨立的司法權和終審權。例如，就行政管理權而言，根據《香港基本法》第 16 條的規定，香港特區享有行政管理權，依照《香港基本法》的有關規定，自行處理香港特區的行政事務。這一規定說明，香港特區享有的行政管理權

的權力內容十分廣泛，除了少數幾項屬於中央人民政府管理的事務之外，香港特區可以處理本行政區域內的所有其他行政事務。[1]就立法權而言，《香港基本法》第 17 條第 1 款規定，香港特區享有立法權。實際上，除了有關國防、外交和其他按照《香港基本法》的規定不屬於香港特區自治範圍內的事項之外，香港特區可以就其他所有事項制定法律，包括制定刑事方面、民事方面、商事方面以及訴訟程序等方面的法律。就獨立的司法權和終審權而言，根據《香港基本法》第 19 條的規定，除繼續受到香港原有法律制度和原則對法院審判權的限制之外，香港法院對香港特區所有案件均有審判權。並且，由於香港法院享有終審權，內地最高人民法院的管轄範圍不及於香港特區。

可以説，香港特區享有的自治權的程度之高甚至要超過聯邦制國家的州。例如，聯邦制國家的州通常不享有終審權，並且要實行全國統一的貨幣，而香港特區卻享有終審權，並且具有自己單獨的貨幣。但即便如此，香港特區的高度自治權仍非其本身所固有，並非建基於主權之上，而是來自於代表國家主權的中央的授權。可以借用民法中的所有權與用益物權的概念來描述香港特區的高度自治權。所謂所有權，「是所有人在法律規定的範圍內，對屬於自己的特定物全面支配和排他的權利」。[2]所有權具有佔有、使用、收益和處分的權能。其中，處分是所有權的核心內容，是所有權的最基本權能。[3]所謂用益物權，「是對他人所有的物，在一定範圍內進行佔有、使用和收益的權利」。[4]就香港特區的高度自治權而言，筆者將其作為民法中的「物」。由於香港的主權屬於中國，在單一制的國家結構形式下，香港這一地理區域的治權屬於代表國家主權的中央所有。也就是説，香港治權的所有權屬於中央，中央對這一治權享有佔有、使用、收益和處分的權能，而

1. 參見蕭蔚雲：《論香港基本法》(北京：北京大學出版社，2003)，頁 603。

2. 魏振瀛主編：《民法》(第四版) (北京：北京大學出版社、高等教育出版社，2010)，頁 238。

3. 參見魏振瀛主編：《民法》(第四版) (北京：北京大學出版社、高等教育出版社，2010)，頁 239。

4. 魏振瀛主編：《民法》(第四版) (北京：北京大學出版社、高等教育出版社，2010)，頁 279。

中央對這一治權的處分必須符合「一國兩制」方針的要求，其結果就是中央通過《香港基本法》將這一治權的大部分內容授予香港特區，形成香港特區的高度自治權。並且，中央並沒有將其對這一治權的所有權的所有權能均授予香港特區，而僅是授予香港特區佔有、使用和收益的權能。所以可以説，對於高度自治權，香港特區所享有的實際上是一種「用益物權」而非所有權。中央仍保留所有權中的處分權能。也就是説，香港特區對其高度自治權僅能夠進行佔有、使用和收益，但是絕對不能進行處分，唯有中央才可以對香港特區的高度自治權進行處分，而這種處分的途徑就是中央對香港特區的管治權。基於中央與香港特區的授權框架，中央在授予香港特區高度自治權之後，仍然可以憑藉其所享有的管治權來變更甚至取消香港特區的高度自治權，將授予香港特區的高度自治權重新收回。這種變更甚至取消香港特區高度自治權的管治權，即是下文將主要論述的中央直接行使的權力。

（二）中央直接行使的權力

　　所謂中央直接行使的權力，顧名思義，就是除了授予給香港特區的高度自治權之外，中央可以直接對香港特區行使的權力。根據其是否可以直接在香港特區生效實施，中央直接行使的權力可以分為兩類：一類是權力行為可以直接在香港特區生效實施的權力。就此類中央直接行使的權力而言，其在香港特區的生效實施無須借助於香港特區的相關高度自治權。例如，根據《香港基本法》第 13 條和第 14 條的規定，香港特區的國防和外交事務由中央人民政府負責，香港特區在這兩類事務中非經授權則不享有任何權力。中央作出的國防和外交行為可以直接在香港特區生效實施。再比如，全國人大對《香港基本法》所作的修改、全國人大常委會對《香港基本法》所作的解釋、中央人民政府對行政長官和香港特區政府主要官員的任免等，這些權力行為均可以直接在香港特區生效實施，無須借助於香港特區的高度自治權。此類權力還包括全國人大確定香港特區全國人大代表的名額和產生辦法的權力、全國人大常委會廢除香港原有法律的權力、全國人大常委

會對香港特區戰爭狀態和緊急狀態的決定權、中央人民政府根據《香港基本法》第 18 條第 4 款的規定將有關全國性法律在香港特區實施的命令權，以及中央人民政府對香港特區發出指令的權力等。

另一類是需要借助於香港特區的相關高度自治權才能生效實施的權力。就這部分中央直接行使的權力而言，其需要借助於香港特區相關的高度自治權，才能在香港特區生效實施；如果沒有香港特區相關高度自治權的配合，這部分中央直接行使的權力行為儘管仍然有效，但無法直接作用於香港特區，在香港特區生效實施。例如，根據《香港基本法》第 18 條第 1、2、3 款的規定，相關全國性法律可以通過列於附件三，在香港特區實施。在此過程中，全國人大常委會和香港特區均享有相應權力。其中，全國人大常委會在徵詢香港特別行政區基本法委員會和香港特區政府的意見後，可以直接增減列於附件三的全國性法律。但全國人大常委會在將相關全國性法律列於附件三之後，這些全國性法律並未立即在香港特區生效實施，而是要待香港特區在當地公佈或者立法之後才能生效實施。這說明，全國性法律要在香港特區生效實施，全國人大常委會的列入權與香港特區的公佈權或者立法權必須相配合才行。缺少了香港特區的公佈或者立法，全國性法律儘管被列入了附件三，仍然無法在香港特區生效實施。

二、中央對香港特區高度自治權的全面監督權

中共十九屆四中全會通過的《中共中央關於堅持和完善中國特色社會主義制度，推進國家治理體系和治理能力現代化若干重大問題的決定》將「一國兩制」明確為國家的重要制度，作為支撐中國國家制度和國家治理體系的 13 大制度之一，並且強調要堅持和完善「一國兩制」制度體系。「一國兩制」下中央對香港、澳門兩個特別行政區高度自治權的監督權，無疑是「一國兩制」制度體系的重要內容。加強對中央監督權的研究，明確中央監督權的範圍、行使方式等內容，對於堅持和完善「一國兩制」制度體系具有十分重要的意義。本節即着重闡述中央

監督權的範圍，提出「中央全面監督權」的概念，闡釋中央全面監督權之內涵，並提煉論證中央全面監督權可以通過硬性和軟性兩種方式來行使。

（一）中央全面監督權：概念與正當性

1. 「中央全面監督權」概念的提出

2014 年 6 月國務院新聞辦公室印發了《「一國兩制」在香港特別行政區的實踐》白皮書（以下簡稱《白皮書》）。《白皮書》的發表意味着中央治港方略的「法治」轉型，[5] 由「協商治港」轉向「協商治港」與「依法治港」並行。《白皮書》引人注目的一個重要論述是提出了「中央全面管治權」的概念，指出：「中央擁有對香港特別行政區的全面管治權，既包括中央直接行使的權力，也包括授權香港特別行政區依法實行高度自治。對於香港特別行政區的高度自治權，中央具有監督權力。」這一段論述既提出了「中央全面管治權」這一概念，也提出了「中央監督權」這一概念。根據該段論述，中央全面管治權包括三個部分：中央直接行使的權力、中央授予特區的高度自治權和中央監督權。[6] 可見，中央監督權是中央全面管治權的重要組成部分。那麼，中央監督權的範圍如何呢？換句話説，中央是否可以監督特區所有的高度自治權呢？

對此問題，《白皮書》的闡述是：「對於香港特別行政區的高度自治權，中央具有監督權力。」這句話並沒有限定特區高度自治權的範圍，這就意味着對特區所有的高度自治權，中央都具有監督權力。也就是

---

5. 參見田飛龍：〈白皮書波瀾：央港關係的法治轉型和中國人史觀重建〉，《法治週末》2014 年 6 月 19 日。

6. 參見魏淑君、張小帥：〈論「一國兩制」下中央對港澳特區的全面管治權〉，《中國浦東幹部學院學報》2016 年第 6 期。

說，中央監督權之範圍及於特區所有高度自治權，[7] 中央對特區高度自治權擁有全面監督權。

2. 中央全面監督權的正當性：基於授權框架的闡釋

《白皮書》的上述闡述為「中央全面監督權」概念的提出提供了官方的政策依據。那麼，從法理上而言，中央全面監督權是否具有正當性呢？中央緣何對特區具有全面監督權呢？對此問題的回答，需要將其置於中央與特區授權框架內進行。筆者從中國單一制國家結構形式的理論角度、憲法與基本法的規範角度、中央授權的目的角度、香港政治的特點角度來分析。

首先，從理論上而言，中央與特區之間是授權與被授權關係。授權與分權是對國家整體與組成部分之間權力關係的一個經典分類，單一制與聯邦制是對國家結構形式的一種經典分類，這兩組概念之間存在着密切聯繫，授權與單一制國家相對應，分權與聯邦制國家相對應。所謂單一制，是指國家由若干個普通行政單位、自治單位或者特別行政區等組成，這些組成單位都是國家不可分離的組成部分的國家結構形式；所謂聯邦制，是指國家由兩個或以上的組成單位（如邦、州、共和國等）組成聯盟國家的國家結構形式。[8] 如何區別單一制與聯邦制？最主要的標準就是看地方權力的來源，或者說地方有沒有固有的權力：在單一制國家，地方沒有固有的權力，地方所享有的權力都來自於中央通過法律進行的授權，中央授予多少權力，地方就享有多少權力，中央沒有授予的，由中央保留，地方不得享有；在聯邦制國家，地方和聯邦各自的權力是通過憲法進行分割的，憲法明確規定了聯邦享有的權力和地方享有的權力，同時還規定憲法沒有明確規定的權力由各州保留，這表明聯邦制國家的地方擁有固有的權力。

---

7. 參見夏正林、王勝坤：〈中央對香港特別行政區監督權若干問題研究〉，《國家行政學院學報》2017年第 3 期。

8. 參見周葉中：《憲法（第三版）》（北京：高等教育出版社，2011），頁 224。

在中央與特區關係方面，學術界存在着分權論和授權論的爭議。持分權論的學者以香港大學法學院佳日思教授為代表。分權論認為，中央與特區的分權安排旨在維護特區的高度自治權，並使兩制區隔開來。[9]「分權論的基本主張，基本法為中央和特區各自的權力範圍提供了依據，特別是為特區的高度自治權提供了保障。在這一分權格局之下，中央不得干預特區的自治權。」[10]持授權論的學者以原北京大學法學院蕭蔚雲教授為代表。授權論認為，特區雖然享有高度自治權，但是其權力來自於中央的授權，並非其本身所固有的。[11]「基本法確認特區的高度自治權來自中央的授權，特區只能在授權範圍內行使立法權、行政權和司法權，不能逾越授權範圍。」[12]

對於上述分歧，筆者贊成授權論。中國是單一制國家而非聯邦制國家，任何地方政府都沒有固有權力，其所享有的權力都來自於中央的授權，特區的成立並沒有改變中國單一制的國家結構形式。[13]特區雖然享有高度自治權，但這種高度自治權「源於中央授權，不是原生型的權力」，而是一種地方自治權，特區仍然是中國的一個地方行政區域。[14]

其次，從規範上而言，憲法與《香港基本法》構建了中央與特區之間授權與被授權的法制框架。憲法作為國家的根本法，尤其是憲法第 31 條、第 59 條第 1 款、第 62 條第 (14) 項，奠定了中央與特區之間授權與被授權關係的憲法根基。在此基礎之上，《香港基本法》具體構建了中央與特區之間的授權與被授權關係。「基本法中為數眾多的條

9. Yash Ghai, *Hong Kong's New Constitutional Order—The Resumption of Chinese Sovereignty and The Basic Law*, second edition (Hong Kong: Hong Kong University Press, 1997), pp. 137–142.

10. 程潔：〈香港新憲制秩序的法理基礎：分權還是授權〉，《中國法學》2017 年第 4 期。

11. 參見蕭蔚雲：〈論「一國兩制」下中央與特別行政區的法律關係〉，《北京大學學報（哲學社會科學版）》1991 年第 4 期。

12. 程潔：〈香港新憲制秩序的法理基礎：分權還是授權〉，《中國法學》2017 年第 4 期。

13. 參見王禹：《論恢復行使主權》（北京：人民出版社，2016），頁 117。

14. 參見陳端洪：〈理解香港政治〉，《中外法學》2016 年第 5 期。

款與中央政府有關,整部法律就是作為中央政府對特區的授權法而制定的。」【15】其一,《香港基本法》諸多「授權」條款直接確認了中央與特區之間的授權與被授權關係。其中,有些條款直接以「授權」一詞來表述,例如《香港基本法》第 2 條規定,全國人大「授權」特區依照基本法的規定實行高度自治;有些條款則用「可」、「自行」等詞語來表述,例如《香港基本法》第 23 條等。【16】其二,《香港基本法》還採用了多種授權方式,包括綜合性授權、具體事項授權以及進一步授權等方式。其中,綜合性授權是概括性授權,例如《香港基本法》第 2 條規定,全國人大授權特區依照《香港基本法》的規定實行高度自治,享有行政管理權、立法權、獨立的司法權和終審權;具體事項授權是指《香港基本法》在授權的規定中具體列明需要授權的相關事項,例如《香港基本法》第 13 條第 3 款規定,中央人民政府授權特區依照《香港基本法》自行處理有關的對外事務;進一步授權,是指根據《香港基本法》第 20 條之規定,全國人大及其常委會、中央人民政府還可以根據實踐需要,進一步授予特區其他權力。可見,特區雖然享有高度自治權,但其在法律地位上仍然屬於中國的地方行政區域,與省、自治區、直轄市處於同一地位,只不過相較於後者而言,特區所享有的權力更多而已。

再次,從授權目的上而言,中央之所以要授予特區高度自治權,是為了實現「一國兩制」方針之根本宗旨。在授權理論中,授權並非是無緣無故的,而是具有明確的目的導向的。「在單一制國家,中央政府的權力下放歸根到底是出於特定的政治或社會需求而採取的政策和管治方法。」【17】為了使授出權力之行使符合授權目的,授權主體必須能夠對授權對象進行監督。就中央對特區的授權而言,授予高度自治權本身不是授權的目的,授權的目的是為了更好地管理香港,為了實現「一

15. 程潔:〈香港新憲制秩序的法理基礎:分權還是授權〉,《中國法學》2017 年第 4 期。

16. 參見鄒平學:《基本法實踐問題研究》(北京:社會科學文獻出版社,2014),頁 133。

17. 程潔:〈中央管治權與特區高度自治權 —— 以基本法規定的授權關係為框架〉,《法學》2007 年第 8 期。

國兩制」方針的根本宗旨：維護國家主權、安全、發展利益，保持香港、澳門長期繁榮穩定。這裏面就存在着特區如何行使高度自治權才能更好地管理香港的問題，更好地實現「一國兩制」方針的根本宗旨，更進一步來講，如果特區行使高度自治權的結果是沒有管理好香港，更甚者導致香港社會失序，那個時候該怎麼辦？此時就需要中央監督權發揮作用。正如有學者所説，特區高度自治權「是否能夠達到和符合授予的目的與效果，就需要建立一個相應的監督機制，這就形成了中央的監督權」。[18]

這涉及到中央與特區在全面準確貫徹「一國兩制」方針中各自承擔的責任問題。「一國兩制」是由中央提出來的，其目的首先是為了實現和維護國家統一，[19] 這是「一國兩制」方針的初心和本源。所以，「一國兩制」是一項國家優先而非特區優先的方針。在「一國兩制」中，「一國」是「兩制」的前提和基礎，「兩制」派生於、從屬於、統一於並服務於「一國」，「兩制」之運行不能損害「一國」之保障。作為「一國兩制」方針提出者和主導者的中央，對於全面準確貫徹落實「一國兩制」方針承擔着重要責任。在全面準確貫徹落實「一國兩制」方針過程中，對有關「一國」之事務，中央承擔着直接責任，是第一責任人；對有關「兩制」之事務，特區承擔着直接責任，是第一責任人，但中央承擔着最終和最大責任。例如，為了充分發揮「一國兩制」的制度優勢，在推進粵港澳大灣區建設過程中，中央對特區有着明確的定位。「只有全面貫徹『一國兩制』的基本方針，才能充分利用其制度優勢，保證大灣區治理創新既發揮『兩制』互補性，又不忽視『一國』的共性，保障香港、澳門高度自治權的有效行使。」[20] 為此，中央必須享有對特區高度自治權

18. 參見夏正林、王勝坤：〈中央對香港特別行政區監督權若干問題研究〉，《國家行政學院學報》2017年第 3 期。

19. 習近平：《習近平談治國理政（第二卷）》（北京：外文出版社，2017），頁 435。

20. 石佑啟、陳可翔：〈粵港澳大灣區治理創新的法治進路〉，《中國社會科學》2019 年第 11 期。

的全面監督權，以防止特區高度自治權之運行損害國家主權、安全、發展利益和香港、澳門的長期繁榮穩定。

最後，從香港政治的特點而言，對峙是香港政治的重要特點，對峙中的一個重要內容就是香港高度自治權與中央管治權的對峙。這種對峙本身具有一定的合理性與正當性，但是在香港複雜的社會構成中，原本正常的對峙卻增添了「敵友」的成分在內。香港作為中國的一個地方，本來不應存在濃厚的敵友色彩的，因為「地方政治是沒有敵人的政治，只有國家才有敵人」。但是，「偏偏香港是國家政治鬥爭的一個角力場，這使得香港政治被抹上了很濃的敵友色彩」。[21]在這種情況下，西方的反華政治勢力可以介入香港政治，並以香港的高度自治權為掩護，從事危害國家的活動。因此，為了遏制和消除西方反華政治勢力的介入，為了使香港政治中的對峙維持在合理的程度之內，中央必須具有對特區高度自治權的全面監督權。

(二) 中央全面監督權「全面」之三重內涵

如果說「一國兩制」下「中央監督權」這一概念不存在爭議的話，那麼「中央全面監督權」這一概念的內涵則需要深入論證闡述，而論證的焦點和重點無疑就在於「全面」二字。如何理解「中央全面監督權」中「全面」二字的內涵呢？對此，筆者認為儘管中央對特區高度自治權享有全面監督權，但並不意味着特區高度自治權要時時、處處受到中央的監督。正如有學者所說：「不能籠統地說中央的監督權力會涉入特區高度自治權的所有具體事務的領域」。[22]在如下三種情況下中央才可以啟動監督程序，對特區高度自治權之運行進行監督：其一，當特區越權行使高度自治權，導致中央管治權受到侵蝕時，中央要通過行使監督權，取消特區越權行使權力的效力。其二，當特區應行使而不行使高度自治權，或者濫用高度自治權，導致特區憲制秩序受到嚴重

---

21. 陳端洪：〈理解香港政治〉，《中外法學》2016 年第 5 期。

22. 周挺：〈論中央監督權的正當性、範圍與行使的法治化建議〉，《港澳研究》2016 年第 3 期。

損害時，中央要通過行使監督權，提醒或者糾正特區高度自治權。其三，當特區高度自治權不足以應對特區經濟社會發展需要時，中央要通過行使監督權，補強特區高度自治權的內容。據此，筆者從越權性監督、程度性監督和不足性監督三個層面對中央全面監督權之內涵進行分析。

1.　越權性監督

所謂越權性監督，是指當特區行政機關、立法機關或者法院超越憲法和《香港基本法》規定的權限範圍行使相關權力時，中央可以通過行使相關的監督權對之進行監督。特區行政機關、立法機關或者法院超越憲法和《香港基本法》規定的權限範圍行使相關權力的情形，可以分為如下幾種：第一種是特區政府、立法會或者法院中的某一個越權行使相關權力導致其他兩個所享有的高度自治權受到侵蝕的情形；第二種是特區政府、立法會或者法院中的某一個越權行使相關權力，導致憲法和《香港基本法》明確規定的中央管治權受到侵蝕的情形；第三種是特區政府、立法會或者法院中的某一個越權行使相關權力，但是既沒有侵蝕其他二者所享有的高度自治權，也沒有侵蝕憲法和《香港基本法》明確規定的中央管治權的情形。

對於第一種情形，依靠《香港基本法》構建的行政機關、立法機關和法院之間既互相配合又互相制約的機制即可解決；[23]對於第二種情形，中央可直接行使相關監督權，對特區行政機關、立法機關或者法院進行監督。例如，如果特區政府越權行使相關權力導致中央管治權受到侵蝕，那麼中央人民政府可以行使對行政長官和特區政府主要官員的任免權或者向行政長官發出指令權來進行監督；如果特區立法會越權制定相關法律導致中央管治權受到侵蝕，那麼全國人大常委會可以通過備案審查權來進行監督；如果香港法院越權作出基本法解釋或

23.　參見王禹：〈港澳政治體制中行政、立法與司法既互相配合又互相制約原則的探討〉，《政治與法律》2018 年第 8 期。

者判決導致中央管治權受到侵蝕，那麼全國人大常委會可以通過其基本法解釋權來進行監督。

筆者想着重闡述的是第三種情形。該種情形實際上涉及到《香港基本法》未規定權力的歸屬問題。根據中國單一制的國家結構形式，《香港基本法》未規定的權力應當屬於中央所有。因此，基於「法無授權即禁止」的法律原則，第三種情形下特區越權行使的相關權力必然是無效的。在這種情形下，中央該如何行使監督權呢？對此，根據實際情況，第三種情形實際上又可細分為三種：

其一，特區越權行使的相關權力有助於「一國兩制」方針更好地貫徹落實，但該權力由中央行使更好。在這種情形下，可以由全國人大常委會通過基本法解釋，宣佈特區越權行使的相關權力無效，同時由適宜行使該權力的全國人大、全國人大常委會或者中央人民政府直接行使該權力。

其二，特區越權行使的相關權力有助於「一國兩制」方針更好地貫徹落實，但該權力由特區繼續行使更好。在這種情況下，全國人大、全國人大常委會、中央人民政府可以根據《香港基本法》第 20 條，對特區進行授權，將該部分權力授予特區，並對特區已經行使權力的效力進行追認。

其三，特區越權行使的相關權力無助於「一國兩制」方針更好地貫徹落實。在這種情況下，全國人大常委會可以通過基本法解釋，直接宣佈該權力不屬於特區，特區行使該權力的行為無效。

2. 程度性監督

所謂程度性監督，是指當特區應行使而不行使高度自治權，或者濫用高度自治權，而導致特區憲制秩序受到嚴重損害，「一國兩制」事業受到嚴重影響時，中央可以對之進行監督。據此，對於程度性監督而言，中央可以在兩種情形下進行監督：

第一，當特區不行使高度自治權，導致特區憲制秩序受到嚴重損害，「一國兩制」事業受到嚴重影響時，中央可以對之進行監督。例

如，根據《香港基本法》第 23 條之規定，全國人大將國家安全立法權授予特區，讓特區就國家安全進行立法，而這也成為了特區高度自治立法權的重要內容，同時構成特區的一項憲制義務和責任。但是，香港回歸至今已 23 年，一方面是特區仍未自行為國家安全立法，另一方面是隨着百年未有之大變局的逐漸演進，特區的國家安全風險日益突顯，其導致的最嚴重結果就是在 2019 年發生的「反修例風波」。這場風波不僅令特區的憲制秩序受到嚴重損害、「一國兩制」事業受到嚴重影響，特區的國家安全也面臨着嚴重威脅。因此，在這種情況下，全國人大不得不根據憲法第 31 條行使立法權，並授權全國人大常委會制定《香港國安法》，以建立健全特區維護國家安全的法律制度和執行機制。

第二，當特區濫用高度自治權，導致特區憲制秩序受到嚴重損害，「一國兩制」事業受到嚴重影響時，中央可以對之進行監督。香港一些反對派人士缺乏政治忠誠，並非忠誠反對派，相反，卻存在「逢特首必反」、「逢中央必反」、為了反對而反對的荒謬行為。他們時常通過濫用高度自治權而對中央或者特區政府的管治造成掣肘。例如，立法會內務委員會主席的選舉是特區高度自治立法權的重要內容。但是，在 2020 年度內務委員會主席選舉時，公民黨立法會議員郭榮鏗卻採取惡意「拉布」、「政治攬炒」等行為，通過濫用權力、拖延程序，蓄意造成內務委員會停擺，導致大量與民生息息相關的法案無法及時審議，甚至連特區政府提出的多項防疫抗疫附屬法例也未能經內務委員會及時跟進處理，最終影響了立法會履行基本法規定的立法機關之憲制性責任，也損害了香港社會整體的良性運行。因此，中聯辦新聞發言人在接受媒體查詢時對郭榮鏗等人的行為表示強烈譴責。[24]

---

24. 參見《中聯辦發言人就立法會內務委員會問題發表談話，譴責部分議員惡意「拉布」，違背誓言》，資料來源：www.locpg.gov.cn/jsdt/2020-04/13/c_1210556359.htm（瀏覽日期：2020 年 8 月 10 日）

3. 不足性監督

所謂不足性監督，是指特區需要獲得新的高度自治權時，中央可以根據特區經濟和社會發展的需要，對之進行新的授權，以補足其高度自治權。「自治範圍最大化並非設定自治範圍的標準，授予特區多大的自治權是以特區承擔責任的能力以及維護特區制度有效運作為標準的」，[25]也就是説，當特區現有的高度自治權不足以維護特區制度有效運作，無法適應特區經濟和社會發展需要之時，中央可以進一步對特區進行授權。不足性監督的法律依據就是《香港基本法》第 20 條。根據該條規定，除了《香港基本法》明確規定的高度自治權之外，特區還可以享有全國人大、全國人大常委會及中央人民政府授予的其他權力。據此，接受授權之後，這些權力就成為特區高度自治權的組成部分。例如，2003 年「自由行」政策施行以後，來往內地與香港之間的遊客逐漸增加。為了緩解內地與特區交往日益增多帶來的陸路通關壓力，2006年 10 月 31 日全國人大常委會作出相關決定，授權特區對深圳灣口岸港方口岸區實施管轄。[26]

（三）中央全面監督權之權力內容與硬性監督

「一國兩制」下中央全面監督權之行使方式可以分為硬性與軟性兩種。所謂硬性監督方式，是指中央通過直接行使相關的監督權來對特區高度自治權進行監督的情形；所謂軟性監督方式，是指國務院港澳辦（以下簡稱：港澳辦）和香港中聯辦（以下簡稱：中聯辦）通過發言人等機制來闡明中央對於「一國兩制」、憲法與《香港基本法》等含義的理解，從而對特區高度自治權之運行進行監督的情形。本部分先闡述中央全面監督權之權力內容與硬性監督方式。根據權力性質的不同，

25. 程潔：〈中央管治權與特區高度自治權 —— 以基本法規定的授權關係為框架〉，《法學》2007 年第 8 期。

26. 參見《全國人民代表大會常務委員會關於授權香港特別行政區對深圳灣口岸港方口岸區實施管轄的決定》，資料來源：www.hmo.gov.cn/zcfg_new/jbf/flwj/xg/201711/t20171114_1070.html（瀏覽日期：2020 年 8 月 13 日）

中央全面監督權可以分為立法性監督權、釋法性監督權和行政性監督權。

1.　中央全面監督權之立法性監督權

中央全面監督權之立法性監督權主要包括全國人大的立法監督權、全國人大常委會的法律備案審查權、全國人大常委會對基本法附件一和附件二修改的決定和批准權、全國人大常委會的緊急狀態決定權和中央人民政府的全國性法律命令權。

1.1　全國人大的立法監督權

憲法第 31 條規定:「國家在必要時得設立特別行政區。在特別行政區內實行的制度按照具體情況由全國人民代表大會以法律規定。」該條規定了全國人大的立法監督權。該條中的「具體情況」一詞內涵豐富。具體情況是一個比較性的概念,與彼時的情況相比,此時的情況是具體情況;與彼地的情況相比,此地的情況是具體情況。因此,憲法第 31 條實際上賦予了全國人大一項立法義務,即要根據發生重大變化的具體情況,通過制定法律或者修改法律來補充和完善特區內實行的制度。[27]在香港回歸之前,與內地的情況相比,香港的情況屬於具體情況。正是根據香港不同於內地的具體情況,所以全國人大才制定了《香港基本法》,規定了特區內實行的制度和政策。但是,《香港基本法》的制定並不意味着憲法第 31 條在香港場域內完成了歷史使命;相反,全國人大仍然可以根據特區發生重大變化的具體情況,通過修改《香港基本法》或者在《香港基本法》之外制定其他法律來補充和完善特區內實行的制度和政策。那麼,發生重大變化的具體情況要「重大」到什麼程度,才需要修改《香港基本法》,或者在《香港基本法》之外制定其他法律呢?換句話說,判斷特區是否存在發生重大變化的具體情況的標準是什麼?

27.　參見張小帥:〈論中央對特別行政區的立法權的權力來源、實施方式及合法性審查 —— 以香港特別行政區為例〉,《政治與法律》2015 年第 12 期。

筆者認為，該標準就是《香港基本法》能否解決香港社會裏嚴重損害特區憲制秩序的行為。若能夠解決則不屬於發生重大變化的具體情況，若不能解決則屬於。《香港基本法》不能解決的情況又可以分為兩種：一種是《香港基本法》自身有規定，但是特區相關的行政、立法或者司法機關不作為，導致該規定無法得到有效實施；另一種是《香港基本法》自身完全沒有規定，也就是說該具體情況是全新的、《香港基本法》制定之時沒有預料到的。在發生重大變化的具體情況下，由於單靠《香港基本法》自身無法解決問題，此時憲法必須出場，由全國人大根據憲法第 31 條，在《香港基本法》之外制定其他法律來解決相關問題。例如，由於特區不履行《香港基本法》第 23 條規定的國家安全立法的憲制義務，導致香港特區的國家安全受到嚴重威脅，《香港基本法》自身又無法解決該問題，全國人大不得不根據憲法第 31 條，授權全國人大常委會制定《香港國安法》。

1.2 全國人大常委會的法律備案審查權

全國人大常委會對香港特區立法會的立法擁有備案審查權。根據《香港基本法》第 17 條第 2 款和第 3 款的規定，香港特區立法會制定的法律要報全國人大常委會備案，全國人大常委會可以對報送備案的法律進行審查。雖然備案不影響該法律的生效，但全國人大常委會在徵詢其所屬的香港特別行政區基本法委員會的意見後，如果認為報送備案的法律不符合《香港基本法》中關於中央管理的事務及中央和香港特區關係的條款，那麼全國人大常委會可以將該法律發回，但不能進行修改。這種發回會使得該法律立即失效，但除另有規定外，該法律的失效沒有溯及力。這說明，香港特區立法會的立法權和全國人大常委會的備案審查權構成一個權力束，共同完成整個過程。在其中，全國人大常委會的備案審查權其實就是對香港特區立法會立法權的一種監督權。只不過，這種監督只能針對香港特區立法會的立法是否符合《香港基本法》中關於中央管理的事務及中央和香港特區關係的條款，而對於是否符合《香港基本法》自治範圍內的條款，全國人大常委會則無權監督。

1.3　全國人大常委會對基本法附件一和附件二修改的決定和批准權（全國人大常委會的香港特區憲制發展決定權）

所謂香港特區憲制發展決定權，即全國人大常委會對香港特區行政長官和立法會議員的產生辦法以及立法會法案、議案的表決程序是否需要修改以及如何修改的決定權，也就是全國人大常委會對《香港基本法》附件一和附件二是否需要修改以及如何修改的決定權。全國人大常委會該項權力也隨着香港社會形勢的發展而發展。

《香港基本法》附件一和附件二儘管對其自身的修改程序進行了規定，但這種規定存在模糊之處，如沒有明確指出由誰確定、是否需要修改以及由誰提出修改法案等問題。全國人大常委會在 2004 年作出相關解釋，[28]明確闡述了附件一和附件二的「五步曲」修改程序：第一步，由行政長官向全國人大常委會提出報告，提請全國人大常委會決定附件一和附件二是否需要進行修改；第二步，全國人大常委會決定是否可就附件一和附件二進行修改；第三步，如果全國人大常委會決定可就附件一和附件二進行修改，則香港特區政府向立法會提出修改附件一和附件二的議案，並經全體立法會議員三分之二多數通過；第四步，行政長官同意經立法會通過的議案；第五步，行政長官將有關法案報全國人大常委會，由全國人大常委會批准或者備案。[29]根據該解釋，全國人大常委會在「五步曲」的修改程序中享有三種權力，即確定是否需要修改的權力、確定修改框架的權力和最終的批准備案權。

所謂確定是否需要修改的權力，即由全國人大常委會根據香港特區的實際情況和循序漸進的原則，來確定附件一和附件二是否需要修改。儘管《香港基本法》沒有明確規定全國人大常委會的此項權力。但是由於香港是中央授權下的一個地方區域，附件一和附件二的修改直接關乎

---

28. 參見《全國人民代表大會常務委員會關於〈中華人民共和國香港特別行政區基本法〉附件一第七條和附件二第三條的解釋》，資料來源：www.hmo.gov.cn/Contents/Channel_438/2013/0221/25633/content_25633.htm（瀏覽日期：2016 年 4 月 23 日）

29. 參見《二零一七年行政長官及二零一六年立法會產生辦法諮詢文件》，資料來源：www.2017.gov.hk/tc/consult/document.html（瀏覽日期：2016 年 4 月 23 日）

行政長官和立法會議員的產生辦法以及法案、議案的表決程序，屬於香港特區政治體制中的重大問題，直接涉及中央與香港特區的關係，因此應當由全國人大常委會來確定附件一和附件二是否需要修改。

所謂確定修改框架的權力，即全國人大常委會在確定附件一和附件二需要修改之後，對附件一和附件二如何修改先行確定一個修改框架的權力。所謂批准備案權，是指全國人大常委會對香港特區報請批准或備案的附件一和附件二的修改議案作出批准或備案的權力。《香港基本法》和全國人大常委會的上述解釋並沒有明確規定全國人大常委會擁有確定修改框架的權力，但規定了全國人大常委會擁有批准備案權。根據全國人大常委會上述解釋的規定，這種批准備案權並非形式性的，而是實質性的，即全國人大常委會既可以對香港特區立法會通過、行政長官同意的附件一和附件二的修改議案作出批准或備案的決定，此時附件一和附件二的修改即生效，具有法律效力；也可以作出不批准或不備案的決定，此時附件一和附件二的修改則不生效，不具有法律效力。

整體來看附件一和附件二的修改程序，特別是全國人大常委會最終的批准備案權，會發現全國人大常委會確定修改框架的權力不可或缺。因為附件一和附件二修改的內容主要是行政長官和立法會議員的產生辦法以及立法會法案、議案表決程序，這些內容關乎香港特區的政治體制，其如何具體修改往往需要多輪諮詢香港居民，需要香港社會、各方政治力量相互協商和妥協，最後才有可能就附件一和附件二如何進行具體修改達成共識。也就是說，附件一和附件二的修改在香港社會會耗費較大的人力、物力和財力。全國人大常委會在確定是否對附件一和附件二的修改議案進行批准或備案時，必然存在一個標準。附件一和附件二的修改議案符合該標準，全國人大常委會即作出批准或者備案的決定；不符合該標準，全國人大常委會則作出不批准或者不備案的決定。出於維護「一國兩制」的需要，這種標準必然是原則性、框架性而非具體性的。這一原則性、框架性的修改標準實際上就是在確定一個修改框架。如果不事先將該原則性的修改框架明示出來，不事先將該修改框架置於

附件一和附件二修改程序的前端，那麼一旦最終發現香港特區報請批准或備案的附件一和附件二的修改議案不符合該修改框架，全國人大常委會只能作出不批准或者不備案的決定。但這無疑會大量浪費香港特區為修改附件一和附件二投入的人力、物力和財力。因此，為了避免浪費，全國人大常委會在附件一和附件二修改程序的前端，必須擁有確定修改框架的權力，待全國人大常委會確定附件一和附件二的修改框架之後，香港特區在該修改框架內具體探討如何具體對附件一和附件二進行修改，然後再報請全國人大常委會批准或者備案。因此，儘管全國人大常委會確定修改框架的權力並沒有在《香港基本法》和全國人大常委會的上述解釋中明確規定，但那只是由於《香港基本法》的規定和全國人大常委會的解釋技術存在着不完善之處，而全國人大常委會確定修改框架的權力從邏輯上完善了《香港基本法》和全國人大常委會解釋規定的附件一、附件二的修改程序。

從實踐來看，在附件一和附件二的每次修改程序中，全國人大常委會其實都在作出需要修改的決定之後，還確定了修改框架。在 2004 年和 2007 年，全國人大常委會作出了兩個有關行政長官和立法會產生辦法的決定。[30] 儘管這兩個決定規定 2007 年和 2012 年的行政長官選舉以及 2008 年和 2012 年的立法會議員選舉均不實行由普選產生的辦法，但其並沒有規定行政長官和立法會議員的產生辦法不需要修改，實際上該決定規定了附件一和附件二的修改框架，即行政長官的選舉繼續實行由選舉委員會選舉的辦法，立法會中功能團體和分區直選產生的議員各佔半數的比例維持不變。在該修改框架之下，香港特區可以根據實際情況和循序漸進的原則，對行政長官和立法會議員的選舉辦法

---

30. 參見《全國人民代表大會常務委員會關於香港特別行政區 2007 年行政長官和 2008 年立法會產生辦法有關問題的決定（2004）》，資料來源：www.hmo.gov.cn/Contents/Channel_438/2013/0226/26213/content_26213.htm（瀏覽日期：2016 年 4 月 23 日）；《全國人民代表大會常務委員會關於香港特別行政區 2012 年行政長官和立法會產生辦法及有關普選問題的決定》，資料來源：www.hmo.gov.cn/Contents/Channel_438/2013/0226/26216/content_26216.htm（瀏覽日期：2016 年 4 月 23 日）

作出具體修改。例如，在 2012 年行政長官和立法會議員的選舉中，選舉行政長官的選舉委員會人數即由原來的 800 人增加到 1200 人，而立法會功能團體和分區直選的議員人數也分別由原來的 30 人增加到 35 人。在 2014 年 8 月 31 日，全國人大常委會作出了關於 2017 年行政長官普選問題的決定，[31] 確定了行政長官普選辦法的框架。[32] 在該普選框架下，香港特區可以制定具體的普選辦法。然而比較遺憾的是，香港社會最終沒有就行政長官普選的具體方案達成共識，2017 年行政長官將不實行由普選產生的辦法。

除了全國人大常委會的上述三種權力之外，香港特區在附件一和附件二的修改程序中亦享有重要權力，也就是在全國人大常委會確定的修改框架內，制定具體的修改議案，並將其報請全國人大常委會批准或者備案。全國人大常委會的上述三種權力能夠對香港特區制定附件一和附件二修改議案的權力起到很好的監督作用，這種監督作用通過事先和事後兩個時間點實現：所謂事先監督，即全國人大常委會通過確定一個修改框架來對香港特區制定修改議案的權力進行監督，香港特區只能在全國人大常委會確定的修改框架內制定具體的修改議案，不得超出或者違背該修改框架；所謂事後監督，即全國人大常委會通過其最終的批准備案權，實現對香港特區制定修改議案權力的監督。全國人大常委會最終的批准備案權可以直接決定香港特區制定的修改議案是否生效。然而比較弔詭的是，儘管作為主權機關的全國人大常委會確定的修改框架對香港特區具有約束力，但是香港特區立法會卻可以通過否決香港特區政府提出的具體修改辦法，來使香港社會無法就修改議案達成共識，進而使全國人大常委會確定的修改框架無法在香港特區落實。

---

31. 參見《全國人民代表大會常務委員會關於香港特別行政區行政長官普選問題和 2016 年立法會產生辦法的決定》，資料來源：www.npc.gov.cn/npc/cwhhy/12jcwh/2014-08/31/content_1876904. htm（瀏覽日期：2016 年 4 月 23 日）

32. 參見胡榮榮、黃樹卿：〈有關全國人大常委會「8·31」決定核心要素理據的綜述〉，《港澳研究》2014 年第 4 期。

因此，在附件一和附件二的修改程序中，全國人大常委會對香港特區憲制發展的決定權與香港特區高度自治權並非簡單的監督與被監督關係，而是比較複雜的關係。要實現附件一和附件二的修改，全國人大常委會與香港特區需要充分的配合與合作，任何一方不配合與合作，附件一與附件二即無法修改。

正是意識到了「五步曲」修改程序的弊端，2021 年 3 月 11 日第十三屆全國人大表決通過了《全國人民代表大會關於完善香港特別行政區選舉制度的決定》，授權全國人大常委會根據該決定修改《香港基本法》附件一和附件二。2021 年 3 月 30 日第十三屆全國人大常委會第二十七次會議對《香港基本法》附件一和附件二作出修改。根據修改後的附件一第 10 條和附件二第 8 條的規定，全國人大常委會享有附件一和附件二的修改權，可以直接修改附件一和附件二，只不過在修改前要以適當形式聽取香港社會各界意見。可見，本次修改直接取消了前述「五步曲」修改程序中香港特區政府和立法會的相關權力。這樣的修改，能夠確保中央在《香港基本法》附件一和附件二中的絕對主導權和堅決貫徹落實以愛國者為主體的「港人治港」原則。

1.4　全國人大常委會的緊急狀態決定權和中央人民政府的全國性法律命令權

根據《香港基本法》第 18 條第 4 款之規定，在兩種情況下全國人大常委會可以宣佈香港進入戰爭狀態或者緊急狀態：一種是當全國人大常委會決定宣佈國家進入戰爭狀態之時，香港自然進入戰爭狀態；另一種是當香港特區內發生香港特區政府不能控制的危及國家統一或安全的動亂之時，全國人大常委會可以決定香港進入緊急狀態。當全國人大常委會宣佈戰爭狀態或者決定香港進入緊急狀態後，中央人民政府可以發佈命令將有關全國性法律在香港特區實施。[33]

---

33. 參見張小帥：〈論全國性法律在香港特區的實施 —— 基於對《香港基本法》第十八條的分析〉，《港澳研究》2015 年第 3 期。

2. 中央全面監督權之釋法性監督權

《香港基本法》第 158 條規定了《香港基本法》的解釋權。該條第 1 款從整體上明確了《香港基本法》解釋權的歸屬，即屬於全國人大常委會。據此，全國人大常委會可以對《香港基本法》的所有條款進行解釋，並且可以主動解釋，這種解釋是「政治性的主權與法律性的治權的結合」。[34] 第 2 款和第 3 款則規定全國人大常委會授權香港法院在審理案件時對《香港基本法》關於香港特區自治範圍內的條款自行解釋，同時也可對其他條款進行解釋。但如果是需要對《香港基本法》中關於中央人民政府管理的事務或中央和香港特區關係的條款進行解釋，並且該解釋會影響案件的判決，那麼在對該案件作出不可上訴的終局判決前，香港終審法院要提請全國人大常委會對有關條款進行解釋。全國人大常委會作出的解釋對香港法院之後的判決具有約束力。據此，如果全國人大常委會認為香港法院作出的基本法解釋不準確的話，那麼全國人大常委會可以推翻香港法院作出的基本法解釋，自己作出一個權威的基本法解釋。因此可以説，全國人大常委會的基本法解釋權對香港法院的基本法解釋權起到監督作用。不過，由於全國人大常委會已經授權香港法院在審理案件時對自治範圍內的條款自行解釋，對於香港法院就這部分條款作出的解釋，全國人大常委會應當予以尊重。全國人大常委會對香港法院的基本法解釋權的監督應當主要聚焦於香港法院對非自治範圍內條款的解釋。但比較遺憾的是，《香港基本法》並未明確規定哪個主體享有判斷《香港基本法》的哪些條款屬於非自治範圍條款的權力，而香港終審法院則在「吳嘉玲案」中試圖將該權力據為己有，並確定了特定的標準。[35] 同時，由於內地與香港特區實行不同的法律體制，全國人大常委會與香港法院在解釋體制、解釋技術、解

---

34. 鄭賢君：〈隱含權力：普通法對香港政制的影響 —— 解釋權的民主性〉，《河南財經政法大學學報》2016 年第 1 期。

35. FACV14/1998.

釋方法等方面存在着差別，引發了兩者對《香港基本法》解釋上的諸多衝突，引起香港社會對全國人大常委會基本法解釋的抵觸情緒。

　　部分香港人士之所以不認同全國人大常委會的基本法解釋權，主要有如下兩點原因：其一，他們認為全國人大常委會的基本法解釋權有侵犯香港法院審判權之嫌；[36]其二，他們認為全國人大常委會的解釋方法與技術不科學、解釋程序不透明。[37]

　　就前者而言，筆者認為解釋權與審判權是兩個不同性質的權力。解釋權是針對法律自身，旨在明確法律的涵義、界限，[38]「發現或形成一般法律規範，以為裁判之『大前提』」；[39]而審判權是針對法律適用，旨在解決法律如何運用於具體案件以定紛止爭，[40]其「以所發現或形成之一般法律規範為大前提，以事實認定為小前提，透過『歸攝』之作用，運用『演繹』的邏輯方式，匯出結論，亦即一般所謂裁判」。[41]因此，解釋權與審判權具有不同的性質，「法律解釋機關作出解釋後，如何將法律適用個案，完全由法院自行決定，不受其他機關干涉」。[42]並且，有些國家在法院系統之外設置了專門的釋憲機關，這些機關的釋憲行為並沒有被認為干涉法院的審判權。

　　就後者而言，全國人大常委會的解釋方法與技術、解釋程序的確存在着有待完善之處。在解釋方法與技術方面，全國人大常委會首先要堅持立法原意解釋方法，但應該提高解釋技術的科學性。全國人大常委會在還原《香港基本法》的立法原意時，應當主要依靠《香港基本法》制定之前或者制定期間的立法史資料，儘量避免適用《香港基本

---

36. 參見駱偉建：《澳門特別行政區基本法新論》（北京：社會科學文獻出版社，2012），頁404。

37. 參見秦前紅、付婧：〈論香港基本法解釋方法的衝突與協調〉，《蘇州大學學報（法學版）》2015年第2期。

38. 參見駱偉建：《澳門特別行政區基本法新論》（北京：社會科學文獻出版社，2012），頁404。

39. 楊仁壽：《法學方法論》（北京：中國政法大學出版社，2013），頁35。

40. 參見駱偉建：《澳門特別行政區基本法新論》（北京：社會科學文獻出版社，2012），頁404。

41. 楊仁壽：《法學方法論》（北京：中國政法大學出版社，2013），頁35。

42. 參見駱偉建：《澳門特別行政區基本法新論》（北京：社會科學文獻出版社，2012），頁404。

法》頒佈之後的資料。在此方面，全國人大常委會在 1999 年的解釋中運用香港特別行政區籌備委員會的意見來佐證《香港基本法》原意的做法的確存在有待商榷之處。然而，立法原意解釋方法存在如下兩個方面的缺陷：其一，對於香港特區出現的新情況，《香港基本法》不存在立法原意；[43] 其二，隨着香港特區的社會發展，《香港基本法》現時所面對的實際情況可能與制定之時的情況出現較大差別，「立法原意就會逐漸淡化和變得遙遠，甚至因為變得不太適應現實的需要而成為歷史。[44] 因此，在立法原意解釋方法之外，全國人大常委會還要綜合採用其他解釋方法，並適當地考慮香港居民的意見，但底線是作出的解釋必須符合「一國兩制」方針。

在解釋程序方面，迄今為止，全國人大常委會並沒有一個規範性的基本法解釋程序。由於全國人大常委會的基本法解釋與《香港基本法》具有同等法律效力，因此全國人大常委會必須慎重對待其基本法解釋權，制定科學合理的基本法解釋程序。其中，有必要對全國人大常委會的基本法解釋程序進行類型劃分：一類是主動解釋程序，一類是依申請解釋程序。所謂主動解釋程序，即全國人大常委會根據《香港基本法》第 158 條第 1 款的規定，主動對《香港基本法》的相關條文進行解釋的程序，此種解釋具有立法解釋的特點；所謂依申請解釋程序，即全國人大常委會根據《香港基本法》第 158 條第 2 款的規定，依據香港終審法院的申請而對《香港基本法》的相關條文進行解釋的程序，此類解釋是結合具體個案進行的，因而具有准司法解釋的特點。在具體的制度設計上，可以使具有准司法解釋特點的依申請解釋程序，比具有立法解釋特點的主動解釋程序更為嚴格，以此來迫使香港終審法院在需要提請全國人大常委會釋法時主動提請，否則全國人大常委會就

---

43. 參見秦前紅、付婧：〈論香港基本法解釋方法的衝突與協調〉，《蘇州大學學報（法學版）》2015 年第 2 期。

44. 參見劉松山：〈《香港基本法》實施中的「民意」〉，載一國兩制研究中心主編：《香港回歸十周年 —— 基本法回顧與前瞻研討會論文集（2007）》，頁 377-378。

依據較為寬鬆的立法解釋程序作出基本法解釋。例如，在依申請解釋程序中，可以規定全國人大常委會需要考慮《香港基本法》相關條文對案件的影響、案件當事人的意見、香港各級法院的解釋理據和方法、在同樣問題上的普通法觀點等。此外，作為在全國人大常委會基本法解釋程序中具有重要諮詢功能的香港特別行政區基本法委員會，其一直缺乏規範化、公開化的議事規則，外界無從了解其工作情況，進而在一定程度上影響了全國人大常委會基本法解釋的公信力。因此，有必要訂立香港特別行政區基本法委員會的議事規則，賦予其召集有關專家探討解釋《香港基本法》相關條文的權力，增強其專業性和權威性，進而增強全國人大常委會基本法解釋的公信力。[45]

3.　中央全面監督權之行政性監督權

中央全面監督權之行政性監督權，可以分為中央人民政府的行政性監督權和全國人大常委會的行政性監督權。其中，中央人民政府的行政性監督權主要包括人事任免權、國家安全監督權、聽取行政長官彙報和向行政長官發出指令權，以及對特區財政預算、決權的備案權，對特區在外國設立的官方、半官方的經濟和貿易機構的備案權，對外國在香港設立的領事機構或其他官方、半官方機構的批准權等。全國人大常委會的行政性監督權主要包括全國人大常委會對特區終審法院和高等法院首席法官任免的備案權。筆者以中央人民政府的人事任免權、國家安全監督權、聽取行政長官彙報和向行政長官發出指令權為例予以闡述。

3.1　中央人民政府的人事任免權

中央人民政府對香港特區的人事任免權包括如下幾種：對香港特區行政長官的任免權、對香港特區政府主要官員的任免權和對香港特區維護國家安全委員會秘書長的任免權。

---

45. 參見秦前紅、付婧：〈論香港基本法解釋方法的衝突與協調〉，《蘇州大學學報（法學版）》2015 年第 2 期。

就中央人民政府對行政長官的任命權而言，根據《香港基本法》關於行政長官產生過程的相關規定，香港特區的行政長官在當地通過選舉或者協商產生之後，要由中央人民政府任命，才算正式的行政長官。中央人民政府對行政長官的任命權並非形式性的權力，而是一種實質性的權力。[46]因此，在行政長官產生的過程中，香港特區的選舉或協商的權力與中央人民政府的任命權就形成一個權力束，來共同完成產生行政長官這個權力使命。在其中，中央人民政府對行政長官的實質性的任命權，其實就是對香港特區選舉或者協商產生行政長官的權力的一種監督權，即如果選舉或者協商產生的行政長官侯任者是一個愛國愛港者，那麼中央人民政府就會任命，但如果是一個與中央對抗的人，那麼中央人民政府就不會任命。就中央人民政府對行政長官的免職權而言，根據《香港基本法》第 73 條第 (9) 項的規定可知，在行政長官的免職過程中，立法會的彈劾權與中央人民政府的免職權組成一個權力束，共同完成行政長官的免職。其中，中央人民政府的免職權就是對立法會彈劾權的一種監督權。也就是説，如果中央人民政府認為行政長官不應該被免職，那麼即便立法會通過了對行政長官的彈劾案，中央人民政府亦可讓行政長官繼續履職。

就中央人民政府對香港特區政府主要官員的任免權而言，根據《香港基本法》第 48 條第 (5) 項的規定，行政長官的提名權與建議權和中央人民政府的任免權構成一個權力束，共同完成香港特區政府主要官員的任免過程。其中，中央人民政府的任免權就對行政長官的提名權和建議權起到監督作用。也就是説，中央人民政府如果認為行政長官提名的主要官員人選或者針對特定主要官員的免職建議不合理，那麼中央人民政府可以不任命或者不免職。

---

46. 參見韓大元、黃明濤：〈論中央人民政府對香港特區行政長官的任命權〉，《港澳研究》2014 年第 1 期。

就中央人民政府對香港特區維護國家安全委員會秘書長的任免權而言，根據《香港國安法》第 13 條第 2 款的規定，香港特區維護國家安全委員會秘書長由行政長官提名，報中央人民政府任命。行政長官的提名權與中央人民政府的任免權構成一個權力束，共同完成香港特區維護國家安全委員會秘書長的任免過程。其中，中央人民政府的任免權就對行政長官的提名權起到監督作用。也就是説，中央人民政府如果認為行政長官提名的秘書長人選或者針對秘書長的免職建議不合理，那麼中央人民政府可以不任命或者不免職。

3.2　中央人民政府的國家安全監督權

《香港國安法》明確了中央與香港特區在維護國家安全方面的責任劃分。其中，中央人民政府對香港特區有關的國家安全事務負有根本責任，香港特區負有維護國家安全的憲制責任。根據《香港國安法》第 12 條、第 49 條等相關規定，香港特區維護國家安全委員會要接受中央人民政府和中央駐港維護國家安全公署的監督。據此，香港特區維護國家安全委員會的權力就與中央人民政府和中央駐港維護國家安全公署的監督權形成一個權力束，共同確保香港特區的國家安全。

3.3　中央人民政府聽取行政長官彙報和向行政長官發出指令權

根據《香港基本法》第 43 條之規定，行政長官要向中央人民政府負責，因此，行政長官須向中央作彙報，中央亦可以在任何時候要求行政長官就相關問題提交報告。例如，2019 年 2 月 26 日，中央人民政府向特區行政長官發出公函，支持特區政府依法禁止「香港民族黨」運作，並請行政長官就有關情況向中央人民政府提交報告。需要説明的是，中央人民政府的聽取彙報權並不構成一項獨立的監督權，但是卻是其他中央監督權的重要基礎和前提。因為只有通過聽取行政長官的述職彙報，才能夠比較全面、詳細地了解香港社會的相關情況，進而才能夠行使相關監督權、採取相關措施進行監督。例如，根據《香港基本法》第 48 條第（8）項之規定，中央人民政府享有向行政長官發出指

令的權力。[47]在發出指令前,中央可以要求行政長官就相關問題向中央提交報告,以便了解相關情況,然後中央可以對行政長官發出相關指令。由於中央人民政府的指令是向行政長官發出的,因此,指令中的事項內容需要在行政長官的職權範圍內,然後行政長官按照中央人民政府的指令去行使相關職權。例如,有學者指出,「對於『港獨』勢力反主權的行為,特別是暴力行為,中央在政治上要支持特區政權嚴厲懲治,必要時可以指令特區政府採取果斷措施」。[48]

(四) 香港社會的「體制性不認同」與「軟性監督」概念的提出

1. 香港社會存在着「體制性不認同」

「在社會制度的例子中,這一點更加明顯,即只有在我們知道設立某一制度的目的是什麼之後,才能解釋它們。」[49]作為國家的一項重要制度,「一國兩制」的根本宗旨就是維護國家主權、安全、發展利益,保持特區繁榮穩定。[50]為了實現這一根本宗旨,必須釐清「一國」與「兩制」、憲法與《香港基本法》、中央管治權與特區高度自治權之關係,這三對關係亦構成特區憲制秩序的重要內容。其一,在「一國」與「兩制」的關係中,「一國」是「兩制」的前提和基礎,「兩制」從屬於、派生於並統一於「一國」之內,[51]「一國兩制」是一項國家優先而非香港優先的

---

47. 參見楊曉楠:〈中央在特別行政區發出行政指令權:理論基礎與制度建構〉,《社會科學》2018年第9期。

48. 陳端洪:〈理解香港政治〉,《中外法學》2016年第5期。

49. 〔英〕尼爾・麥考密克,陳銳、王琳譯:《法律制度:對法律理論的一種解説》(北京:法律出版社,2019),頁46。

50. 參見中共中央宣傳部:《習近平新時代中國特色社會主義思想學習綱要》(北京:學習出版社、人民出版社,2019),頁203。

51. 參見中共中央宣傳部:《習近平新時代中國特色社會主義思想三十講》(北京:學習出版社,2018),頁276。

方針政策。[52]其二，在憲法與《香港基本法》的關係中，憲法是國家的根本大法，是特區法律制度的法律淵源；《香港基本法》是根據憲法制定的基本法律，為「一國兩制」在特區的實踐提供了法律保障。憲法與《香港基本法》共同構成特區的憲制基礎。[53]其三，在中央管治權與特區高度自治權方面，特區的高度自治權並非其本身所固有，而是來自於中央的授權。香港社會必須對上述內容具有準確的認知，特區憲制秩序才能得到維護，「一國兩制」才能在特區得到全面準確的貫徹落實。正如德國法學家拉德布魯赫所強調：「只有當法律共同體的特定成員不僅滿足其特殊利益，而且滿足每種秩序都賴以為基礎的法律意識時，法秩序才可能存續。」[54]

但是，由於中央對特區的授權是不對稱授權，其中的一個表現就是中央權力與特區高度自治權之間並非存在着一一對應關係，「中央與地方之間不但存在管轄範圍和管轄事項（基於時空）的差異，而且存在體制或治理模式上的差異」。[55]例如，對於香港在媒體、教育等領域的高度自治權，由於中央缺少有效的監督權對之實施監督，導致的結果就是長期以來，香港反對派把持着香港社會的教育、媒體等資源，向廣大香港市民、青少年兜售他們對「一國兩制」的「另類詮釋」，導致不少香港居民和大部分年輕人所理解的「一國兩制」就是經過「另類詮釋」後的「一國兩制」。在「另類詮釋」下，在「一國」與「兩制」關係方面，「兩制」被認為優先於「一國」，「一國兩制」方針變成了以照顧香港利益為前提的「香港優先」的方針；[56]在中央管治權與特區高度自治權關係方面，香港社會有些人鼓吹香港有所謂的「固有權力」、「自主權力」，以特區高度自治權來對抗中央管治權，甚至否認或者歪曲中央管

---

52. 參見周葉中：《建立健全特區維護國家安全的法律制度必要且緊迫》，資料來源：www.chinanews.com/ga/2020/04-15/9157979.shtml（瀏覽日期：2020 年 8 月 13 日）

53. 參見習近平：《習近平談治國理政（第二卷）》（北京：外文出版社，2017），頁 436。

54. 〔德〕古斯塔夫・拉德布魯赫，雷磊譯：《法哲學入門》（北京：商務印書館，2019），頁 149。

55. 參見程潔：〈香港新憲制秩序的法理基礎：分權還是授權〉，《中國法學》2017 年第 4 期。

56. 參見劉兆佳：〈香港修例風波背後的深層次問題〉，《港澳研究》2020 年第 1 期。

治權；[57] 在憲法與《香港基本法》關係方面，《香港基本法》被認為是特區的「小憲法」，國家的憲法在特區沒有效力，不是特區的憲制基礎，甚至有反對派人士將《中英聯合聲明》作為特區的憲制基礎，[58] 等等。在這種情況下，這些香港居民不僅僅存在着對某一項中央管治權或者監督權之行使的具體性不認同，更重要的是存在着對「一國」與「兩制」關係、憲法與《香港基本法》關係、中央管治權與特區高度自治權關係的體制性不認同。正是這種體制性不認同，導致香港社會一些人存在着「逢特首必反」、「逢中央必反」甚至「為了反對而反對」的畸形現象。[59]

因此，在這種情況下，就要着力於解決香港社會存在的「體制性不認同」問題，努力提升香港社會對「一國」與「兩制」關係、憲法與《香港基本法》關係、中央管治權與特區高度自治權關係的體制性認同。

2. 「軟性監督」：概念與範圍

「有時，政治需要大膽的舉措；政治還需要領導力、遠見和團隊合作，以實現大家共同確定的政策、目標和理想。法律確立了公共權力，並為其設定了界限。解決公共權力如何在這些界限內行使的問題，正是政治的任務。使法律意義上的大部分權力的大多數運用，都達到政治意義上的權力運用的圓融與有益，是一個與政治遠見和理解有關的事情。」[60] 在香港社會對「一國兩制」存在着「體制性不認同」的背景下，需要從政治角度來看待中央全面監督權的內涵及其所需的社會政治基礎。正如有學者所說：「由於基本法不但深度下放了政治權

---

57. 參見中共中央宣傳部：《習近平新時代中國特色社會主義思想三十講》（北京：學習出版社，2018），頁277。

58. 參見王勇：〈《中英聯合聲明》對於中國治理香港沒有法律拘束力〉，《光明日報》2020年7月8日，頁12。

59. 參見〈對惡意「拉布」說不〉，《人民日報》2016年3月24日。

60. 〔英〕尼爾・麥考密克，陳銳、王琳譯：《法律制度：對法律理論的一種解說》（北京：法律出版社，2019），頁273。

力，還深度下放了法律權力，這一特點必然要求中央政府通過法律監督之外的途徑實現對特區高度自治的監督和保障。」[61]這一法律監督之外的途徑，筆者稱之為「軟性監督」。

所謂軟性監督，是指當香港社會出現嚴重影響中央管理的事務或者中央與特區關係的言論和行為時，中央通過發言人等機制對這些言論和行為提出批評、意見等方式的監督。與硬性監督相比，軟性監督具有如下特點：

其一，在軟性監督的效力上，軟性監督並非憲法與基本法上中央監督權之行使，因而不具有嚴格意義上的法律效力，僅僅是表明中央的嚴正態度。從政治與法律的關係來看，「法律和政治之間不僅不是而且不可能是彼此隔絕的。」[62]「法律是一種規定正當與不正當的規範秩序，而政治屬於受審慎的考慮指導的政治方略」。[63]因此，在不違背憲法和基本法的情況下，基於香港社會的具體情況，例如香港社會對「一國兩制」的「另類詮釋」，為了促進和提升香港居民對特區憲制秩序的體制性認同，對香港社會出現的一些嚴重影響中央管理的事務或者中央與特區關係的言論和行為，中央從政治層面審慎地提出批評或者建議，合情合理合法。

其二，在軟性監督的範圍上，凡是影響到中央管理的事務或者中央與特區關係的言論和行為，中央都可以進行軟性監督。筆者在此借鑒了美國聯邦最高法院在對美國憲法中的「州際貿易」條款進行解釋時所闡述的「影響標準」。在美國聯邦制發展過程中，美國聯邦最高法院運用「影響標準」對美國憲法中的「州際貿易」條款進行擴大解釋，對維護美國聯邦制作出了重要貢獻。根據美國憲法第 1 條第 8 款之規定，

---

61. 程潔：〈中央管治權與特區高度自治 —— 以基本法規定的授權關係為框架〉，《法學》2007 年第 8 期。

62. 〔英〕尼爾・麥考密克，陳銳、王琳譯：《法律制度：對法律理論的一種解說》（北京：法律出版社，2019），頁 276。

63. 〔英〕尼爾・麥考密克，陳銳、王琳譯：《法律制度：對法律理論的一種解說》（北京：法律出版社，2019），頁 277。

國會享有管理美國各州之間貿易也就是州際貿易的權力。那麼，如何判斷一項貿易是否屬於州際貿易呢？在 Darby 案中，斯通法官提出了一項判斷標準：「國會對州際貿易的權力不限於對州際貿易的規制。這一權力還擴展到那些在州內進行但影響州際貿易的活動」。[64] 1942 年的小麥超種案繼續發展了 Darby 案的思路，明確提出實質影響標準：「貿易權力的行使並不僅限於對州際貿易的管制，它擴展至那些對直接貿易或國會行使貿易管理權有相當影響的州內活動。」[65] 即使「企業活動只是州內貿易，如果它們和州際貿易具有如此緊密與實質性的聯繫，以至有必要採取控制措施，以保護貿易免受負擔或阻礙，那麼國會就有權採取這種控制」。[66] 如何理解這種「緊密與實質性的聯繫」呢？其不僅是指直接的聯繫，也包括間接的聯繫。例如，僱主的不正當行為會導致勞資矛盾的發生，勞資矛盾的持續和發展會導致生產過程的中斷，而生產過程的中斷則會影響許多州的貿易。這種情況下規範僱主行為的勞動關係法就在州際貿易條款的授權範圍之內。[67] 因此，傑克遜法官（J. Jackson）在 1949 年的「牛奶收購案」中指出：「貿易條款是聯邦權力最豐富的來源之一。」[68]

對於「一國兩制」而言，「一國兩制」是一項國家優先而非特區優先的方針，維護「一國」是中央責無旁貸之責。為此，中央不僅需要通過行使監督權對特區高度自治權進行硬性監督，還需要通過提出批評、意見等方式對影響中央管理的事務或者中央與特區關係的言論和行為進行軟性監督。

---

64. *United States v. Darby*, 312 .U.S.100.

65. *Wickard v. Filbum*, 317. U.S.111.

66. 張千帆：〈美國聯邦政府對州際貿易的調控〉，《南京大學學報（哲學・人文科學・社會科學）》2001 年第 2 期。

67. 張千帆：〈美國聯邦政府對州際貿易的調控〉，《南京大學學報（哲學・人文科學・社會科學）》2001 年第 2 期。

68. *H.P. Hood & Sons v. DuMond*, 366 U.S. 525.

（五）軟性監督的適當主體：港澳辦和中聯辦

港澳辦和中聯辦作為中央人民政府的辦事機構和派駐機構，是軟性監督的適當主體。這可以從中央人民政府的性質及其在中央與特區關係中的地位、港澳辦和中聯辦的性質兩個層面闡述：

首先來看中央人民政府的性質及其在中央與特區關係中的地位。從中央人民政府的性質而言，其是全國人大及其常委會的執行機關，是最高國家行政機關。從中央人民政府在中央與特區關係中的地位來看，正如有學者指出，儘管全國人大及其常委會、國家主席、中央人民政府對特區都享有管治權，但具體治理特區的任務主要由中央人民政府負責。「中央人民政府在基本法實施的各個領域行使管治權有利於在『一國』之內既體現主權者意志，同時在法律和政策執行環節提高效率，保證『一國兩制』的順利實施。」[69] 並且，從中央與特區的溝通機制而言，中央人民政府可以通過行政長官的工作彙報機制來了解「一國兩制」和《香港基本法》在特區的實施情況。作為特區和特區政府雙首長的行政長官，負責執行《香港基本法》和依照《香港基本法》適用於特區的其他法律，可以說行政長官對「一國兩制」和《香港基本法》在特區的實施情況具有充分的了解。在行政長官向中央人民政府負責的機制下，行政長官有義務向中央人民政府彙報「一國兩制」和《香港基本法》在實施過程中出現的一些重大問題。

第二，從港澳辦和中聯辦的性質來看，港澳辦是國務院的辦事機構，中聯辦是中央人民政府派駐香港的機構，港澳辦和中聯辦作為中央人民政府的辦事機構和派駐機構，代表着中央。港澳辦承擔着八個方面的職責，[70] 中聯辦承擔着五個方面的職責。[71] 港澳辦和中聯辦都有一項兜底性的職責，即承辦國務院（中央人民政府）交辦的其他事項。

---

69. 韓大元：〈論基本法上「國家」的規範內涵〉，《中外法學》2020 年第 1 期。

70. 關於港澳辦的職能，資料來源：www.hmo.gov.cn/gab/zygn/（瀏覽日期：2020 年 8 月 13 日）

71. 關於中聯辦的主要職能，資料來源：www.locpg.gov.cn/zjzlb/2014-01/04/c_125957082.htm（瀏覽日期：2020 年 8 月 13 日）

因此，作為代表中央人民政府的辦事機構和派駐機構，港澳辦和中聯辦有權力和責任向香港社會闡明中央對「一國兩制」和《香港基本法》實施過程中出現的一些重大問題的理解。特區行政長官林鄭月娥即表示：「港澳辦和中聯辦代表中央，是獲得中央授權處理香港事務的機構，當然有權有責監督基本法的落實。…… 在憲制、特區管治和日常事務操作方面，中聯辦都有發言權，因為它代表中央，也可以作出提點，這是中央機構在香港的權力和義務。」[72]

需要說明的是，港澳辦和中聯辦代表中央對特區高度自治權之運行進行軟性監督的行為，並不違背《香港基本法》第 22 條之規定。這裏需要進一步分析《香港基本法》第 22 條之規定。該條前兩款規定：中央人民政府所屬各部門、各省、自治區、直轄市均不得干預特區依照本法自行管理的事務；中央各部門、各省、自治區、直轄市如需在特區設立機構，須徵得特區政府同意並經中央人民政府批准。如何理解《香港基本法》第 22 條中的「各部門」一詞之涵義呢？由於《香港基本法》是按照內地的用語習慣制定的，在性質上屬於憲法相關法，[73] 因此，對《香港基本法》第 22 條中「各部門」一詞涵義之分析需要借助憲法和憲法相關法之規定。根據憲法第 90 條「國務院各部部長、各委員會主任負責本部門的工作」和《國務院組織法》第九條第二款「各部部長、各委員會主任領導本部門的工作」之規定可知，在國務院的機構序列之中，「部」和「委員會」屬於「部門」，而辦事機構、派出機構等則不屬於「部門」。據此，《香港基本法》第 22 條所約束的僅僅是中央人民政府所屬各部、委員會，中央人民政府自身和其所屬的辦事機構、派出機構則不受該條約束。中央人民政府在特區設立中聯辦的行為不受《香港基本法》第 22 條之約束，港澳辦、中聯辦代表中央監督特區高度自

---

72. 《林鄭月娥：港澳辦、中聯辦有權有責監督基本法落實》，資料來源：www.xinhuanet.com/2020-04/21/c_1125887557.htm（瀏覽日期：2020 年 8 月 13 日）

73. 參見朱景文：〈中國特色社會主義法律體系：結構、特色和趨勢〉，《中國社會科學》2011 年第 3 期。

治權之運行的行為亦不受《香港基本法》第 22 條之約束。並且，港澳辦和中聯辦僅僅是闡明中央對於「一國兩制」方針和《香港基本法》的理解，表明嚴正態度，不具備嚴格意義上的法律效力，不構成對特區高度自治權的干涉。正如中聯辦發言人所説：「港澳辦和中聯辦是中央授權專責處理香港事務的機構，不是基本法第 22 條所指的一般意義上的『中央人民政府所屬各部門』，當然有權代表中央政府，就涉及中央與特區關係事務、基本法正確實施、政治體制正常運作和社會整體利益等重大問題，行使監督權，關注並標明嚴正態度。」[74]

因此，港澳辦和中聯辦在中央對港澳特區高度自治權之運行進行監督過程中發揮着重要作用、承擔着重要職能。通過港澳辦和中聯辦的軟性監督，中央既可以闡明「一國兩制」方針的初心和使命、憲法與基本法之正確關係、中央全面管治權與特區高度自治權之正確關係，從而糾正香港反對派在香港社會兜售的那些錯誤的、片面的觀點，又可以避免硬性監督可能在香港社會引起的強烈反彈。

三、中央對香港特區高度自治權的變更權

所謂中央對香港特區高度自治權的變更權，簡稱中央變更權，是指為了使香港特區高度自治權的權力內容能夠與香港特區的政治、經濟、文化等方面的發展需要相適應，中央對香港特區的高度自治權進行變更的權力。中央變更權與中央監督權均屬於中央直接行使的權力。為了使香港特區高度自治權的權力內容能夠與香港特區的社會發展需要相適應，憲法和《香港基本法》為香港特區高度自治權權力內容的變更提供了三種制度化的管道，分別是《香港基本法》第 20 條規定的進一步授權的權力、第 159 條規定的基本法修改權和憲法第 31 條規定的專門性法律制定權。

---

74. 參見《中聯辦發言人：所謂「中央干預香港內部事務」是對基本法的故意曲解》，資料來源：www.locpg.gov.cn/jsdt/2020-04/17/c_1210563621.htm（瀏覽日期：2020 年 8 月 13 日）

（一）進一步授權的權力

根據《香港基本法》第 20 條的規定，在香港特區根據《香港基本法》的規定所享有的原有高度自治權的基礎上，全國人大、全國人大常委會和中央人民政府還可以授予香港特區其他權力。這裏需要探討兩個問題，第一個是中央進一步授予香港特區的權力需要滿足什麼條件？第二個是中央進一步授予香港特區的權力性質是什麼，是構成香港特區的高度自治權還是普通權力？

就中央進一步授予香港特區的權力需要滿足的條件而言，筆者認為這些權力需要滿足如下三個條件：其一是這些權力的內容不屬於《香港基本法》明確規定的原有高度自治權。顯然，如果這些權力的內容屬於《香港基本法》明確規定的原有高度自治權，那麼就不存在進一步授權的必要，香港特區徑直行使這些權力即可。其二，這些權力的內容屬於「兩制」範疇，在應然程度上應當屬於香港特區的高度自治權。如果這些權力的內容屬於「一國」範疇，那麼就應當由中央直接行使，無需、亦不得授予香港特區。因此，只有當這些權力的內容屬於「兩制」範疇時，中央才可以對香港特區進一步授權，補充香港特區高度自治權的內容。其三，這些權力的內容不得與香港特區原有高度自治權相衝突。香港特區高度自治權的協調性對於其高度自治權的順利運行無疑具有十分重要的作用。中央進一步授予的權力因而不得與香港特區原有高度自治權相衝突，否則即不得授予。因此，全國人大、全國人大常委會和中央人民政府根據《香港基本法》第 20 條的規定，可以增加香港特區所享有的權力。

就中央進一步授予香港特區的權力的性質而言，筆者認為，可以將中央依據《香港基本法》第 20 條授予香港特區的權力定性為香港特區的高度自治權，因為這些權力是根據香港特區實際情況的需要而授予的，香港特區之外的全國其他地方一般不享有這些權力。但即便如此，這些權力仍然與香港特區根據《香港基本法》所享有的原有高度自治權存在差別。因為香港特區的原有高度自治權受到《香港基本法》修

改程序的強有力保障，除非通過《香港基本法》規定的修改程序對《香港基本法》進行修改，否則不得減損香港特區原有的高度自治權。但中央依據《香港基本法》第 20 條授予香港特區的權力並不受到《香港基本法》修改程序的保障，也就是說，誰依據《香港基本法》第 20 條對香港特區進行了授權，誰就可以單獨、直接取消這項授權。

（二）基本法修改權

根據《香港基本法》第 159 條的規定，《香港基本法》的修改權屬於全國人大，提案權主體有三個，分別是全國人大常委會、中央人民政府和香港特區。其中，全國人大常委會和國務院所提修改議案應根據其內部議事規則和《立法法》的相關規定提出，而香港特區所提修改議案的程序則較為複雜，即必須先經香港特區全國人大代表三分之二多數、立法會全體議員三分之二多數和行政長官同意，才能交由香港特區出席全國人大的代表團向全國人大提出。從中可以看出，香港特區全國人大代表和立法會議員發揮着同樣重要的作用。基於「一國兩制」原則，香港特區全國人大代表作為全國人大的組成人員，「在香港不能以全國人大代表的身份或名義對香港政府管理的事務發表看法」，[75] 否則容易造成中央干預香港事務的現象。但是，《香港基本法》作為中國的一部基本法律，修改《香港基本法》無疑不屬於香港特區自治範圍內的事務，而屬於全國人大的權限範圍。根據《立法法》第 15 條第 1 款的規定可知，由香港特區全國人大代表組成的代表團，享有向全國人大提出議案的權力。要保證香港特區全國人大代表這一權力的正確行使，就必須使其參與到香港特區所提議案的提出程序之中，賦予其對所提議案提出程序的實質參與權（即三分之二多數同意）和形式參與權（即最後由其向全國人大提出該修改議案）。當然，不論全國人大常委會、國務院，還是香港特區所提出的修改議案，都必須先交由香港特別行政區基本法委員會研

---

75. 甘超英：〈香港特別行政區全國人大代表和全國政協委員的地位和作用〉，《法學家》2001 年第 6 期。

究並提出意見，然後將香港特別行政區基本法委員會研究過的修改議案列入全國人大議程，由全國人大按照法定程序予以修改。

據此，在實踐當中，如果中央無法通過對香港特區進一步授權來使香港特區高度自治權的權力內容與香港特區的社會發展需要相適應的話，或者需要授予的權力本身與《香港基本法》規定的原有高度自治權相衝突，或者香港特區已不適宜繼續享有某項高度自治權，那麼全國人大即可通過《香港基本法》第 159 條規定的修改程序對《香港基本法》進行修改，以變更香港特區的高度自治權，使其權力內容與香港特區的社會發展需要相適應。

（三）專門性法律制定權

在「一國兩制」下，筆者將《香港基本法》第 18 條所規定的全國性法律分為普遍性法律與專門性法律。所謂普遍性法律，即針對全國的普遍性情況制定的法律，這類法律可以適用或者在特定情況下可以適用於香港特區，因而稱之為普遍性法律；所謂專門性法律，就是專門針對香港特區的具體情況制定的法律，這類法律並沒有針對全國的普遍情況而是只針對香港特區的具體情況制定的，因而稱之為專門性法律。所謂專門性法律制定權，即全國人大所享有的制定專門性法律的權力。憲法第 31 條賦予全國人大的就是專門性法律制定權。

憲法第 31 條第二句話規定：「在特別行政區內實行的制度按照具體情況由全國人民代表大會以法律規定。」這說明該條所指的「法律」只能由全國人大來制定，全國人大常委會非經全國人大授權不得制定。那麼，該條規定中的「法律」一詞是什麼含義呢？筆者認為，該條規定中的「法律」一詞是指專門性法律而非普遍性法律。這主要基於如下三個方面的原因：首先，從憲法第 31 條在整個憲法文本中的位置來看，第 31 條顯然是一種特別規定，這種特別規定中規定的立法權應當也是一種特別立法權。其一，從立法主體來看，根據憲法其他條文的規定，全國人大和全國人大常委會均是中國的立法機關，均享有立法權，但憲法第 31 條將立法權僅授予給了全國人大，全國人大常委會並

不直接享有此項立法權；其二，從全國人大的立法權來看，全國人大的一般立法權或者普遍性法律的立法權已經在憲法第 58 條和第 62 條中進行了規定，[76] 第 31 條就沒有必要再重複規定該項權力。其次，從法律所構建制度的發生場域來說，第 31 條「在特別行政區內實行的制度⋯⋯」中的「內」字形象生動地説明了這種法律所構建的制度僅發生在特別行政區的場域內，在特別行政區之外的全國其他地方則不產生效力，這種僅在特別行政區內構建相應制度的法律必然是專門性法律而非普遍性法律。最後，從法律的調整對象來看，憲法第 31 條第二句話規定「在特別行政區內實行的制度⋯⋯ 按照具體情況」，其中「內」字對「具體情況」作了限定，説明憲法第 31 條所規定的立法權是用來調整香港特區內的具體情況的。因此，第 31 條規定的是一種特別立法權，也就是專門性法律的制定權。

那麼，如何理解這種專門性法律制定權呢？根據本書第二章第二節對憲法第 31 條涵義之闡釋，第 31 條中的「具體情況」一詞蘊含着比較的意思，即：與彼時的情況相比，此時的情況是具體情況；與彼地的情況相比，此地的情況是具體情況。因此，憲法第 31 條賦予了全國人大一種立法義務，即全國人大必要時要通過制定專門性法律，來完善香港特區內實行的制度，以應對香港特區變化了的具體情況。本書認為，《香港國安法》的制定即屬於全國人大運用憲法第 31 條賦予的專門性法律制定權，通過制定《香港國安法》來建立健全香港特區維護國家安全的法律制度和執行機制，填補香港特區的國家安全漏洞，以應對百年未有之大變局下香港特區可能出現的國家安全風險。以下對此觀點進行分析論證。

---

76. 憲法第 58 條規定全國人大行使國家立法權，第 62 條規定全國人大制定和修改刑事、民事、國家機構的和其他的基本法律。

「國家安全是國家生存發展的基本前提。」[77]中央與香港特區之間的關係是授權與被授權關係,中央通過《香港基本法》所構建的是一種授權框架。[78]制度的建構以信任為基礎。[79]在《香港基本法》制定之時,出於對香港社會的信任,中央通過《香港基本法》第23條立法,將香港特區的國家安全立法權授予香港特區。《香港基本法》第23條規定香港特區應自行立法禁止任何叛國、分裂國家、煽動叛亂、顛覆中央人民政府及竊取國家機密的行為,禁止外國的政治性組織或團體在香港特區進行政治活動,禁止香港特區的政治性組織或團體與外國的政治性組織或團體建立聯繫。該條規定以國家安全為標準,旨在授權香港特區自行完成國家安全立法,以維護和保障國家安全。[80]但是,香港特區成立迄今為止,香港特區仍然沒有完成第23條立法,使得香港特區的國家安全處於「不設防」狀態,其原因並非在於香港特區不存在嚴重危害國家安全的言行。相反,近幾年來,隨着百年未有之大變局的逐漸演進,西方國家加緊利用香港作為基地對中國進行顛覆、滲透和破壞活動;並且,隨着香港民主政治發展的逐漸深入,香港社會逐漸浮現出一些意識形態色彩濃厚的政治話語和言行,例如,「香港本土意識」、「香港民主化」、「香港民族」甚至「香港獨立」等思潮,「佔中」、「旺角暴亂」等社會運動,以及「香港民族黨」、「香港眾志」等「港獨」團體。在2019年香港發生的「反修例風波」中,反中亂港勢力勾結西方敵對勢力,嚴重擾亂香港社會秩序、攻擊香港特區政府、排斥內地遊客,這些都已嚴重威脅到國家主權、安全和發展利益,嚴重地影響了香港社會的繁榮穩定,而且敗壞了香港的法治環境,改變了香港居民對待法律的態度。眾所周知,香港有着優良的法治傳統,香港居民有着較高的法治信仰與素質,

---

77. 中共中央宣傳部:《習近平新時代中國特色社會主義思想學習綱要》(北京:學習出版社、人民出版社,2019),頁177。

78. 參見程潔:〈香港新憲制秩序的法理基礎:分權還是授權〉,《中國法學》2017年第4期。

79. 參見駱偉建:《澳門特別行政區基本法新論》(北京:社會科學文獻出版社,2012),頁136。

80. 參見葉海波:〈香港特區基本法第23條的法理分析〉,《時代法學》2012年第4期。

香港的法律能夠得到很好的遵守和執行。但第 23 條立法的缺失使香港居民對待不同法律採用不同標準：凡是與政治無關的法律，香港居民在生活中往往非常遵守其規定；但那些與政治有關的法律，部分香港居民則會以身試法，刻意挑戰這些法律的權威和效力。[81] 這些使得第 23 條立法在現有的框架之下不具備完成的社會基礎。

而且，第 23 條立法是在傳統國家安全觀的指導下制定的。中共自十八大以來，隨着國際、國內環境之發展，尤其是隨着百年未有之大變局的逐漸演進，傳統國家安全觀已經無法有效應對國家安全面臨的各種風險和挑戰。因此，以習近平同志為核心的中共中央創造性提出總體國家安全觀。總體國家安全觀突出的是「大安全」理念，「涵蓋政治、軍事、國土、經濟、文化、社會、科技、網路、生態、資源、核、海外利益、太空、深海、極地、生物等諸多領域」。[82] 在這種情況下，第 23 條立法已經無法有效應對國家安全面臨的各種風險和挑戰，更何況第 23 條立法還遲遲未完成。

因此，在《香港基本法》制定之時，當時香港的國家安全形勢尚比較穩定，基於對香港居民充分信任的態度，中央將本屬於中央事權的國家安全立法權授予香港特區，這屬於彼時的「具體情況」；然而，在現階段，「香港本土意識」、「香港民族論」、「香港民主獨立」、「佔中」運動、「旺角暴亂」、「香港民族黨」、「香港眾志」以及「反修例風波」中產生的恐怖主義趨向和西方敵對勢力的介入等嚴重危害國家主權、安全和領土完整的言行和團體甚囂塵上，而第 23 條立法卻久拖未決，使得香港特區的國家安全處於「不設防」狀態。隨着百年未有之大變局的逐漸演進，西方國家會加緊將香港作為基地對內地進行顛覆、滲透和破壞，香港特區的國家安全受到嚴重威脅將愈來愈嚴重。並且，在

---

81. 參見《「佔中」清場一周年，反分裂依然任重道遠》，資料來源：http://bj.crntt.com/doc/1040/4/6/4/104046425.html?coluid=176&kindid=11723&docid=104046425&mdate=1216182612（瀏覽日期：2015 年 12 月 19 日）

82. 中共中央宣傳部：《習近平新時代中國特色社會主義思想學習綱要》(北京：學習出版社、人民出版社，2019)，頁 178。

總體國家安全觀下，國家安全的內涵大大拓展。這屬於現時的「具體情況」。在這種情況下，全國人大就可以根據新的具體情況，根據憲法第31條之規定，直接為香港特區制定國家安全法。

從法理上而言，全國人大本身有權直接制定《香港國安法》，但最終《香港國安法》的制定是採用「決定＋授權」的方式制定，即2020年5月28日第十三屆全國人大第三次會議高票通過的《全國人民代表大會關於建立健全香港特別行政區維護國家安全的法律制度和執行機制的決定》（以下簡稱《決定》）。《決定》第6條明確了全國人大及其常委會涉港國安立法採取「決定＋立法」的方式，即第一步，全國人大根據《中華人民共和國憲法》（以下簡稱「憲法」）和《中華人民共和國香港特別行政區基本法》（以下簡稱《香港基本法》）的有關規定，作出關於建立健全香港特別行政區維護國家安全的法律制度和執行機制的決定，就相關問題作出若干基本規定，同時授權全國人大常委會就建立健全香港特別行政區維護國家安全的法律制度和執行機制制定相關法律；第二步，全國人大常委會根據憲法、《香港基本法》和全國人大有關決定的授權，結合香港特別行政區具體情況，制定相關法律並決定將相關法律列入《香港基本法》附件三，由香港特別行政區在當地公佈實施。隨後，在2020年6月30日，第十三屆全國人大常委會第二十次會議表決通過了《香港國安法》，並將其列入《香港基本法》附件三。當晚，《香港國安法》在香港特區刊憲公佈，30日晚11時生效。至此，《香港國安法》的制定和實施走完了憲法和《香港基本法》規定的所有法定程序。那麼，為什麼全國人大不直接制定《香港國安法》，而是要授權全國人大常委會制定呢？

首先，根據中國的立法體制和實踐，全國人大可以將憲法第31條賦予的涉港立法權授予全國人大常委會來行使，全國人大常委會通過被授權獲得涉港立法權之後，即可以為香港特別行政區國家安全事項進行立法。其次，這與全國人大立法程序的複雜性和該次立法的緊迫性密切相關。就全國人大立法程序的複雜性而言，全國人大在兩會期間直接制定完成一部詳細的《香港國安法》的可能性很小。由於全國人

大的會期比較短，立法的很多前端工作要在提交全國人大之前完成，所以立法法第 16 條規定：向全國人大提出的法律案，在全國人大閉會期間，可以先向全國人大常委會提出，經全國人大常委會依照立法法第二章第三節規定的有關程序審議後，決定提請全國人大審議。根據立法法第二章第三節的規定，全國人大常委會的立法程序包括提案、審議、表決通過等，在此期間可能還要進行調研，通常還要通過座談會、論證會、聽證會等方式來聽取意見。並且，全國人大常委會一般每兩個月開一次會議，通常都在雙月的下旬，會期大致一周左右。由此可見，全國人大要制定一部法律，需要經過極為複雜的立法程序和較長的時間才能完成。全國人大的此次《決定》是為了貫徹中共十九屆四中全會提出的「建立健全特別行政區維護國家安全的法律制度和執行機制，支持特別行政區強化執法力量」要求而制定的，體現了中共對立法工作的領導。再加上突如其來的新冠肺炎疫情，使得國家的立法工作着重於處理公共安全與衛生等事項上。因此，從 2019 年 10 月底的中共十九屆四中全會到 2020 年 5 月下旬的全國人民代表大會會議，要在短短的七個月之內完成如此重大的一項立法活動，無疑是非常困難的。就立法的緊迫性而言，不能等到 2021 年的第十三屆全國人大第四次會議來制定《香港國安法》，而是要在 2020 年特別是香港立法會選舉前完成該項立法。這是因為國家安全立法的缺失，使得香港特區國家安全領域長期處於「不設防」狀態。隨着百年未有之大變局的逐漸演進，外國和境外勢力會加緊利用香港特區國家安全領域的「不設防」狀態，對中國進行滲透、破壞和顛覆等活動，並可能會支持香港一些激進分子參與立法會選舉，爭奪立法會議席的控制權。因此，在 2020 年通過該項立法顯得尤為必要和緊迫。基於上述原因，全國人大並不能在兩會期間制定完成《香港國安法》，也不能等到 2021 年的全國人大會議再制定，最終全國人大通過《決定》的形式授權全國人大常委會，由全國人大常委會來制定完成該項立法。

需要説明的是，全國人大常委會通過對《香港基本法》的解釋，亦可以在一定程度內使《香港基本法》的文本規定適應香港社會的變

遷，[83]適應香港政治、經濟、文化等發展的需要。因此，基本法解釋權、進一步授權的權力、基本法修改權和專門性法律制定權均能夠使香港特區的高度自治權與其社會發展需要相適應。在運用這些權力時，要儘量維護《香港基本法》的穩定性與權威性。基本法解釋權與進一步授權的權力有助於維護《香港基本法》的穩定性與權威性，基本法修改權有助於維護《香港基本法》的權威性，而專門性法律制定權雖然沒有破壞《香港基本法》的穩定性，但實際上有損《香港基本法》的權威性。所以，專門性法律制定權不到最後不得適用。在此之前，首先要考慮運用基本法解釋權對《香港基本法》進行解釋，無法達到目的時，再考慮對香港特區進一步授權，如果仍然無法達到目的，則需要考慮對《香港基本法》進行修改。

四、《香港基本法》未規定權力的歸屬

關於《香港基本法》未規定權力的稱謂，有學者稱之為「剩餘權力」；[84]也有學者認為「剩餘權力」一詞適用於聯邦制國家，不適用於單一制國家，該學者將《香港基本法》未規定的權力稱為「保留性的本源權力」。[85]筆者無意於為《香港基本法》未規定權力找到一個合適的稱謂，因而直接從描述的角度，將其稱為《香港基本法》未規定權力。關於《香港基本法》未規定權力的歸屬，在《香港基本法》起草期間，曾有意見要求《香港基本法》明文規定其未規定權力屬於香港特區所有。[86]這一要求無疑不符合中國的單一制國家結構形式。如前所述，在

---

83. 通常認為，憲法解釋能夠在保持憲法文本穩定性的同時，使憲法適應社會生活的變遷。參見韓大元主編：《比較憲法學》(北京：高等教育出版社，2005)，頁 394-395。全國人大常委會的基本法解釋同樣具有此種功能。

84. 參見李元起、黃若谷：〈論特別行政區制度下的「剩餘權力」問題〉，《北方法學》2008 年第 2 期。

85. 參見張定淮、孟東：〈是「剩餘權力」，還是「保留性的本源權力」——中央與港、澳特區權力關係中一個值得關注的提法〉，《當代中國政治研究報告》第 7 輯。

86. 參見王叔文：《香港特別行政區基本法導論》(北京：中共中央黨校出版社，1990)，頁 116。

單一制國家，中央與地方是一種授權與被授權關係，地方的權力均來自於中央的授權，地方沒有固有的權力，凡是未授予地方的權力就由中央保留。這一授權與被授權關係亦體現在《香港基本法》的相關規定中。如前所述，《香港基本法》的諸多條款體現了其授權性，中央正是通過《香港基本法》來對香港特區進行授權，香港特區據此獲得中央授予的高度自治權。而中央未通過《香港基本法》授予香港特區的權力，就由中央保留。這亦可以從《香港基本法》第 20 條的規定看出。《香港基本法》第 20 條規定：香港特區可享有全國人大、全國人大常委會及中央人民政府授予的其他權力。該條規定包含如下三層涵義：其一，《香港基本法》未規定的權力由中央保留，否則就不存在中央再進一步授權香港特區的問題了；其二，若《香港基本法》未規定的權力涉及到香港特區的高度自治，需要由香港特區行使，那麼中央就根據《香港基本法》第 20 條的規定，將相關權力授予香港特區；其三，若《香港基本法》未規定權力不涉及香港特區高度自治，不需要由香港特區行使，那麼中央就無須再對香港特區進行授權。因此，《香港基本法》未規定權力歸屬於中央，香港特區非經授權，不得行使《香港基本法》未規定權力。

第五章

中央管治權之認同性

❦❦❦❦❦❦❦❦❦❦❦❦

　　羅伯特・達爾認為，與專制政體相比，民主政治往往更容易產生大量公開的政治衝突，但是這種衝突的激烈程度則相對較低。[1]香港回歸以來，民主化進程不斷推進，行政長官和立法會議員選舉中的民主成分逐漸增大。與此同時，香港社會的確存在着較多公開的政治衝突，這些衝突或針對香港特區政府，或針對中央以及內地居民，有些衝突甚至異常激烈。在授權框架下，根據憲法和《香港基本法》的規定，中央對香港特區擁有全面管治權。在香港特區成立之初，中央嚴格遵守「一國兩制」方針和《香港基本法》的規定，保持克制和慎重態度，較少行使管治權。但隨着香港特區與內地交流的日益深化，特別是隨着香港民主政治的進一步發展，部分香港居民逐漸從不滿足於其高度自治權，到主張「完全自治」，再到明目張膽地成立「香港民族黨」、主張香港「獨立建國」等，直至發生「佔中」運動、「旺角暴亂」、「反修例風波」等，嚴重違背了「一國」原則，危害了國家主權、安全和發展利益。在此情況下，中央不得不改變以往的克制態度，審慎地依據憲法和《香港基本法》行使對香港特區的管治權。儘管中央管治權具有充分的規範基礎和法理依據，但其在香港特區的認同性卻堪憂。

---

1. 參見〔美〕羅伯特・達爾，王滬甯、陳峰譯：《現代政治分析》(上海：上海譯文出版社，1987)，頁 110–112。

一、中央管治權與國家認同

在「一國兩制」環境下，中央對香港特區的管治權代表着國家主權、維護者國家主權，旨在促進香港居民的國家認同。香港居民對中央管治權的認知態度直接反映着其國家認同度。香港居民認同中央對香港特區的管治權，則說明其具有較高的國家認同度；反之，則說明香港居民的國家認同度較低。

（一）國家認同之三維分析

所謂國家認同，就是指人們對其生存於其中的國家的一種認可與服從的態度。國家認同反映的是人與國家的基本關係，[2]「主要強調的是公民對國家及其核心利益的認知與態度，包括在重大原則問題上的立場與心理取向」。[3] 關於國家認同，西方學者往往是從兩個維度對其進行研究，即主權意義的國家認同與政權意義的國家認同。[4] 國內學者則從多維視角對國家認同進行分析。如林尚立教授認為，國家認同的結構體系包含四個層面，分別是主權與憲法認同層面、制度與法律認同層面、價值與信仰認同層面、福利與政策認同層面。[5] 然而，在「一國兩制」環境下，香港特區實行不同於內地的制度與政策，具有自己特有的福利制度和政策，香港居民所信奉的價值也與內地存在差別。並且，香港居民中既有中國公民，也有非中國公民。香港居民中的非中國公民無須對中國具有國家認同，但香港居民中的中國公民則必須培養和樹立對中國的國家認同。就香港居民中中國公民的國家認同而言，上述二維與四維的分析視角並不能有效地解釋其國家認同問題。筆者贊同三維的分析視角，即在「一國兩制」環境下，香港居民中的中國公民

---

2. 參見林尚立：〈現代國家認同建構的政治邏輯〉，《中國社會科學》2013 年第 8 期。

3. 楊允中：〈「一國兩制」與現代國家觀〉，《「一國兩制」研究》2015 年第 4 期。

4. 參見李龍：〈港臺青年國家認同的三維分析〉，《中國青年研究》2016 年第 2 期。

5. 參見林尚立：〈現代國家認同建構的政治邏輯〉，《中國社會科學》2013 年第 8 期。

的國家認同實際上包含三個維度，即主權意義的國家認同、政權意義的國家認同和政體意義的國家認同：[6]

1.　（一）主權意義的國家認同

主權意義的國家認同，包含如下幾層涵義：其一，認同自己的國籍，也就是認同自己是該國公民。香港居民中的中國公民要認同自己的中國國籍，認同自己的中國人身份。其二，認同國家的主權統一和領土完整。香港居民中的中國公民要認同香港的主權屬於中國，香港屬於中國不可分離的部分。主權意義的國家認同在國家認同中處於本源性、根本性地位，政權意義的國家認同和政體意義的國家認同均是由主權意義的國家認同派生而來。主權意義的國家認同危機屬於最嚴重的國家認同問題，並很可能被外國勢力所利用而衍生出分離主義。如 2016 年以來香港社會出現了「香港民族黨」、「香港眾志」等團體，2019 年「反修例風波」中更是出現了暴力恐怖活動，這些反中亂港勢力勾結外國從事「港獨」分裂活動，企圖使香港脫離國家主權，成為一個獨立的國家。這已經對主權意義的國家認同造成嚴重危機。

2.　政權意義的國家認同

政權意義的國家認同，主要是指認同國家的中央政府。政權意義的國家認同建立在主權意義的國家認同基礎之上。因此，政權意義的國家認同以認同自己的國籍、認同自己國家的主權統一和領土完整為前提。政權意義的國家認同與主權意義的國家認同具有如下三種關係：其一，兩者並存，這是一種比較好的狀態，這樣的國家比較穩定。其二，僅有主權意義的國家認同，而沒有政權意義的國家認同。此種情況下的國家認同度要低一些。例如，在泰國，民主黨政權受到紅衫軍的反對，而泰黨政權受到黃衫軍的反對，但這些反對者依然承認自己是泰國人，承認泰國的主權統一與領土完整。其三，既沒有政

6.　參見李龍：〈港臺青年國家認同的三維分析〉，《中國青年研究》2016 年第 2 期。

權意義的國家認同、也沒有主權意義的國家認同。此種情況最為危險，意味着國家存在着分裂主義勢力。例如，烏克蘭東部頓涅茨克的大部分公民，其既不認同烏克蘭的中央政府，也不承認自己是烏克蘭人、不承認頓涅茨克的主權屬於烏克蘭。前述的「港獨」分子亦屬於此種情況，這些「港獨」分子既不認同中央對香港特區的管治權，更不承認自己是中國人，不承認香港的主權屬於中國，主張香港要「獨立建國」。在「一國兩制」下，香港居民的政權意義上的國家認同應當定位於包含如下幾層涵義：其一，香港居民可以不認同、但要尊重中國共產黨領導下的、實行中國特色社會主義制度和人民民主專政國體的政權；其二，香港居民要認同中央人民政府對香港特區的管治權。

3. 政體意義的國家認同

所謂政體意義的國家認同，即認同國家所實行的制度。政體意義的國家認同在絕大多數國家不存在問題。例如，美國公民認同美國所實行的總統制政體；英國公民認同英國所實行的議會君主立憲制政體。「一國兩制」下香港居民的政體意義的國家認同應當定位於包含如下兩層涵義：其一，在國家層面，香港居民可以不認同、但要尊重國家主體所實行的人民代表大會制度，底線是不得反對和對抗人民代表大會制度；其二，在香港特區層面，香港居民要認同《香港基本法》所構建的政治體制，也就是認同「行政主導制」的政治體制。然而，現實中的情況是，在香港的政治實踐中，部分香港人士不認同《香港基本法》所構建的「行政主導」的政治體制而推崇「三權分立」的政治體制，甚至還妄圖改變國家主體所實行的人民代表大會制度。

（二）中央管治權之認同性表現

根據前文對國家認同的三維分析，中央管治權之認同性以主權意義的國家認同為基礎，兼有政權意義的國家認同與政體意義的國家認同兩重屬性。諸如「港獨」等分離主義勢力，連主權意義的國家認同都存在問題，更遑論會認同中央對香港特區的管治權。在此情況下，中

央管治權之認同性就涉及到是否認同香港特區是中央直轄下的一個地方行政區域這個政權意義的國家認同問題，以及是否認同內地的人民代表大會制度這個政體意義的國家認同問題。由於憲法明確規定了中國的人民民主專政的國體、社會主義制度、中國共產黨的領導制度、人民代表大會制度的政體等，《香港基本法》明確規定香港特區是中國的一個享有高度自治權的地方行政區域，直轄於中央人民政府。因此，無論是政權意義的國家認同，還是政體意義的國家認同，在香港特區均具有充分的合法性與正當性。

然而，中央幾乎每次行使管治權，都會遭致反對派人士的反對。這些人士有時基於特定事項而反對中央行使管治權，有時則不問事項，純粹為了反對而反對。為了反對中央對香港特區行使管治權，這些人士不但在立法會中違法濫用議員職權、擾亂正常的會議秩序、刻意「拉布」，而且在立法會外煽動香港居民進行遊行示威活動，甚至是違反法律的「佔中」運動、「旺角暴亂」、「反修例風波」等。此外，反對派還濫用香港特區的司法覆核制度，企圖利用香港特區高度自治的司法權來對抗中央對香港特區的管治權。有學者將反對派發起的社會運動稱為「壓力政治」模式，即反對派通過社會運動，來給中央和香港特區政府製造民意壓力，迫使中央和香港特區政府讓步，形成「街頭政治—中央讓步」式的社會運動心理。這種「壓力政治」的社會運動模式成型於 2003 年針對第 23 條立法的「七一大遊行」，並隨後在爭取普選時間表、2012 年的「反國教運動」、2014 年的「佔中」運動中重複運用，其巔峰時刻則是 2019 年發生的「反修例風波」。反對派發起的這些社會運動均「有着聚焦政制發展與對抗中央管治的明確政治意識和行動」。[7] 反對派對中央管治權的反對可以從反對對象和反對形式兩個方面來認識：

---

7. 參見田飛龍：〈香港社會運動轉型與《基本法》變遷〉，《中國法律評論》2015 年第 3 期。

1. 反對對象

根據第二章第四節所述，中央管治權包括中央授予香港特區的高度自治權，和中央直接行使的權力。而中央直接行使的權力又可以分為三部分，即中央變更權與中央監督權，以及剩下的一般權力。

就中央變更權而言，由於迄今為止，中央行使過三次：第一次是全國人大依據憲法第 31 條設立臨時立法會；第二次是全國人大常委會依據《香港基本法》第 20 條授權香港特區對深圳灣口岸港方口岸區實施管轄；[8] 第三次則是《香港國安法》的制定，由於其規定的一個罪名與《香港基本法》第 23 條立法相重合，因而在一定程度上收回了《香港基本法》第 23 條立法的部分授權。這其中，前兩次中央變更權的行使均未受到較為嚴重的反對，第三次中央變更權的行使，也就是《香港國安法》的制定，則在香港反對派中引起了較大爭議。

就中央直接行使的一般權力而言，除了全國人大常委會根據《香港基本法》第 18 條的規定，將幾部全國性法律列入附件三之外，中央對香港特區行使國防權和外交權的頻率都很低，國防權甚至都未行使過。但即便如此，香港社會一些激進人士仍然到中央在香港特區的駐軍軍營前進行挑釁活動。[9]

在實踐中，中央行使比較多的是《香港基本法》中所規定的監督權。由於這些監督權旨在實現對香港特區高度自治權的監督，因而容易被反對派人士貼上干涉香港特區高度自治權的標籤，從而引發較大的爭議，招致反對派的反對。例如，自回歸以來，全國人大常委會的歷次釋法、有關行政長官和立法會選舉辦法的歷次決定，以及國務院發表的《「一國兩制」在香港特別行政區的實踐》白皮書等均在香港特區引發了較大的爭議，招致反對派特別是一些激進人士的強烈反對。

---

8. 參見《全國人民代表大會常務委員會關於授權香港特別行政區對深圳灣口岸港方口岸區實施管轄的決定（2006）》，資料來源：www.npc.gov.cn/wxzl/gongbao/2006-12/05/content_5354935.htm（瀏覽日期：2016 年 5 月 18 日）

9. 參見《港獨衝擊軍營源於反對派日益抬頭，不應聽之任之》，資料來源：http://mil.huanqiu.com/paper/2013-12/4704800.html（瀏覽日期：2016 年 4 月 7 日）

2.　反對形式

在反對形式方面，反對派濫用立法會議員權利在立法會中進行反對活動、濫用香港居民權利在香港社會進行反對活動，甚至逾越《香港基本法》，煽動香港居民進行違法的社會運動。具體包括立法會中的反對派議員濫用議員權利在立法會內部進行反對活動，在立法會外煽動香港居民進行對抗中央和香港特區政府的街頭運動，以及濫用司法覆核權提起對中央和香港特區政府相關行為的司法覆核等。

2.1　立法會中的反對活動

反對派在立法會中對中央管治權的反對可以分為直接反對和間接反對。所謂直接反對，即反對派議員在立法會中違法、濫用議員職權，提出一些針對中央管治權的所謂「譴責案」或「遺憾案」。例如，2004 年 4 月 26 日，全國人大常委會根據《香港基本法》的有關規定和解釋，作出香港特區行政長官和立法會在 2007 年和 2008 年不實行普選的決定。針對該決定，反對派議員馮檢基、李柱銘等提出了對全國人大常委會上述決定的「不滿」和「譴責」。[10] 而實際上，根據《香港基本法》的規定，立法會並無此項權力，況且立法會作為中國一個地方行政區域的立法機關，其無權挑戰作為最高國家權力機關常設機關的全國人大常委會的行為。因此，反對派議員的這些行為違反了憲法和《香港基本法》的規定，逾越了立法會的職權，不符合立法會作為地方立法機關的憲制地位。

所謂間接反對，即反對派通過在立法會內擾亂正常的會議秩序，阻撓香港特區政府提出的議案、法案的順利通過，來間接地反對中央對香港特區的管治權。根據《香港基本法》的規定，行政長官由中央人民政府任命並對中央人民政府和香港居民負責。也就是說，行政長官要接受中央人民政府的領導。在「一國兩制」下，中央承諾要保持香港社會的長期繁榮穩定。據此，國家整體的經濟發展規劃和戰略必然會

10.　參見王禹：《「一國兩制」憲法精神研究》(廣州：廣東人民出版社，2008)，頁 116–118。

將香港納入其中，而香港特區政府提出的施政方針也必然需要與國家整體的經濟發展戰略與規劃相協調。但香港特區政府的施政方針要想順利實施，必須獲得立法會的支持。作為立法機關，香港特區立法會本應忠實地代表香港居民，對香港社會的公共事務進行理性探討，以凝聚共識，促進香港社會的發展。然而，在實踐中，立法會中的反對派議員卻自恃所謂的「民意」，擾亂立法會正常的會議秩序，利用「拉布」程序來阻撓香港特區政府提出的相關議案在立法會中順利通過，嚴重地影響了香港特區政府的順利施政和香港社會的繁榮穩定。而實際上，反對派是在刻意歪曲民意，正如有論者批評反對派妄自代表民意：「港人對內地有信心，現時有 30 萬港人在內地工作。你不要以你自己或你自己的政黨對內地沒信心，就說全香港人對內地沒信心」。[11]具體而言，反對派的反對行為包括如下幾類：

其一，擾亂正常的會議秩序。良好的會議秩序對於會議議程的順利進行無疑具有十分重要的作用。然而，在香港特區立法會的會議中，一些反對派議員經常擾亂會議秩序，甚至向發言人投擲物體，直至被逐出議事廳，形成「一鬧二擲三被逐」的公式化橋段。例如，2014年 7 月 3 日，行政長官梁振英出席立法會答問大會時，被反對派激進議員黃毓民投擲玻璃杯；[12]2015 年 10 月 22 日，行政長官梁振英出席立法會答問大會時，黃毓民甚至向梁振英發問「幾時死」。[13]

其二，利用「拉布」程序阻撓香港特區政府提出的議案和法案。所謂拉布（filibuster），起初是指議會中處於劣勢地位的少數議員，為了阻撓特定法案的順利通過，或者為了達到特定的目的，利用議事規則

---

11. 參見《田北辰：「一地兩檢」須本地立法落實》，資料來源：http://bj.crntt.com/doc/1040/7/9/5/104079500.html?coluid=176&kindid=11724&docid=104079500&mdate=0111093926（瀏覽日期：2016 年 1 月 12 日）

12. 參見《極端反對派議員向港首丟玻璃杯：我還沒扔汽油彈》，資料來源：http://china.huanqiu.com/photo/2014-07/2739813_3.html（瀏覽日期：2016 年 1 月 12 日）

13. 參見《被問「幾時死」，梁振英巧妙反擊受稱讚》，資料來源：http://china.huanqiu.com/article/2015-10/7822155.html（瀏覽日期：2016 年 1 月 12 日）

的漏洞，刻意發表冗長的演說，達到癱瘓議事活動、阻撓議員投票和迫使佔優勢議員作出讓步的策略。後來，隨着議會議事規則的逐漸完善，拉布者則通過提出數量龐大的修正案動議來達到上述目的。在香港特區立法會的會議中，反對派議員為了阻撓香港特區政府提出的法案和議案在立法會中順利通過，經常採取多種拉布方式，如不斷要求清點人數、動議大量修正案、故意缺席會議等，[14]其結果不僅導致香港特區政府無法順利施政，亦影響了香港特區政府與立法會的關係，影響了香港經濟的繁榮發展。

2.2　立法會外的街頭運動

反對派除了在立法會擾亂會議秩序，利用「拉布」來阻撓香港特區政府提出的議案和法案在立法會順利通過之外，還在立法會外部發動街頭運動和違法抗命運動，來反對香港特區政府和中央對香港特區的管治。立法會內部的反對行為，與立法會外部的街頭運動和違法抗命運動交相呼應，呈現惡性循環之勢，嚴重地影響立法會正常的民主審議功能和香港特區政府的良好管治。[15]在立法會外部，反對派的反對行為主要表現為如下幾個方面：

其一，衝擊政府機關的街頭運動。香港特區政府和立法會是依照《香港基本法》建立的政府機關，也是香港特區重要的地方性管治機關，對維護香港社會秩序的穩定和經濟的繁榮發展發揮着重要作用。然而，反對派人士為了達到特定目的，有時會徑直發動衝撞香港特區政府和立法會的街頭運動。例如，在有關 2017 年行政長官普選方案的討論過程中，一些激進的反對派人士罔顧《香港基本法》的規定，提出一些不符合《香港基本法》的主張，並煽動香港居民衝擊立法會和香港

---

14. 參見梁美芬：〈《基本法》框架下的三權制衡 —— 香港「拉布」案中法律爭議之解析〉，《中國法律評論》2014 年第 4 期。

15. 參見田飛龍：〈香港立法會的惡質「拉布」及其治理〉，《當代港澳研究》2014 年第 3 期。

特區政府。[16]其二，針對內地居民的街頭運動。香港居民和內地居民本是同根同源。然而，反對派人士卻將內地居民稱為「蝗蟲」，並驅趕赴港遊玩的內地遊客，甚至暴力相加。其三，擾亂社會秩序的違法抗命活動。在 2017 年行政長官普選的政改之爭中，反對派提出一些違反《香港基本法》的主張，當這些主張沒有被全國人大常委會作出的「8·31」決定吸納時，[17]一些激進反對派人士煽動香港居民發動違法的「佔中」運動，[18]企圖癱瘓香港特區政府，逼迫全國人大常委會改變「8·31」決定。其四，暴力相加的暴亂運動。在 2016 年大年初一晚上至初二凌晨發生的「旺角暴亂」中，一批極端的所謂「本土派」人士到現場滋事，與警方發生衝突，向警員投遞磚塊和雜物，甚至有暴徒進行縱火、用雜物阻塞主要道路等。[19]而在 2019 年發生的「反修例風波」中，反中亂港勢力的反對行為則囊括了上述各個方面。

2.3 司法覆核權的濫用

根據《香港基本法》的規定，香港法院享有獨立的司法權和終審權。儘管《香港基本法》沒有明確規定香港法院享有司法覆核權，但香港法院在香港特區成立之初的「吳嘉玲案」中確立了其對香港特區立法會所制定的法例和香港特區政府行為的司法覆核權，「倘若發現存在與《香港基本法》相抵觸的情況，那麼法院有權裁定有關法例或行為無效」。[20]香港法院自行確立的司法覆核權儘管缺乏明確的法律依據，但實際上得到了全國人大常委會的默認。而反對派卻經常利用香港法院的司法覆核權來挑戰中央的權威。例如，在有關 2017 年行政長官普選

---

16. 參見《香港強烈譴責暴徒衝擊政府總部》，資料來源：http://news.ifeng.com/a/20141201/42614772_0.shtml（瀏覽日期：2016 年 1 月 12 日）

17. 參見孫成、鄒平學：〈如何審視「8·31 決定」的若干法律問題〉，《港澳研究》2015 年第 2 期。

18. 參見黃平、陳欣新：〈香港「佔中」行為的非法性質〉，《港澳研究》2014 年第 4 期。

19. 參見《獨家還原香港旺角暴亂：到底發生了什麼，各方什麼態度》，資料來源：http://finance.ifeng.com/a/20160215/14216995_0.shtml（瀏覽日期：2016 年 4 月 9 日）

20. FACV14/1998.

方案的政改之爭中，反對派人士曾表示如果「政改方案」的制定不能達到令他們滿意的程度，他們就會向香港法院提起司法覆核。而實際上，政改方案的制定框架是由全國人大常委會確定的，香港法院無權對政改方案進行司法覆核。關於此點，在第三章第四節中已經進行了相關探討，在此不再贅述。

二、中央管治權認同性低之原因分析

作為香港的主權者，中央對香港特區行使管治權具有充分的合法性與正當性。然而，由於種種原因，自香港特區成立以來，中央幾乎每次行使管治權都會在香港社會引發爭議乃至反對。究其原因，主要包括政治理念問題、規範基礎問題與經濟利益問題這三個方面的問題。就政治理念問題而言，在對「一國兩制」的理解中，由於歷史與現實等多種原因，香港居民往往過於強調「兩制」而忽視「一國」；就規範基礎問題而言，中央在制定《香港基本法》之時做了過多的妥協，並且《香港基本法》的一些關鍵規定存在較大程度的模糊性，而憲法在香港社會更存在着認同性低的問題；就經濟利益問題而言，香港經濟的發展成果並未惠及普通的香港居民，他們將生活水平的下降歸咎於香港的回歸以及中央對香港特區的管治。

（一）政治理念問題

「一國兩制」是中央為實現國家統一而提出的方針政策。其中，「一國」是「兩制」的前提和基礎，「兩制」共存於「一國」之中。「一國兩制」強調兩制之間的共存而非鬥爭，正如有學者所說，「一國兩制」是共存的哲學，而非鬥爭的哲學。[21] 然而，很長一段時間以來，反對派對

---

21. 參見駱偉建：《「一國兩制」與澳門特別行政區基本法的實施》（廣州：廣東人民出版社，2009），頁 25。

「一國兩制」的「另類詮釋」主導着香港社會對「一國兩制」的理解，[22]使得在香港社會中始終存在着對「一國兩制」的錯誤認識。這種錯誤認識主要表現在如下幾個方面：

第一，未能全面準確理解「一國」與「兩制」的關係，重視「兩制」而輕視「一國」。[23]持有這種觀點的人對「一國兩制」往往從功利主義角度進行理解，即當與內地進行經濟往來能夠促進香港本地的經濟發展時，則予以支持；而當某些措施雖然促進了本地經濟發展，但卻沒有惠及普通香港居民時，則會予以反對。至於在政治上，反對派更只是強調「兩制」，而忽視「一國」，反對中央對香港特區行使任何權力，更不想對這「一國」承擔任何政治上的義務。[24]這種對待「一國兩制」的功利主義態度是對「一國兩制」十分片面的理解。眾所周知，實現國家的主權統一和領土完整是「一國兩制」方針的初衷。其中的「一國」並非是某個抽象、虛擬的國家，而是依據憲法確立的具體、現實的國家，其不僅是歷史、文化和民族意義上的國家，更是政治主權意義上的國家。[25]這個政治主權意義上的國家為了實現其主權的統一和領土完整，設計出了「一國兩制」方針來對香港恢復行使主權，成立香港特區，並賦予其合法性。試想如果香港特區不承認這個恢復其行使主權的政治意義上的國家，那麼「一國兩制」方針的意義何在？而香港特區又該如何成立呢？此外，有學者指出，「兩制」之間的不同應當是基本制度的不同，包括基本政治、經濟、文化等方面的不同，但並非具體的法律條文或者施政措施的不同。例如，美國在建國之初，由於原來英國和法國不同的殖民統治制度造成各州之間實行不同的法律制度，但這並

22. 參見劉兆佳：〈在國家和民族的大局中理解和實踐「一國兩制」〉，《港澳研究》2017 年第 4 期。

23. 參見饒戈平：〈通向香港行政長官普選的必由之路〉，《港澳研究》2014 年第 3 期。

24. 參見駱偉建：《「一國兩制」與澳門特別行政區基本法的實施》(廣州：廣東人民出版社，2009)，頁 26。

25. 參見駱偉建：《澳門特別行政區基本法新論》(北京：社會科學文獻出版社，2012)，頁 34。

沒有造成所謂的「一國兩制」。[26]因此，可以說，「兩制」之間的不同是指宏觀的或者基本的制度方面的不同，但並非微觀的或者具體方面的制度的不同。但反對派人士卻認為，中央或者香港特區政府若想讓香港特區實行類似或者趨向內地的政策，都是侵犯了「兩制」，這實在歪曲了「兩制」的涵義。例如，作為國家的一個地方行政區域，根據國家的整體歷史觀對國民進行歷史教育，這是世界各國的普遍做法。然而，反對派卻煽動香港民眾在 2012 年反對香港特區政府欲推行的歷史教育。

　　第二，未能全面準確理解中央與香港特區的權力關係，重視香港特區的高度自治權而反對中央的管治權。[27]持有這種觀點的人尚未適應香港憲制環境的變化，忽視了香港特區高度自治權的來源、性質和限度等，過分主張香港特區的高度自治權，或者逾越《香港基本法》而主張「完全自治」，甚至主張香港要「獨立建國」。例如，在有關行政長官 2017 年普選的政改之爭中，反對派揚言如果中央不改變「8 · 31」決定，他們就會在立法會中否決政改方案，並在立法會外發動所謂的「佔中」運動來癱瘓香港特區政府。而在這場運動前後，「香港本土意識」、「香港民族」甚至「香港獨立」等趨向「完全自治」的意識形態話語充斥着香港社會，[28]嚴重地違背了香港特區高度自治權的本質。而在 2016年 3 月下旬，主張香港「獨立建國」的「香港民族黨」也宣佈成立。[29]殊不知，中央與香港特區之間並非分權關係，而是授權關係：香港特區的高度自治權來自於中央的授權，中央的權力是源、是本，而香港特區的高度自治權則是流。而那些主張香港實行「完全自治」、「獨立建

---

26. 參見宋小莊：《論「一國兩制」下中央和香港特區的關係》（北京：中國人民大學出版社，2003），頁 16。

27. 參見饒戈平：〈通向香港行政長官普選的必由之路〉，《港澳研究》2014 年第 3 期。

28. 參見祝捷：〈「民主獨立」的台灣故事與香港前路〉，《港澳研究》2015 年第 2 期。

29. 參見《香港「民族黨」成立，鼓吹「香港共和國」》，資料來源：http://bj.crntt.com/doc/1041/7/6/2/104176209.html?coluid=176&kindid=11720&docid=104176209&mdate=0328164401（瀏覽日期：2016 年 4 月 7 日）

國」，或者主張香港在 2047 年之後進行「全民公決」、「重新制憲」的觀點，一方面是想把香港變成一個獨立的政治實體，完全排除中央對香港的管治，這樣香港就不再是中國的一個特別行政區，因而就不是「一國兩制」，而是「兩國兩制」了；[30]另一方面也沒有搞清楚香港的政治地位：香港的主權屬於中國，香港僅是中國的一個地方行政區域。在 2047 年之後香港可能需要討論的問題，是其是否還需要繼續實行資本主義制度和生活方式，而不是香港的主權問題，不是香港是否應該「獨立建國」、「重新制憲」的問題。也正是由於這個原因，有學者提出中央與香港特區的關係不能簡單地用「高度自治」的提法來描述，而應當用「單一制下的高度自治」或者「高度授權自治」的提法，以突顯香港特區高度自治權的來源、性質和限度。[31]實際上，中央在授予香港特區高度自治權之後，保留必要的管治權，並非為了干涉香港特區的高度自治權，而是為了確保香港特區的高度自治權在憲法和《香港基本法》的軌道內行使，不得危及「一國」的存在及發展。

第三，未能全面準確理解憲法與《香港基本法》的關係及其在香港特區的地位，忽視憲法，選擇性適用《香港基本法》。[32]持有這種觀點的人認為，《香港基本法》是香港特區的「憲法」，至於國家的憲法則不在香港特區實施。這種觀點的實質是以《香港基本法》來排斥憲法，將香港同國家整體的憲政秩序相脫離，從而瓦解「一國兩制」的憲制基礎。[33]至於《香港基本法》本身，反對派也並非完全信奉，而是以一種功利主義的觀點來看待，只強調《香港基本法》所保護的社會、經濟、法律等方面制度的「不變」，但卻刻意忽視《香港基本法》中所體現的主權與治權等方面的變化。[34]也就是說，若《香港基本法》的規定支持

---

30. 參見王禹：《「一國兩制」憲法精神研究》(廣州：廣東人民出版社，2008)，頁 10。

31. 參見陳端洪：《憲治與主權》(北京：法律出版社，2007)，頁 173。

32. 參見饒戈平：〈通向香港行政長官普選的必由之路〉，《港澳研究》2014年第 3 期。

33. 參見饒戈平：〈通向香港行政長官普選的必由之路〉，《港澳研究》2014年第 3 期。

34. 參見強世功：《中國香港：政治與文化的視野》(北京：生活・讀書・新知三聯書店，2014)，頁 242-243。

他們的政治觀點，他們就支持《香港基本法》；否則，他們就連《香港基本法》也不承認，而提出一些違反《香港基本法》的言論或主張。例如，按照《香港基本法》的規定，行政長官普選時的提名機制是由一個具有廣泛代表性的提名委員會進行提名。然而，在香港社會就 2017 年行政長官普選的提名程序進行討論時，反對派卻不顧《香港基本法》的規定，而提出所謂的「三規制」提名方案，即在提名委員會提名方式之外，增加公民提名和政黨提名方式。這種「三規制」提名方案實則嚴重違背了《香港基本法》和全國人大常委會相關決定的規定。【35】而實際上，《香港基本法》雖然屬於香港特區的憲制性法律，其效力高於香港特區立法機關制定的任何法律，但這並不意味着《香港基本法》就是香港特區的憲法，更不意味着《香港基本法》就完全取代國家的憲法而在香港特區實施。在國家整體的憲法體制內，《香港基本法》只不過是全國人大制定的一部法律而已。《香港基本法》本身的合法性即來自於國家憲法，若憲法不在香港特區實施，《香港基本法》即成為了「無本之木、無源之水」。因此，憲法和《香港基本法》共同構成香港特區的憲制基礎。【36】至於憲法在香港特區的適用性，在第三章第一節中已經進行過相關論述，在此不再贅述。

　　無論是對「一國」與「兩制」的關係、中央與香港特區的權力關係，還是對憲法與《香港基本法》的關係有上述錯誤或片面的理解，其原因都可以歸結為香港居民的國家意識不強。所謂國家意識，「是一個涵蓋國家政治、社會和自然屬性的統一體，是一定土地上的人對建立在這塊土地上的享有主權的國家的認同和向心力，是人們對國家這一統一體的認知和心理狀態」。【37】如果香港居民具有正確、全面的國家意識，那麼他們就不會對「一國」與「兩制」的關係、對中央與香港特區

---

35. 參見張小帥：〈香港行政長官普選提名制度的構建〉，《廣東行政學院學報》2014 年第 4 期。

36. 參見韓大元：〈憲法和香港基本法共同構成特區憲制基礎〉，《法制日報》2014 年 6 月 9 日。

37. 冷鐵勳：〈從香港國民教育科事件看《香港基本法》實施中的國家意識培養〉，《當代港澳研究》第 10 輯。

的權力關係、對憲法與《香港基本法》的關係出現理解上的重大偏差甚至錯誤。那麼，香港居民的國家意識為什麼會比較薄弱呢？歸結起來，這主要有如下幾個方面的原因：

首先，中國在建立近現代意義上的主權國家的過程中，香港居民一直是缺位的。眾所周知，近現代意義上的國家是一個擁有主權的國家。這樣一個擁有主權的近現代意義上的國家在中國的建構起始於鴉片戰爭，直到 1912 中華民國的建立年才算初步完成。在此之前，中國民眾的心中並不存在嚴格的近現代意義上的國家觀念，甚至連「中國」這一現代的國號在 1912 年中華民國建立以前，也僅是地域上的或者文化上的概念，其與「天下」、「四海」等概念相關聯，但絕非政治上的或者法律上的概念。[38] 鴉片戰爭迫使當時中國的先進人士睜眼看世界，使他們認識到「主權」對構建近現代意義上的國家的重要作用，進而開啟了構建近現代意義上的國家的過程。但同樣是始於鴉片戰爭，香港開始逐步通過一系列不平等條約被割讓或者租借給英國，處於香港土地上的中國民眾也開始處於英國的殖民統治之下。這使得香港土地上的中國民眾在很大程度上脫離了中國近現代意義上的國家建構過程，難以在其心中塑造近現代意義上的國家觀念或者國家意識。

例如，在 1907 年，有 62 名旅日的中國留學生在畢業之際需要填寫的畢業紀念冊的「國籍」一欄中，填寫「支那」（是為 China 的音譯，為中性詞）、「清國」、「中國」、「中華」等名字的均有，而且還有 25 個人什麼都沒有填寫，究其原因可能是因為他們根本不知道自己國家的名稱。再比如，在中日甲午戰爭爆發時，當時的部分民眾甚至清政府軍隊的一些官員認為，這僅是兩個軍隊的戰爭，而非兩個國家的戰爭。當時的清政府南洋軍隊一位高級將領就對日本說，你們與北洋軍隊打仗，為什麼要把我的船也拖去呢？該將領據此要求日本歸還其船隻。[39] 由此可見，近現代意義上擁有主權的國家觀念在當時的民眾心

---

38. 參見胡阿祥、宋豔梅：《中國國號的故事》（濟南：山東畫報出版社，2008），頁 244。

39. 參見林來梵：《憲法學講義》（第二版）（北京：法律出版社，2015），頁 172-173。

中尚未完全確立。直到 1912 年中華民國成立，一個擁有主權的近現代意義上的國家才算初步形成。而在這個過程中，香港居民一直是缺位的，其一直處於英國的殖民統治之下，無從感受這種近現代意義上的主權國家的建構過程，更無從感受中國在近現代歷史中所遭受的諸多屈辱和苦難，難以樹立起近現代意義上的國家觀念和國家意識。

其次，香港的「本土意識」在英國殖民統治的後期開始萌芽並逐漸成型，在香港特區成立之後，逐漸走向極端並被「港獨」勢力所利用。自英國對香港實行殖民統治之時開始，英國人便意識到，如果想要使香港人順從英國的殖民統治，就必須淡化其對中國人身份的認同感。所以，在英國殖民香港期間，港英政府一直實行「疏離」教育政策，即「在教育中淡化、迴避政治、國家、民族觀念的教育，蓄意以社會代替國家；偏重經濟教育，強化殖民主義，鼓勵學生漠視自身的族群、民族、國家等問題」。通過這種教育政策，港英政府使香港人僅有居民意識而缺乏公民意識和對祖國、民族的認知、認同和歸屬感，使香港成為了一個「無根」的社會。[40] 所以，香港中學的歷史課本選擇性地講述和歪曲歷史，並且將鴉片戰爭描述為「因商業利益而爆發的戰爭」，造成的結果是香港人對近代中國近百年的屈辱歷史缺乏認知。[41] 英國實行的這些政策為香港本土意識的產生奠定了前提和基礎。自 20 世紀 70 年代起，香港的本土意識開始萌芽和發展。

香港本土意識的產生大致有如下幾個方面的原因：其一，在主體方面，二戰後出生的一代人已經成長起來，這一代人沒有父輩人那種難民心態，他們以香港為家，在香港生活，對香港產生出深厚的情感；[42] 其二，在經濟方面，香港踏上工業化道路，經濟飛速發展，一躍成為「亞洲四小龍」，香港居民過着富足的生活，而與此同時，內地還

---

40. 參見黃月細、徐海波：〈香港核心價值觀形成的教育維度探討〉，《合肥工業大學學報（社會科學版）》2013 年第 5 期。

41. 陳麗君：〈香港同胞中國國民意識變化探析〉，《重慶社會主義學院學報》2014 年第 2 期。

42. 參見黃月細：〈「香港意識」的形成、流變與展望〉，《深圳大學學報（人文社會科學版）》2014 年第 4 期。

在進行着轟轟烈烈的政治運動，改革開放尚未開始，人民的生活水平尚比較低下，兩相對比之下，香港人產生一種優越感，不願與內地人為伍；[43]其三，在民生方面，港督麥理浩主政香港時期，實施了一系列重大的民生工程，改善了香港的公共設施，提高了香港居民的生活水平，使香港居民對香港有了「家」的歸屬感和作為「香港市民」的本地意識；[44]其四，在語言文化等方面，香港逐漸形成以粵語為特色的粵語文化，其中，粵語歌曲及粵語電影大行其道、影響最大，進一步強化和深化了香港人的本土意識，「並令香港人身份的認同感，變得更有血有肉，更富有情感與內涵」；[45]其五，在政治意識方面，香港發生的諸多社會運動，以及港英政府在 20 世紀 80 年代推行的民主化改革，大大提高了香港居民的政治意識，使香港居民逐漸改變政治冷漠的態度，開始踴躍參與香港本地的政治活動和政治制度的構建。[46]

回歸之後，在「一國兩制」方針的安排下，按照《香港基本法》的規定，香港特區實行高度自治、「港人治港」。這種特殊的政治安排，順利地解決了香港的回歸，為「兩制」在「一國」之內的共存提供了重要的制度基礎，但與此同時，卻使得「香港人」從一個社會文化群體轉變成為政治群體。[47]回歸後，按照《香港基本法》所構建的身份制度，在「一國」的框架下，香港人雖然具有中國公民身份，但其公民身份卻有別於內地，而是一種居民身份，這使得香港居民的身份認同無論在情感層面還是在現實層面，都區別於內地，難以對中國公民身份具有一種體認感，更遑論作為中國公民而對國家需要承擔的義務。法律對香港居民與內地公民身份上的刻意區別，令香港居民無法全面參與國

---

43. 參見鄭宏泰、黃紹倫：〈香港華人的身份認同：九七前後的轉變〉，《二十一世紀》網路版第 7 期。

44. 參見周永新：〈香港居民的身份認同和價值觀〉，《港澳研究》2015 年第 4 期。

45. 參見鄭宏泰、尹寶珊：〈香港本土意識初探：身份認同的社經與政治視角〉，《港澳研究》2014 年第 3 期。

46. 參見呂大樂：〈從港人身份認同看回歸十年〉，《同舟共進》2007 年第 7 期。

47. 參見強世功：〈國家認同與文化政治：香港人的身份變遷與價值認同變遷〉，《文化縱橫》2010 年第 6 期。

家的管理，在一定程度上加深了香港居民的本地身份認同。[48]而民主化本身更會增加民眾對本地關注度的提升、促進民眾本土意識的發展。隨着香港特區行政長官和立法會議員選舉中民主成分的增加，香港居民的本土意識得到進一步發展，在行政長官和立法會的普選問題上，香港社會一些激進人士更是罔顧《香港基本法》，提出一切不符合《香港基本法》的普選方案，未獲採納後，便煽動香港居民進行「佔中」運動，並製造一些意識形態色彩極為濃厚的話語，如「香港民主化」、「香港民族」、「香港獨立」等，[49]並曲解利用香港「本土意識」為其非法的「港獨」主張服務。[50]而香港特區政府始終沒有着力於提升香港居民對國家的認識和對中國公民身份的認知，沒有讓香港居民認識到作為中國公民所應當承擔的義務，[51]也在一定程度上縱容或者放任了香港「本土意識」的畸形發展。

（二）規範基礎問題

憲法與《香港基本法》是香港特區的憲制性法律，兩者共同構成香港特區的憲制基礎。然而，憲法和《香港基本法》在香港特區均面臨着認同性困境。憲法的認同性困境表現在憲法哪些條款在香港特區適用以及如何適用等問題，進而香港居民只強調《香港基本法》，而不談憲法。《香港基本法》的認同性困境則主要是由於《香港基本法》自身的妥協性，這種妥協性在香港特區成立之初，尚能確保中央與香港特區關係的順利發展，但一旦《香港基本法》進一步實施，這種妥協性的缺陷就會暴露出來並阻礙中央與香港特區關係的良好發展。正是因為憲法

---

48. 參見鄭宏泰、尹寶珊：〈香港本土意識初探：身份認同的社經與政治視角〉，《港澳研究》2014 年第 3 期。

49. 參見祝捷：〈「民主獨立」的台灣故事與香港前路〉，《港澳研究》2015 年第 2 期。

50. 參見祝捷、章小杉：〈「香港本土意識」的歷史性梳理與還原 —— 兼論「港獨」思潮的形成與演化〉，《港澳研究》2016 年第 1 期。

51. 參見周永新：〈香港居民的身份認同和價值觀〉，《港澳研究》2015 年第 4 期。

與《香港基本法》所面臨的認同性困境，才會造成中央管治權在香港特區遭致一些反對。

1. 《香港基本法》之妥協性

由於香港的回歸是中英之間談判的結果，《香港基本法》的制定自然並非中國單獨的決定，亦需要考慮中英談判的結果。而談判的過程實際上就是雙方之間互諒互讓、逐步達成妥協的一個過程，中英之間的談判決定了《香港基本法》的妥協性。這種妥協性表現在《香港基本法》並未明確規定所有問題的解決方案，而是將有些問題留待以後慢慢解決。作為憲制性法律的《香港基本法》，由於其結構、內容等與憲法基本相同，甚至被稱為「憲法的特別法」。【52】而在香港特區，《香港基本法》實際上被視為憲法。例如，香港特區上訴法院在香港回歸後的第一件涉及《香港基本法》的案子——「馬維騉案」中認為，《香港基本法》「至少具有三個維度：國際的，國內的和憲法的」。【53】因此，對憲法的妥協性進行一般考察會有助於認識和了解《香港基本法》的妥協性。

1.1 憲法妥協性的一般考察

憲法兼具政治性與法律性。政治性的特點決定了憲法的制定和實施必然充滿着衝突性和妥協性，而法律性的特點則意味着憲法能夠為這種衝突的解決或者平息提供制度化的管道。

首先，憲法的政治性決定了憲法的妥協性。孫中山先生認為，政治是眾人之事。但凡是眾人之事，就必然存在着衝突，包括利益衝突、情感衝突等多種衝突。為解決衝突，眾人必須經過協商、討論，在堅持原則的過程中進行妥協，在妥協的過程中堅持原則，最終達成一個解決問題的方案。可以說，妥協在一個充滿着多元化利益衝突的社會中具有重要的功能。具體來說，妥協具有如下涵義和功能：其

---

52. 參見李琦：〈特別行政區基本法之性質：憲法的特別法〉，《廈門大學學報（哲學社會科學版）》2002 年第 5 期。

53. [1997] HKLRD 761.

一，妥協是解決社會衝突的基本手段。利益衝突自人類社會誕生之日起即已經發生，並隨着社會的發展逐漸多元化，正如有學者所說，「衝突是社會互動的基本形式」。[54]在起初，人們解決衝突的途徑可能是訴諸暴力，但隨着社會的進步，人們已經設計出諸多機制來緩和衝突，減輕衝突的危害。在不同社會類型中，衝突的頻度和激烈程度也不相同。例如，在專制社會中，衝突往往不發生則已，一旦發生則可能是比較激烈的衝突；而在民主社會中，衝突更容易發生，並且比較頻繁，但是其激烈程度則相對較低。其原因是在現代民主社會中，憲法已經為衝突提供了解決之道。在其中，衝突的雙方能夠談判、協商、討價還價，以及為了避免直接對抗而互相讓步，以獲得緩和、平息乃至解決爭端。[55]

其二，通過妥協能夠達成一種理性的均衡狀態。絕大多數的妥協行為都是人們經過深思熟慮的結果，都是衝突雙方在堅持各自原則和獨立性的基礎上，作出的一種理性選擇。這種理性選擇就表現為一種經濟學上的均衡狀態。在實際的談判和博弈過程中，如果採取妥協的方式得到的利益大於採取對抗的方式得到的利益，那麼衝突雙方就會選擇妥協，達成一種均衡狀態；反之，就會選擇對抗。當然，利益是會隨着社會的變化而不斷變動的，當採取妥協的方式得到的利益不再大於採取對抗的方式獲得的利益時，均衡就會被打破，雙方就會採取對抗方式。因此，政治過程充滿着衝突與妥協。而作為規範政治運行過程、具有政治特性的憲法，無疑亦具有妥協性。正如有學者所說，「憲法必須來自所有社會力量的真實妥協的產物，而不是虛假的相互欺騙的產物」。[56]例如，辛亥革命之後至新中國成立之前這段期間，中國存在着多部憲法，而這些憲法均是在某一派的單方面意志下制定的，

---

54. 盛鵬：《憲法的妥協性研究》(合肥：安徽人民出版社，2009)，頁9。

55. 參見龍太江：〈妥協：一種政治哲學的解讀〉，《哲學動態》2004年第1期。

56. 高全喜：《尋找現代中國——穿越法政與歷史的對談》(北京：法律出版社，2014)，頁28。

並沒有包容所有的政治力量,「始終尋找不到一種機制,或者妥協的精神,或者妥協的程序」,[57]最終必然會失敗。

因此,憲法的這種妥協體現在憲法的制定和實施過程中。憲法是人民主權的產物。在憲法的制定過程中,處於不同階層、具有不同利益需求的民眾分別選出自己的代表,這些代表聚在一起,分別代表各自的選民來進行協商、溝通,以制定一部能夠體現他們共同利益的憲法。然而,不同階層的民眾之間的需求必然會在一定程度上相互衝突,為了達成共識,他們就必須各自退讓一步。憲法制定並頒佈之後,憲法即成為一國法律體系的根本法。然而,由於憲法具有極高的抽象性,在憲法實施的過程中,具有不同政治觀念和利益訴求的人同樣可以將自己的政治觀念和利益訴求通過解釋融入憲法條文之中,為了對憲法條文的涵義達成共識,這些不同政治觀念和利益訴求之間亦必須達成妥協。

其次,憲法能夠為政治衝突的解決提供價值指引,以達成有目的的妥協。憲法是人民與政府簽訂的一項契約。正如有學者所說,自世界上第一部成文憲法 —— 美國的《1787 年憲法》誕生以來,人就成為憲法的主體,[58]而保障人權就是憲法的終極目的。所謂人權,其最初涵義是從道德權利中發展而來的,即指人之所以為人所應當享有的一切權利。作為具有道德權利涵義的人權,其具有超國家和實定法的性質,也就是說人權的內容並不限於一國憲法和法律所規定的權利。通常,人權以一種「道德的賦予和社會倫理的力量存在,並不僅僅指訴訟過程中發揮的效力」。[59]儘管人權具有超國家的性質,但這並不意味着西方人權就是人權的普遍含義,更不意味着人權在世界各國要通過同樣的方式得到保障。因為,人權的發展具有歷史性。例如,隨着歷史的發展,人權的涵義逐漸社會化,以環境權的發展為核心的第三代人權也

---

57. 參見高全喜:《尋找現代中國 —— 穿越法政與歷史的對談》(北京:法律出版社,2014),頁 29。

58. 參見韓大元:《憲法學基礎理論》(北京:中國政法大學出版社,2008),頁 195。

59. 韓大元:《憲法學基礎理論》(北京:中國政法大學出版社,2008),頁 198。

逐漸興起，並推動人類文明的進一步發展。人權的內容也會受到國情的影響，一國的政治、經濟、文化和社會等方面的發展水平決定了該國在現階段所能實現和保障的人權內容有哪些，也就是體現為憲法和法律文本中規定的那些公民基本權利和自由。同時，價值和價值的實現方式應當區別開來。同樣的人權內容，在西方以三權分立的方式可以得到有效保障，但在其他國家，三權分立未必能夠有效保障人權，甚至會嚴重影響人權的保障，這已為一些模仿美國實行三權分立卻導致動亂的非洲、中東國家所證實。因此，一國採取什麼途徑和方式來保障該國公民的基本權利是由該國的國情或者傳統文化所決定的。

　　根據一些國內學者的觀點，人權具有如下三個層面的涵義：其一，在應然層面，人權是指人作為人，所應當享有的權利，這主要是指一種道德意義上的權利；其二，在法定層面而言，人權是一種為憲法和法律所規定的法定權利，由一國的國內管轄；其三，在實然層面，人權是指在現實中所實實在在享有的權利。[60]本書在此關注的是前兩個層面的人權涵義。在憲法的制定過程中，應然層面的人權涵義能夠為衝突的多方主體達成妥協提供價值指引，使他們以人權保障為最終目的，來相互退讓，以達成共識；而在憲法的實施過程中，法定層面的權利則能夠為衝突的多方主體達成妥協提供價值指引，使他們憑藉憲法規定的公民基本權利和自由，並且為了公民的基本權利和自由，而相互退讓，達成共識。也正因為如此，憲法學界的通說才認為，憲法主要包括兩大內容：一個是公民權利的有效保障，一個是國家權力的合法行使。其中，公民權利的有效保障是目的，即能夠提供一種價值指引作用，而國家權力的合法行使是手段，在國家權力的合法行使過程中發生衝突的主體要達成一定的妥協。[61]所以說，人權以及對其法定化的公民基本權利和自由，能夠在憲法的制定和實施過程中，為政治衝突的和平解決提供價值指引。

---

60. 參見沈宗靈主編：《法理學》(北京：高等教育出版社，1994)，頁 190–191。

61. 參見周葉中：《憲政中國研究 (上)》(武漢：武漢大學出版社，2006)，頁 264。

最後，憲法能夠為政治衝突的解決提供制度化的妥協管道，以達成有效率的妥協。自憲法誕生以來，民主政治即成為與憲法如影隨形的一種事務。在政府之內，議會成為政治衝突的主要場所。議員是由公民從社會中選舉出來，代表他們以維護他們利益的，所以社會上的衝突就濃縮在議會之中。在議會辯論中，不同的議員往往會盡力地爭取自己所代表的利益。但議會辯論和表決的規則，特別是少數服從多數的規則，為議會之中衝突的解決提供了有效的制度化管道。憲法規定公民享有一系列的權利和自由，使得公民能夠自主地安排自己的生活和參與國家的政治生活。憲法也規定了公民必須承擔的義務，界定了公民所享有的權利和自由的邊界，從而為公民權利和自由之間的衝突提供了法定的解決途徑。同時，憲法規定了國家各機關、中央與地方政府之間的職權，明確了國家各機關、中央與地方之間的職責，避免了國家權力相互之間、中央與地方之間發生不必要的衝突。即便國家權力之間、中央與地方之間，或者國家權力與公民權利之間發生衝突，憲法也提供了制度化的解決管道，即通過司法審判等途徑來依法化解衝突、解決矛盾。

憲法的妥協性可以依據其對衝突的態度分成兩種：一種是為了解決衝突而達成的妥協，一種是為了延緩衝突發生的時間而達成的妥協。有學者將前者稱為通過軟化立場達成的妥協，將後者稱為通過模糊立場達成的妥協。[62] 所謂通過軟化立場達成的妥協，即在衝突的解決過程中，衝突主體通過討價還價，各自不斷降低自己的要求，以求最終能夠達成一個各方都能滿意的解決方案；所謂通過模糊立場達成的妥協，即指衝突各方彼此都很清楚其爭執的焦點所在，但卻故意避開該焦點，而採取模糊性的定義來使各方都能夠根據自己的定義來說明爭執的焦點。通過軟化立場達成的妥協，如英國的資產階級革命的重要法律文件、奠定英國君主立憲政體的理論和法律基礎的《權利法案》。在《權利法案》頒佈之前，英國國王具有隨意停止法律效力的權

---

62. 參見盛鵬：《憲法的妥協性研究》（合肥：安徽人民出版社，2009），頁 27。

力，並且可以隨意向英國民眾徵收賦稅來支付其戰爭開銷。為了限制英國國王的權力，《權利法案》就規定國王未經英國議會同意不得停止法律的效力，未經議會同意亦不能徵收賦稅。如果沒有國王的妥協（當然其是被迫的），很難想像這些重要的法律文件會被通過。通過模糊立場達成的妥協，典型的如大陸和台灣之間對「九二共識」的認識。1992 年，大陸和台灣通過海協會和海基會形成了具有重要歷史意義的共識，即「九二共識」。在「九二共識」中，大陸和台灣雙方堅持「一個中國」原則，但在具體的事務性談判中，不去觸碰「一個中國」的具體涵義。[63] 在此之前，大陸認為「一個中國」是指中華人民共和國，台灣認為「一個中國」是指「中華民國」，正是由於對「一個中國」具體涵義的根本分歧，雙方才無法進行接觸。「九二共識」則通過對「一個中國」原則的堅持，避開「一個中國」的具體涵義，來使大陸和台灣雙方達成共識。正如 2015 年 11 月 7 日台灣時任領導人馬英九在與習近平總書記會面後，在記者招待會上所說的，「九二共識」雖然模糊，但是卻管用，能夠為兩岸關係的和平發展提供政治基礎，並引領兩岸走向共同繁榮。[64]

通過軟化立場達成的妥協，在衝突各方達成妥協之後，衝突已經不再存在，妥協結果的內容也較為明確，能夠起到定分止爭的作用；而通過模糊立場達成的妥協，在衝突各方達成妥協之後，衝突實際上依然存在，只不過衝突各方在妥協中故意避開衝突點，把衝突留待以後再解決。然而，隨着具體情況的發展，衝突有時候並不會減弱，反而會逐漸增強。例如，美國憲法在制定之初，南方蓄奴州與北方自由州之間關於奴隸制的存廢問題即存在衝突，雙方妥協的結果即美國憲法存在的一些關於奴隸制的臭名昭著的「妥協條款」，包括「五分之三

---

63. 參見周葉中、祝捷：〈「一中憲法」與「憲法一中」——兩岸根本法之「一中性」的比較研究〉，載周葉中、祝捷：《兩岸關係的法學思考（增訂版）》（北京：九州出版社，2014），頁 103。

64. 參見鳳凰網：《馬英九在記者會上 12 次提「九二共識」》，資料來源：http://news.ifeng.com/a/20151107/46152979_0.shtml（瀏覽日期：2015 年 12 月 16 日）

條款」、「逃奴條款」和「海外販奴貿易條款」。【65】憲法文本中並未將奴
隸稱為「公民」，而是以諸如「所有其他人口」、「服勞役的人」、「目前
在某些州記憶體在的類似的人口」等模糊性的詞語來指稱奴隸。憲法
關於奴隸制的妥協還導致憲法實施中關於美國新增加州是否允許奴隸
制存在的「密蘇里妥協」，【66】即國會決定新增加的州中處於北緯 36°30'
以北的是自由州，不允許奴隸制的存在，以南的是蓄奴州，可以允許
奴隸制的存在。正如有些憲法史學者認為，聯邦憲法中關於奴隸制的
妥協條款的存在，並不意味着聯邦憲法支持奴隸制在美國長期存在，
而僅僅是作為一種緩兵之計，其最終是要在將來成熟的時候廢除奴隸
制。【67】在美國建國之初，這些關於奴隸制妥協條款的存在確實為美國國
內和平和繁榮發展贏得了良好的時間。但是，奴隸制本身畢竟違背了
美國的建國之本，也就是《獨立宣言》中所宣稱的人人都享有不可剝奪
的生命權、自由權和追求幸福的權力。終於，在 1850 年代末、1860 年
代初，妥協條款已經走到了盡頭，美國通過一場內戰，以極大的代價
終結了妥協條款，解放了奴隸。因而可以說，通過模糊立場達成的妥
協只是延緩了解決衝突的時間，但衝突仍然存在，衝突的解決仍然需
要採取特定的方式。

1.2　中英談判之妥協性

談判是談判雙方對特定事項，經過協商、討價還價等手段，而逐
步達成共識的過程。在談判的過程中，談判的雙方或者一方基於特定
的原因，往往會出現退讓以求妥協。政治談判尤其如此。政治談判的
過程就是一場政治較量的過程。其中，話語權在政治較量過程中具有
舉足輕重的地位。誰掌握了話語權，誰就掌握了主動權和對談判問題

65. 參見王希：《原則與妥協 —— 美國憲法的精神與實踐（增訂版）》（北京：北京大學出版社，2014），頁 194-197。
66. 參見王希：《原則與妥協 —— 美國憲法的精神與實踐（增訂版）》，頁 202。
67. 參見王希：《原則與妥協 —— 美國憲法的精神與實踐（增訂版）》，頁 195。

性質的定義權。[68] 在中英談判過程中，同樣存在着話語權的爭奪。在鄧小平同志的強勢風格下，中方最終贏得了話語權。儘管如此，在中英關於香港問題的談判過程中，中英雙方基於特定的原因，都有一定的妥協與退讓。

　　就英國而言，在談判之初，英國首相柴戴卓爾夫人定下了「決不妥協」的談判基調，以三個條約（即 1842 年割讓香港島的《南京條約》、1860 年割讓九龍的《北京條約》和 1898 年租賃新界的《北京條約》）為基礎，認為三個條約具有法律效力，英國據此擁有香港島和九龍的主權，這種主權不受 1997 年時限的限制，[69] 英國與中國談判的目的則意在延長新界的租期。而中國政府則認為三個條約是英國政府強迫晚清政府簽訂的不平等條約，自始無效。「香港是中國領土的一部分。過去英國政府同中國清政府簽訂的有關香港地區的條約是不平等的，中國人從來是不接受的。中華人民共和國政府的一貫立場是，不受這些不平等條約的約束，在條件成熟的時候收回整個香港地區。」[70] 中方不承認三個不平等條約的有效性，主張香港的主權自始屬於中國。正如鄧小平同志在與戴卓爾夫人會見時所説：「關於主權問題，中國在這個問題上沒有迴旋餘地。坦率地講，主權問題不是一個可以討論的問題。現在時機已經成熟了，應該明確肯定：1997 年中國將收回香港。就是説，中國要收回的不僅是新界，而且包括香港島、九龍。中國和英國就是在這個前提下來進行談判，商討解決香港問題的方式和辦法。」[71] 可見，中英雙方之間具有截然相反的態度，雙方都互相否定對方的權利資格。如果中方和英方都各自堅持自己的意見的話，那麼這場談判就無法繼續下去。在此情況下，英國進行了一定程度的妥協，提出了

---

68. 參見強世功：《中國香港：政治與文化的視野》（北京：生活・讀書・新知三聯書店，2014），頁136。

69. 參見齊鵬飛：《鄧小平與香港回歸》（北京：華夏出版社，2004），頁84。

70. 《人民日報》1982 年 10 月 1 日。

71. 鄧小平：《鄧小平文選（第三卷）》（北京：人民出版社，1993），頁12。

「主權換治權」計劃。英國政府認為，香港的繁榮穩定與英國對香港的管治分不開，所以英國政府同意將香港的主權「歸還」中國，但英國可以繼續對香港進行管治。對英國政府的此項主張，鄧小平同志進行了如下反駁：「保持香港的繁榮，我們希望取得英國的合作，但這不是說，香港繼續保持繁榮必須在英國的管轄之下才能實現。香港繼續保持繁榮，根本上取決於中國收回香港後，在中國的管轄之下，實行適合於香港的政策。香港現行的政治、經濟制度，甚至大部分法律都可以保留，當然，有些要加以改革，香港仍將實行資本主義，現行的許多適合的制度要保持」。[72]

　　就中國而言，中國不承認晚清政府與英國簽訂的三個不平等條約的效力。在此邏輯下，香港的主權屬於中國，英國對香港則不具有任何權力，英國沒有資格與中國就香港問題進行談判，而中國也無須與英國就香港問題進行談判。因此，中國單方面即可決定什麼時候以什麼方式收回香港。也就是說，中國可以無需考慮英國政府的意見，無條件地收回香港，也無需等到 1997 年，並且英國在對香港進行殖民統治期間所取得的各種利益應當返還中國政府。[73]但這樣的代價必然是巨大的，這不僅會使中英兩國面臨巨大的政治衝突甚至戰爭，最重要的是會影響香港的繁榮穩定。保持香港的繁榮穩定是中國收回香港的一個重要承諾。同時，英國也希望保持香港的繁榮穩定以維護英國在香港的利益。正是在保持香港繁榮穩定方面的共識，中英雙方才能夠坐下來談判，而中國對英國作出的妥協則是對英國在非法佔領期間取得的所有利益一概不予追回。

---

72. 《鄧小平文選（第三卷）》（北京：人民出版社，1993），頁 13。

73. 參見陳端洪：〈主權政治與政治主權：香港基本法對主權理論的應用與突破〉，載陳端洪：《憲治與主權》（北京：法律出版社，2007），頁 169。

1.3 《香港基本法》之妥協性

立法的過程是利益博弈的過程，這其中必然存在着妥協，但妥協的結果往往是明確的規則，即前文所說的通過軟化立場達成的妥協，儘管這種明確的規則也會由於法律用詞本身的原因而存在一定的模糊性，但其涵義卻是較為明確的。但《香港基本法》中除了通過軟化立場達成的妥協之外，還存在着通過模糊立場達成的妥協，這種模糊性是立法者在立法時刻意為之，將有關問題留待以後解決，以方便在眼下達成共識。正如有學者所說，法律中的「關鍵性法律術語或立法歷史中的模糊，常常是法律從所有可能阻止它頒行的群體那裏獲得支持的先決條件。」[74] 在「一國兩制」方針的指導下，中央在制定《香港基本法》以構建香港特區的政治、法律、經濟、文化、社會等方面的制度時，均進行了一定的妥協。其中，中央為銜接內地與香港特區的法律體制而作出的妥協以及在香港特區民主政制發展方面作出的妥協尤為特殊，這兩方面的妥協是引發中央與香港特區關係發生衝突或者香港居民反對中央管治權的主要原因。

由於香港在英國的殖民統治時期實行普通法體制，這與內地實行的法律體制存在較大的衝突。為了使香港的普通法體制與內地的法律體制得以銜接，中央的權力就必須進行一定程度的妥協。這種妥協因而屬於通過軟化立場達成的妥協。這種妥協能夠化解矛盾，有利於衝突的解決。但在法律文本中，由於法律用詞本身就具有一定的模糊性，再加上立法者認識能力的局限性，難免也會存在一些疏漏之處。例如，由法院負責解釋法律的涵義是普通法體制的一大特點，而在內地，法律的解釋權由全國人大常委會享有。為了使全國人大常委會的法律解釋權與香港法院的法律解釋權得以銜接，全國人大常委會通過授權框架，將《香港基本法》部分條款的解釋權授予香港法院。根據《香港基本法》第 158 條的規定，全國人大常委會享有《香港基本法》的

---

74. 〔美〕蓋多・卡拉佈雷西，周林剛、翟志勇、張世泰譯：《制定法時代的普通法》（北京：北京大學出版社，2006），頁 54。

解釋權。全國人大常委會授權香港法院在審理案件時對《香港基本法》關於香港特區自治範圍內的條款自行解釋。同時，香港法院在審理案件時對《香港基本法》的其他條款也可以進行解釋，但如果是需要對《香港基本法》關於中央人民政府管理的事務或中央和香港特區關係的條款進行解釋，並且解釋又影響到案件的判決，那麼在對案件作出不可上訴的終局判決前，香港終審法院應當請全國人大常委會對有關條款作出解釋。可見，《香港基本法》第158條通過授權框架有效地銜接了香港法院的法律解釋權與全國人大常委會的法律解釋權。但其仍未明確如下兩個問題：其一，由誰來判斷在審理案件時是否需要對《香港基本法》關於中央人民政府管理的事務或者中央和香港特區關係的條款進行解釋？其二，由誰來判斷該解釋是否能夠影響到案件的判決？儘管在授權框架下，未授予香港法院的權力應當屬於全國人大常委會，也就是說，理應由全國人大常委會來對上述兩個問題作出判斷。但在實際的司法審判中，香港法院卻徑行行使了上述兩方面的判斷權，在「吳家玲案」中確立了「類別條件」和「有需要條件」兩個標準來回答上述兩個問題，並且排斥了全國人大常委會在上述兩個問題上的判斷權，[75]從而引發了廣泛的爭議與討論。此方面的討論文章有很多，在此不再贅述。

在香港特區民主政治發展方面，《中英聯合聲明》中並沒有關於未來香港特區行政長官和立法會議員要實現普選的規定。《香港基本法》中關於行政長官和立法會議員普選的規定實際上是中央在考慮香港居民的普選願望後，主動在《香港基本法》中規定的。但這種規定由於並不明確和徹底，將一些重要問題留待以後解決，從而使得現在關於香港特區行政長官和立法會議員的普選問題存在着諸多爭議。

在中英談判期間，鄧小平同志在會見英國時任首相戴卓爾夫人時曾說：「我擔心的是今後十五年過渡時期如何過渡好，擔心在這個時期中會出現很大的混亂，而且這些混亂是人為的。這當中不光有外國

---

75. [1999] 1 HKLRD 315.

人，也有中國人，而主要是英國人」。[76]果不其然，在過渡期間，英國先後對香港的地方和港英政府自身進行了代議制改革。在地方，英國設置區議會並增設民選議席，以增加其代表性。[77]在港英政府自身，英國將港英政府的「行政主導」變為「立法主導」，以「逐步建立一個政制，使其權力穩固地紮根於香港，有充分權威代表香港人的意見，同時更能較直接地向港人負責」。[78]英國政府此舉具有兩個目的：一是通過推進過渡期間香港政治的發展來影響回歸後的香港政治，以便與中國爭奪香港回歸後的政治局勢的控制權，來有效地維護英國在香港的利益；[79]二是限中國於進退維谷的境地，即如果中國政府不阻止英國的這一圖謀，那麼就得接受香港民主化的既成事實，如果中國政府反對這一圖謀，就會被英國污蔑為「反對民主」、「與港人對立」，使香港居民對中央產生不好的印象。[80]英國對港英政府的代議制改革極大地激發了香港居民對民主政治的熱情，港英政府和部分香港民眾甚至企圖在過渡期間推動香港的普選。然而，民主政治的推進需要循序漸進，如果過於激進，往往會造成混亂。香港在英國殖民的絕大部分時期並無民主可言，僅是在過渡期間，英國出於種種特殊目的，才在香港進行民主化改革。也就是說，香港民主政治的發展才幾年時間，如果貿然地推動普選，必然會對香港的社會秩序和經濟發展造成不利影響。正是出於此考慮，中國政府反對在香港立刻進行普選。

　　實際上，中國收回香港的主要目的是為了維護國家主權，這就決定了在「一國兩制」環境下，香港特區必須維護國家主權、安全和發展利益，而香港特區的領導人亦必須是愛國愛港者，尤其必須是愛國者。而當時囿於對「普選」概念的通俗理解，鄧小平同志曾說：「對香

---

76. 鄧小平：《鄧小平文選（第三卷）》（北京：人民出版社，1993），頁14。

77. 周平：《香港政治發展（1980–2004）》（北京：中國社會科學出版社，2006），頁91–92。

78. 周平：《香港政治發展（1980–2004）》（北京：中國社會科學出版社，2006），頁115。

79. 周平：《香港政治發展（1980–2004）》（北京：中國社會科學出版社，2006），頁165。

80. 周平：《香港政治發展（1980–2004）》（北京：中國社會科學出版社，2006），頁166。

港來説，普選就一定有利？我不相信。比如説，我過去也談過，將來香港當然是香港人來管理事務，這些人用普遍投票的方式來選行嗎？我們説，這些管理香港事務的人應該是愛祖國、愛香港的香港人，普選就一定能選出這樣的人嗎？最近香港總督衞奕信講過，要循序漸進，我看這個看法比較實際。即使搞普選，也要有一個逐步的過渡，要一步一步來」。[81] 最終，在制定《香港基本法》時，面對香港居民不斷高漲的民主政治熱情，中央進行了一定程度的妥協，規定香港特區行政長官和立法會議員最終由普選產生。但為了穩步地推進香港民主政制的發展，《香港基本法》規定行政長官和立法會的普選進程必須根據兩項標準來確定，即「實際情況」和「循序漸進」。同時，正如有學者所説，香港特區政治體制的關鍵是香港的管治權是否掌握在愛國愛港陣營中，這不僅是香港民主政治的發展問題，更是會影響中央與香港特區關係的政治領導權問題，甚至關係到「一國」的建構問題。[82] 因此，為了保證選舉產生的行政長官是愛國者，《香港基本法》規定普選時的行政長官候選人要由一個具有廣泛代表性的提名委員會按照民主程序提名，中央人民政府對普選產生的行政長官享有任命權，並且是實質性的任命權。[83]

然而，中央在香港特區行政長官和立法會議員普選問題上的妥協並非一種軟化立場的妥協，而是模糊立場的妥協，即中央在制定《香港基本法》時，為了能夠在內地與香港居民之間達成共識，刻意地在《香港基本法》的相關規定中作了一些模糊性處理，將相關的問題留待以後進行處理。在起草《香港基本法》時，中央提出採取民主協商的程序來起草，但有港區人大代表認為協商程序不夠明確、科學，應當採取更能體現程序正義的投票表決方式。然而，在當時的環境下，存在着兩

---

81. 鄧小平：《鄧小平文選（第三卷）》（北京：人民出版社，1993），頁 220。

82. 參見強世功：《中國香港：政治與文化的視野》（北京：生活・讀書・新知三聯書店，2014），頁 260。

83. 參見韓大元、黃明濤：〈論中央人民政府對香港特區行政長官的任命權〉，《港澳研究》2014 年第 1 期。

個方面的分歧：一方面中央與香港之間在理念方面存在着較大差異，另一方面香港內部各階層之間也存在着分歧。如果採取投票表決方式，儘管能夠提高效率，但卻容易導致政治分化，不利於形成共識。況且，在起草委員會中，內地委員佔據多數，採取投票表決方式無疑會在表面上形成內地委員對香港委員的壓制。因此，為了盡可能地提高《香港基本法》的正當性基礎，爭取盡可能多的香港委員對《香港基本法》的支持，最終，香港委員和內地委員都認為應當採取民主協商、求同存異的方式來起草《香港基本法》。[84] 在存在上述兩方面分歧的情況下，共識的達成其實是比較困難的，而這種求同存異的協商方式使得為了達成共識就必須提高協商議題的抽象度、宏觀度。或許正因為如此，鄧小平同志才為起草《香港基本法》提出「宜粗不宜細」的基本原則，也就是要把能夠達成的最大共識通過《香港基本法》確定下來，而把分歧之處留待以後再行解決。[85]

　　儘管這種通過模糊立場達成的妥協有助於香港居民與內地達成共識，有助於《香港基本法》的制定，但卻為香港特區成立之後，《香港基本法》實施過程中產生的衝突埋下了伏筆。例如，關於行政長官和立法會議員產生辦法的修改程序問題，《香港基本法》附件一和附件二均規定行政長官和立法會的產生辦法如需修改，須經立法會全體議員三分之二多數通過，行政長官同意，並報全國人大常委會批准和備案。但該規定並未明確如下幾個問題：其一，由誰判斷行政長官和立法會的產生辦法是否需要修改？其二，由誰提出行政長官和立法會產生辦法的修改草案？其三，如果經立法會全體議員三分之二多數通過，並且經行政長官同意的修改草案，不符合「一國兩制」特別是「一國」原則，全國人大常委會不予以批准或者備案時，該如何處理？關於行政

---

84. 參見強世功：《中國香港：政治與文化的視野》（北京：生活・讀書・新知三聯書店，2014），頁248。

85. 參見強世功：《中國香港：政治與文化的視野》（北京：生活・讀書・新知三聯書店，2014），頁249。

長官的普選問題，《香港基本法》第 45 條和附件一雖然進行了相關規定，但卻沒有明確如下幾個問題：其一，行政長官普選的具體時間表，即何時實現行政長官的普選；其二，提名委員會的「廣泛代表性」如何體現，也就是提名委員會如何產生；其三，提名委員會以何種民主程序提名產生行政長官候選人，也就是需要多少名提名委員會委員的提名才能成為行政長官候選人；其四，需要提名產生幾位行政長官候選人。隨後，在《香港基本法》實施過程中，全國人大常委會通過多次解釋和決定明確了上述幾個問題，但也引發了一些衝突。例如，2014 年 8 月 31 日，全國人大常委會作出「8・31」決定，規定提名委員會的人數、構成及產生辦法按照第四任行政長官選舉委員會的人數、構成和產生辦法規定，每名行政長官候選人須獲得提名委員會全體委員半數以上的支援，需要提名產生二至三名行政長官候選人。[86] 儘管全國人大常委會的上述決定符合《香港基本法》的立法原意和「一國兩制」原則，但由於不符合香港激進派人士的意願，最終導致「佔中」運動的爆發。

此外，這種模糊性也使得中央在香港政制發展中享有的權力存在着悖論與尷尬之處，即：一方面，作為香港的主權者，中央無疑對香港特區的政制發展享有決定性權力，但另一方面，中央的決定權又難以得到徹底貫徹落實。那麼，究竟是什麼原因造成這種結果呢？通過附件一和附件二的規定可以看出，香港特區行政長官和立法會在此過程中均享有實質性的權力。可以說，正是行政長官和立法會在香港政制發展中的這些實質性權力「實實在在地稀釋、消解了中央在香港政制發展問題上的實質性的、排他性的決定性權力」。[87] 因此，在《香港基本法》實施過程中，全國人大常委會不得不做出相關解釋，明確了行政

---

86. 參見《全國人民代表大會常務委員會關於香港特別行政區行政長官普選問題和 2016 年立法會產生辦法的決定》，資料來源：www.npc.gov.cn/npc/cwhhy/12jcwh/2014-08/31/content_1876904.htm（瀏覽日期：2015 年 12 月 29 日）

87. 參見常樂：〈試論中央對港政制發展決定權〉，《「一國兩制」研究》2014 年第 3 期。

長官和立法會議員產生辦法的「五步曲」修改程序，在一定程度上糾偏和補正了《香港基本法》中的權力悖論，「是在既遵守《香港基本法》框架和秉持制度理性下的對中央政治權力和法定權力的回歸，重塑了中央在香港政制發展問題上的主導權和決定權」。[88]但即便如此，仍未完全解決中央權力的悖論之處。例如，在全國人大常委會作出「8．31」決定之後，香港特區理應積極地實施該項決定，然而香港特區實際上在立法會的表決中通過否決香港特區政府提出的政改方案，使得全國人大常委會的上述決定無法在香港特區落實。

2.　憲法之認同性

香港回歸之後，憲法在香港特區一直存在着認同性困境，香港一些人士故意割裂憲法與《香港基本法》的關係，只承認《香港基本法》，甚至把《香港基本法》作為香港特區的「憲法」，而不承認國家的憲法在香港特區的效力和適用性，企圖以《香港基本法》來排斥、架空憲法，將香港排除在憲法的適用範圍之外。[89]究其原因，在回歸之前，憲法並未在香港特區實施；在回歸之後，在「一國兩制」方針下，憲法主要通過《香港基本法》在香港特區實施。在香港的普通法體制下，憲法在司法過程中甚少發揮作用。

在香港回歸之前，中國共頒佈過四部憲法，分別是五四憲法、七五憲法、七八憲法和現行的八二憲法。然而，這四部憲法無論是在制定方面，還是在實施方面，嚴格來説，均缺少有效的香港元素。以五四憲法和八二憲法為例，五四憲法實現了新中國從政治主權向法律主權的轉化，八二憲法則為香港的回歸和香港特區的建立奠定了憲法上的制度基礎。在制定五四憲法以完成新中國政治主權向法律主權的轉換、人民身份向公民身份的轉換過程中，香港居民有所缺失。由於

88.　參見常樂：〈試論中央對港政制發展決定權〉，《「一國兩制」研究》2014 年第 3 期。

89.　參見《饒戈平：唯有「一國」才有「兩制」》，資料來源：www.crntt.com/crn-webapp/doc/docDetailCNML.jsp?coluid=93&kindid=10095&docid=103687668（瀏覽日期：2015 年 3 月 30 日）

當時香港正處於英國的管治之下，無法在香港選舉產生人大代表。所以，儘管在表決通過五四憲法的全國人大代表中也有香港代表，但正如強世功教授所說，這些代表並非按照嚴格意義上的選舉程序選舉產生，在代表性上存在着缺失，無法充分代表香港人來認可五四憲法所構建的這個共和國。[90] 在實施方面，五四憲法在內地都未曾有效實施過，更遑論在英國管治下的香港地區獲得實施。至於八二憲法，其制定過程同樣缺少按照嚴格的選舉程序選舉產生的香港代表的認同。在香港回歸之前，其同樣無法在香港得到實施。

但八二憲法通過第 31 條的規定為香港的回歸和香港特區的建立奠定了憲法上的制度基礎，而香港的回歸意味着香港納入了憲法的適用範圍。但受到「一國兩制」方針的限制，憲法主要通過《香港基本法》在香港特區實施。《香港基本法》的起草過程是內地（中央）與香港之間進行協商、締結社會契約的過程，這個過程可以看成香港人對憲法遲到的確認。[91] 這個過程也說明了香港人是通過對《香港基本法》的認同來實現對憲法的確認。換句話說，香港人認同的主要是《香港基本法》而非憲法。

香港特區成立之後，按照《香港基本法》的相關規定，香港實行的普通法傳統得以保留。普通法傳統奉行權力分立與制衡、司法審查、人權保障等制度與原則，而權力分立與制衡、司法審查的最終目的也是為了保障人權。正如羅斯科・龐德所說，「普通法卻僅僅與個人權利有關，而與社會正義無關」，[92]「普通法給予個人自然權利的影響以抗拒其他個人，特別是國家的自然權利，它以極端的個人主義為特徵，無比珍惜個人自由、尊重個人財產。它注重個人權利而並不關心普遍

---

90. 參見強世功：《中國香港：政治與文化的視野》（北京：生活・讀書・新知三聯書店，2014），頁 245。

91. 參見強世功：《中國香港：政治與文化的視野》（北京：生活・讀書・新知三聯書店，2014），頁 245。

92. 羅斯科・龐德，唐前宏、廖湘文、高雪原譯：《普通法的精神》（中文修訂版）（北京：法律出版社，2010），商業版序言頁 13。

社會福利」。【93】而無論是在界定香港特區內部的權力分立與制衡方面，還是界定法院的司法權限方面，或者是界定香港居民享有的權利和自由方面，憲法都是缺位的。可以說，《香港基本法》在很大程度上取代憲法，在上述方面發揮着重要的建構作用。例如，在香港居民享有的基本權利與自由方面，《香港基本法》的內容甚至要比憲法規定的公民基本權利和自由豐富得多，這也是《香港基本法》要在「中國公民」身份之內開闢出「香港居民」身份的原因所在。同時，在普通法傳統中，法院具有極高的獨立性並因而具有極高的權威性，司法更被認為是守護社會正義的最後一道防線。而在司法審查制度下，判斷法律體系的構成或者確定某部法律是否在該法域有效，人們往往是通過法院在司法審判中是否會依據該法律作出判決來判斷。也就是說，在普通法看來，法律之所以是真正的規則，不僅是因為其本身的強制力，而且還在於其能夠被法院用於審判具體的案件。【94】「一條法律只有當它被法律機構所承認時，它才是法律體系的一部分。」【95】「法律之所成其為法律，是因為它們是被法律機構所制定頒佈的 …… 在被法院認可並被宣佈為法律之前，甚至法律習慣都不是法律 …… 執法機構的承認是法律存在的必要條件。」【96】在香港特區法院的審判實踐中，其雖然在一些案件中引用過憲法，但是引用並不代表憲法在香港特區法院得到適用，即便在某些案件中憲法得到適用，但也主要是在一些特殊案件中臨時出場，並且其作用也僅是充當《香港基本法》的制定依據，發揮着「二線

---

93. 羅斯科・龐德，唐前宏、廖湘文、高雪原譯：《普通法的精神》(中文修訂版)(北京：法律出版社，2010)，商業版序言頁25。

94. 參見鄭賢君：〈隱含權力：普通法對香港政制的影響 —— 解釋權的民主性〉，《河南財經政法大學學報》2016年第1期。

95. 〔美〕邁爾文・艾隆・艾森伯格，張曙光譯：《普通法的本質》(北京：法律出版社，2004)，頁200。

96. 〔美〕邁爾文・艾隆・艾森伯格，張曙光譯：《普通法的本質》，頁200。

作用」。至於在司法審查中作為香港特區法院評判香港特區法律規範合法性標準的往往是《香港基本法》而非憲法。[97]

所以，香港實行的普通法傳統使香港居民更多地看重《香港基本法》而非國家的憲法，導致香港居民對憲法的認同度較低。

（三）經濟利益問題

保持香港的繁榮穩定，是回歸時中央向香港作出的莊嚴承諾。然而，自回歸以來，香港經濟雖然保持持續增長，但這種增長並未提高香港居民對香港經濟的滿意度，這主要有如下兩個原因：其一，相對優勢的衰弱。香港經濟在20世紀六七十年代開始騰飛，並成為「亞洲四小龍」之首。然而，這種騰飛更多的是得益於特定的歷史原因。在改革開放之前，中央對香港實行「長期打算、充分利用」的特殊政策，香港充當着內地與西方資本主義世界進行溝通與聯繫的「視窗、橋樑和國際通道」。[98]在改革開放之初，香港被內地視為老師，擔當着「引領中國走向市場經濟、支援國家現代化建設」的重要角色，「更是協助中國與世界溝通和接軌的仲介者」。[99]此時所謂對外開放，首先是對香港開放；所謂與國際接軌，首先是與香港接軌。因此可以說，在改革開放初期，香港在一定程度和範圍之內壟斷性地分享了內地對外開放的發展成果。[100]然而，隨着內地改革開放的不斷深化發展，香港原來的發展優勢逐漸被內地一些城市所取代和超越。並且，「自由行」政策實施後，愈來愈多的內地遊客到香港購物、旅遊、觀光，香港經濟更是需要內地來帶動才能保持自身的發展動力。回歸之前，香港的GDP佔內地的25%，香港居民自我感覺是內地居民的接濟者、金主；但隨着內地

---

97. 參見王振民、孫成：〈香港法院適用中國憲法問題研究〉，《政治與法律》2014年第4期。

98. 參見齊鵬飛：〈「香港好，祖國好；祖國好，香港更好」——基於香港和祖國內地經濟關係之歷史發展的再思考〉，《港澳研究》2016年第1期。

99. 參見何志平：〈香港青年：問題與出路〉，《港澳研究》2015年第1期。

100. 參見齊鵬飛：〈「香港好，祖國好；祖國好，香港更好」——基於香港和祖國內地經濟關係之歷史發展的再思考〉，《港澳研究》2016年第1期。

經濟的不斷發展，內地許多城市的發展速度和規模已經超越香港，香港 GDP 佔內地的比重已經下降到了 4%。[101] 這些優勢的逐漸衰落，給香港居民造成了心理上的極大落差。

其二，經濟發展未惠及大眾。回歸之後，香港經濟雖然保持持續增長，特別是「自由行」政策實行後，給香港經濟的發展增添了強大動力。但與此同時，「自由行」政策也給香港普通民眾帶來了許多不便。儘管香港與內地居民互有往來，但每年 7,000 萬人次的香港居民進入 960 萬平方公里面積的土地和接近 14 億人口的內地社會裏，其造成的影響微乎其微；而每年 4,000 多萬人次的內地居民湧入到面積只有 1,104 平方公里、人口只有 722 萬的香港社會裏，其影響無疑是巨大的。[102] 數千萬的內地居民到香港旅遊、學習、探親等，的確帶動了香港經濟的發展，但得益的實際上只是那些商人而非普通的香港民眾。對普通的香港民眾而言，他們的生活水平並沒有得到提高，反而會覺得內地居民在搶佔他們的資源，抬高了香港的物價，使香港的大街小巷擁擠不堪，特別是一些「雙非」孕婦和水貨客的存在更加深了這種印象。這種心理落差和不滿，使得香港居民將矛頭指向「自由行」政策，指向內地居民，指向香港特區政府和中央，從而導致對中央管治權的反對和不認同。

香港相對優勢的衰落是一種不可避免的趨勢，因為香港所謂的相對優勢實際上是以內地的不發展或者低速發展為前提和基礎的，而一旦內地實行改革開放，並深入發展之後，香港的相對優勢必然會衰落。對於這種衰落造成的心理落差，只有靠香港居民進行自我心理調整。與此同時，香港特區政府一方面仍要努力地抓住機遇發展經濟，利用其區位優勢、開放合作的先發優勢、服務業專業化優勢和文脈相

---

101. 參見何志平：〈香港青年：問題與出路〉，《港澳研究》2015 年第 1 期。

102. 參見鄭宏泰、尹寶珊：〈香港本土意識初探：身份認同的社經與政治視角〉，《港澳研究》2014 年第 3 期。

承的人文優勢，【103】積極地參與粵港澳大灣區建設、國家的「一帶一路」發展戰略等等。另一方面，要採取一切措施將發展成果惠及普通民眾而不僅僅局限於商人階層。中央人民政府亦要將香港納入國家的整體發展戰略中，為香港經濟的進一步發展提供動力，並給香港特區政府提供必要的支持，以使發展成果能夠與香港居民共用。

三、中央管治權認同性低之解決對策

香港的回歸洗刷了中國近代以來所遭受的恥辱，這本是件值得高興的事情。但是回歸之後，香港出現的諸多針對內地和中央的反對之聲使我們不得不追問，香港回歸二十多年的發展實踐是否實現了當初所欲追求的「回歸」之本意呢？我們當初所追求的回歸究竟是哪方面的回歸呢？是土地之回歸，還是人心之回歸，抑或兩者兼而有之？所謂土地之回歸，即香港的土地（包括香港島、九龍和新界）回歸中國，中國對其享有所有權，可以對其進行佔有、使用、收益、處分；所謂人心之回歸，即居住在香港的中國人的人心之回歸。

眾所周知，當初之所以必須收回香港，是為了洗刷近代史上中國遭受的恥辱，實現香港的主權回歸。至於保持香港的長期繁榮穩定，則是為了更順利地收回香港主權而向英國、向香港居民作出的承諾和保證，但其本身並非中國收回香港的目的，因為香港的繁榮穩定肇始於英國的管治，在英國的管治之下或許同樣能保持香港的繁榮穩定。因此，中國收回香港的主要目的是實現香港的主權回歸。這既包括香港土地的回歸，也包括居住在香港的中國人人心的回歸。所以說，我們當初所欲追求之「回歸」包括土地之回歸與人心之回歸的雙重回歸之

---

103. 參見《張德江：一帶一路香港能起重要作用》，資料來源：http://bj.crntt.com/doc/1042/3/5/0/104235072.html?coluid=1&kindid=0&docid=104235072&mdate=0518174834（瀏覽日期：2016 年 5 月 19 日）

本意，其中更重要的是人心的回歸。【104】土地之回歸，在 1997 年 7 月 1 日零點起既已完成。而人心之回歸，在 1997 年 7 月 1 日零時才開始。在香港回歸後近 20 年中，在「一國兩制」方針下，香港與內地在經濟、社會等方面的「兩制」相處得還算和諧，但在政治與法律方面卻產生了較為激烈的衝突。「人大釋法」、23 條立法、香港政制發展的主導權問題等，都引發了中央與香港特區之間的衝突甚至是激烈的衝突。從表面上看，「兩制」之間的諸多差異不可避免地會導致一些衝突，甚至激烈的衝突，但實際上這種衝突主要涉及「一國」的問題，即「一國」在香港社會的建構問題，以及如何在香港社會之上增加有關「一國」元素的問題。【105】

而「一國」元素的問題其實就是人心的回歸問題。可以説，香港回歸二十多年，在人心之回歸方面，尚有很長的路要走。實踐是檢驗真理的唯一標準，經過香港回歸二十多年的實踐，部分香港居民對國家認同的現狀使我們不得不反思造成這種現狀的原因。這其中既有政策措施方面的原因，如香港居民缺乏與內地的交流、無從參與國家事務的管理、憲法與《香港基本法》的宣傳與教育不夠、經濟發展成果尚未惠及普通民眾等；也有法律制度方面的原因，如《香港基本法》中關於中央與香港特區高度自治權的權力配置存在模糊性，一些權力的配置實際上並不有利於促進香港居民對國家的認同。因此，要提升香港居民的國家認同，必須堅持底線思維和問題導向，明確將國家主權、安全、發展利益作為國家認同不可逾越的底線；【106】同時，針對香港社會在國家認同方面存在的問題，採取針對性的舉措，以全面準確貫徹落實「一國兩制」方針。

---

104. 參見徐海波、邢立軍：〈公民教育、意識形態與身份意識建構 —— 從香港公民教育開展受阻談起〉，《學術界》2013 年第 6 期。

105. 參見強世功：《中國香港：政治與文化的視野》（北京：生活・讀書・新知三聯書店，2014，頁 243。

106. 參見康淑敏、黃晶榕、劉彩祥：〈國家認同意識下的香港教育問題分析與對策建議〉，《港澳研究》2021 年第 2 期。

（一）促進兩地交流

「港人治港」是中央治理香港的基本方針政策，在該方針政策指導下，依照《香港基本法》的規定，行政長官和立法會議員均在香港本地通過選舉產生。但「港人治港」絕不意味着香港居民不得參與國家事務的管理。儘管《香港基本法》刻意設計出的「香港居民」這一身份，使得香港與內地居民在身份上存在着法律區隔，但作為國家的一個地方行政區域的居民，香港居民中的中國公民理所應當有權參與國家事務的管理活動。憲法第 2 條第 3 款規定：「人民依照法律規定，通過各種途徑和形式，管理國家事務，管理經濟和文化事業，管理社會事務」。《香港基本法》第 21 條亦規定：「香港特別行政區居民中的中國公民依法參與國家事務的管理」。兩相比較，雖然《香港基本法》沒有規定香港居民中的中國公民參與國家事務管理的「各種途徑和形式」，但至少香港居民中的中國公民應當有權利依法參與國家事務的管理。只有參與國家事務的管理，才真正體現了「回歸」之本意，體現了國家主人公的姿態。香港回歸後，香港居民中的中國公民成為了國家的主人，理應有權利參與國家事務的管理以及與內地進行交流。可以看到，中央近幾年來在這方面作了大量工作。例如，2018 年 8 月國務院辦公廳印發《港澳臺居民居住證申領發放辦法》，明確了符合條件的港澳臺居民可以申領內地的居住證。

此外，香港青年無需服兵役以及香港居民無法參加內地的公務員考試等，這些都無助於香港居民深入了解內地、了解祖國。為此，需要在「港人治港」之外增加「港人治國」方針政策，應當允許香港青年服兵役以及參加國家的公務員考試，[107]向香港居民開放外交官、內地法律服務市場等領域。[108]例如，全國政協委員、民建聯主席譚耀宗曾提出，為加深香港青年與內地的交流，應當建立「開放港澳居民報考內

---

107. 參見田飛龍：〈香港社會運動轉型與《基本法》變遷〉，《中國法律評論》2015 年第 3 期。

108. 參見《田飛龍：港青國民意識現危機，須重啟公民教育》，資料來源：http://news.takungpao.com/hkol/topnews/2015-06/3021223.html（瀏覽日期：2016 年 1 月 21 日）

地公務員，以及允許港澳居民中的中國公民可自願應徵入伍」。在第十二屆全國人大三次會議舉行的記者招待會上，人力資源和社會保障部部長尹蔚民回答《文匯報》記者提問時說：「香港人可以參加公務員考試。事實上，我們已經招收了香港的公務員。」【109】這說明國家的公務員系統已經向香港居民中的中國公民開放。香港青年可以通過報考國家公務員，來直接參與國家事務的管理。

此外，權利應當與義務相適應。《香港基本法》規定香港居民享有豐富的權利，但對於香港居民應當承擔哪些義務，特別是香港居民對國家應當承擔的義務，卻沒有作出明確規定，僅僅在第 42 條規定「香港居民和在香港的其他人有遵守香港特別行政區實行的法律的義務」。該條規定並沒有明確指明香港居民對國家應當承擔哪些義務。《香港基本法》第 23 條立法雖然尚未完成，但是《香港國安法》已經在香港特區生效實施，香港居民要遵守該法律所規定的維護國家安全方面的規定。

（二）培養國家認同

有學者指出，「佔中」概念雖然是由中年人提出來的，但真正發動的則是「學聯」、「學民思潮」等青年學生團體，參與 2019 年「反修例風波」的亦有較多青年學生。並且，這些青年大多在香港回歸之後出生，也就是說他們並未經歷過港英政府的殖民統治，對香港的殖民地歷史沒有記憶，沒有見證過香港的回歸，但比較弔詭的是，正是這些青年卻緬懷港英政府的殖民統治。【110】這說明，回歸以來，香港特區政府在培養香港青少年的國家認同方面存在着重大失誤：一方面沒有清除有助於保留和增進殖民意識的教育內容與形式，另一方面沒有開發和培育有助於提升香港青少年國家認同的教育內容與形式。香港居民特別

---

109. 參見《人社部長：香港居民可以參加內地公務員考試》，資料來源：www.chinagwy.org/html/xwsz/zyxw/201503/21_93782.html（瀏覽日期：2016 年 1 月 20 日）

110. 參見何志平：〈香港青年：問題與出路〉，《港澳研究》2015 年第 1 期。

是青少年對國家的認同狀況堪憂，使得培養香港居民的國家認同尤為必要。

如前所述，在「一國兩制」環境下，國家認同具有三層含義：其一是主權意義的國家認同，即認同國家的主權統一和領土完整。如第一章所述，香港主權屬於中國既具有歷史根據，亦具有現實根據；既具有國際協定作為根據，亦具有國內法律作為根據。香港居民必須認識到香港已經回歸祖國這一客觀事實，認識到香港的主權屬於中國，香港是中國的一個地方行政區域，也就是必須認同國家的主權統一和領土完整。其二，認同《香港基本法》所確立的香港特區的憲制地位。按照《香港基本法》的規定，香港特區僅是中國一個享有高度自治權的地方行政區域，直轄於中央人民政府，要接受中央人民政府的領導。高度自治權是香港順利回歸祖國的基本預設和前提條件，是代表國家主權的中央作出的莊嚴承諾。中央一定會保持克制，不會侵犯香港特區的高度自治權。同時，香港居民亦必須認清高度自治權的性質，即其是中央授權下的高度自治權。也就是說，香港特區的高度自治權來自於中央的授權，而非香港特區本身所固有。香港居民不能脫離授權框架和《香港基本法》來理解高度自治權，更不能主張「完全自治」，否則即相當於在主張「港獨」。其三，不反對國家憲法所確立的國家制度。在確定香港的前途問題時，無論是《中英聯合聲明》，還是《香港基本法》，其所用詞均是「回歸」而非「整合」。回歸與整合存在着巨大差別。整合是一個從無到有的過程。例如，從大英帝國獨立出來的 13 個殖民地經過協商，共同組成一個原先並不存在的國家 —— 美國。而回歸則並非如此。回歸呈現出一個從完整到分離再到完整的過程。也就是說，回歸是要回歸到一個既有的主體之中，這其中，主體的現存制度是基礎，並不會因為回歸而有所改變。[111] 對於香港來說，其回歸是回歸到一個現有的國家 —— 中國，中國的現存制度並不會因香港的回歸而改變，儘管由於「一國兩制」方針，這些制度不會在香港特區實

---

111. 參見駱偉建：《澳門特別行政區基本法新論》(北京：社會科學文獻出版社，2012)，頁36。

施，但回歸後的香港居民必須承認和尊重這些制度在內地的存在和有效性，不得反對這些制度。

要培養和促進香港居民的國家認同，必須從兩方面對香港居民特別是青少年加強教育：一方面是歷史教育，使香港居民了解國家光輝燦爛的歷史文化和近代以來所遭受的屈辱歷史；另一方面是憲法與《香港基本法》的宣傳與教育，使香港居民了解國家整體的政治制度和香港特區的憲制地位。這種教育並非是反對派人士所謂的「洗腦教育」。國家作為一個政治共同體，必須竭盡全力地維護其自身的存在，必須激發公民的凝聚力，提升國家的向心力，而對公民進行意識形態教育則是達成此目的的重要途徑。例如，美國公民教育中的意識形態色彩就十分濃厚，主要包括兩方面內容：其一是將美國憲法和獨立宣言作為國家指南，向美國公民進行宣傳和教育，甚至向全世界進行傳播；其二是大力宣揚其奉行的三權分立的政治體制以及民主、自由、平等、博愛等價值觀念。[112]正是通過這些，作為一個來自多個國家、民族和地區的人民所組成的移民國家，美國才能持久地保持其團結和吸引力。正如英國學者約翰・斯頓所說，在一定意義上，國家就是一種通過意識形態來促進社會民眾團結一致的聚合力量。[113]對於香港特區來說，由於受到「一國兩制」方針的限制，國家不得在香港特區宣傳國家主體所信奉的社會主義意識形態內容。但其他內容則可以在香港特區對香港居民特別是青少年進行宣傳和教育，這主要包括如下幾類：

第一類是光輝燦爛的中國傳統文化和近代中國所遭受的百年屈辱的歷史教育。要培養和促進香港居民的國家認同，首先就要加強歷史教育。港英政府出於維護其殖民統治的需要，不可能對香港居民進行真正的中國歷史教育。但香港特區政府則需要對香港居民特別是青少

---

112. 徐海波、邢立軍：〈公民教育、意識形態與身份意識建構 ── 從香港公民教育開展受阻談起〉，《學術界》2013 年第 6 期。

113. 參見韓大元、張翔：〈國家意識與特別行政區基本法研究〉，載饒戈平、王振民主編：《香港基本法澳門基本法論叢（第一輯）》（北京：中國民主法制出版社，2011），頁 2-3。

年進行切切實實的中國歷史教育。在 5,000 年的歷史長河中，中華民族創造出了光輝燦爛的文明成果，為世界文明的發展進步作出了重大貢獻。香港居民中的中國公民作為中華民族的一分子，應當為此感到自豪和榮耀。因此，將光輝燦爛的中國傳統文化納入歷史教育範疇能夠增加香港居民作為中華民族的民族自豪感和榮譽感，為其「提供基本的精神歸屬和情感依賴，鑄就國家共同體的根魂和精血，從靈魂深處將分享着共同民族文化的個體緊密聯繫在一起」。【114】自 1840 年鴉片戰爭以來，中華民族不斷地遭受欺壓、凌辱，中國的主權不斷地遭受侵犯，土地不斷地被割讓，財產不斷地進行賠款，中國經歷了近百年的屈辱歷史。正是這段歷史，重塑了中華民族的歷史內涵，使中華民族更加團結，並決定了中國由文明古國走向現代國家的歷史軌跡，也決定了中國現在的國家制度的歷史必然性與合理性。將近代中國所遭受的百年屈辱納入歷史教育範疇，能夠使香港居民在祖國與香港的歷史大背景下了解香港和祖國的過去、現在和未來，並使其從近代中國的百年屈辱歷史角度來看待內地發展緩慢的政治體制的合理性。

　　第二類是憲法和《香港基本法》。憲法與《香港基本法》共同構成香港特區的憲制基礎。在香港社會要同時加強憲法與《香港基本法》的宣傳與教育，不能單單進行《香港基本法》的宣傳與教育，還需進行憲法的宣傳與教育。因為憲法作為國家的根本法，無疑是國家觀念的最佳範本和體現，能夠最有效地培養和促進國家認同。脫離憲法而只進行《香港基本法》的宣傳與教育，並不能培養和型塑正確、完整的國家觀念，不能最大限度地提升香港居民的國家認同感，甚至可能會起到相反的效果，導致香港居民只認同《香港基本法》而不認同憲法，只認同香港特區而不認同國家。憲法和《香港基本法》為香港居民的國家認同提供了根本指引，如果脫離了憲法和《香港基本法》，香港居民的國家認同「將失去基本方向，整個社會將成一盤散沙，走向撕裂分化的

---

114. 康玉梅：〈「一國兩制」下香港特別行政區的國民教育與國家認同〉，《環球法律評論》2018 年第 2 期。

境地，難以凝聚社會共識」。[115]在香港居民特別是青少年中加強憲法與《香港基本法》的宣傳與教育，意在使香港居民意識到如下幾個方面的內容：

其一，《香港基本法》並非香港特區的「憲法」。《香港基本法》的合法性來自於國家的憲法，憲法和《香港基本法》共同構成香港特區的憲制基礎。其中，憲法是包括香港特區在內的整個國家的根本法。作為「一國兩制」法制化文本的《香港基本法》，在香港特區的政治、經濟、文化等方面的確發揮着十分重要的作用，甚至有代替憲法之嫌，香港社會亦因此只知《香港基本法》，不知或者忽視憲法。通過對憲法與《香港基本法》的完整、準確的宣傳與教育，要使香港居民認識到《香港基本法》僅僅是代表國家主權的全國人大依據憲法，專門為香港制定的一部法律而已，其合法性來源於國家的憲法，在國家法律體系內，《香港基本法》僅是一部法律而已。即便在香港特區，《香港基本法》亦不能完全代替憲法，憲法同樣是香港特區的根本法。

其二，香港特區是國家的一個地方行政區域，其所享有的是高度自治權而非「完全自治權」。香港社會一些激進人士逾越《香港基本法》的規定，不滿足於高度自治，而主張香港實行「完全自治」。這種觀點並沒有意識到香港的政治地位。通過對憲法與《香港基本法》的完整、準確的宣傳與教育，要使香港居民認識到香港並非一個獨立的政治實體，其僅是國家的一個地方行政區域，其沒有任何固有的權力，其現在所享有的高度自治權是中央通過《香港基本法》所授予的。而所謂的「完全自治」即意圖使香港變成一個獨立的政治實體，這違背了《香港基本法》的規定，違背了香港的政治地位，因而是不切實際的。

其三，香港居民享有豐富的權利，同時對國家亦應當承擔一定的義務。那些意圖將香港變成一個獨立政治實體的「港獨」人士，實際上是在濫用《香港基本法》所規定的權利和自由，鑽《香港基本法》的法

---

115. 康玉梅：〈「一國兩制」下香港特別行政區的國民教育與國家認同〉，《環球法律評論》2018 年第 2 期。

律漏洞。《香港基本法》雖然沒有明確規定香港居民有維護國家統一方面的義務，但是憲法明確規定中華人民共和國公民有維護國家統一方面的義務，《香港國安法》亦作了細緻明確的規定。香港居民的主體是中國公民，「公民身份不僅意味着法律上的權利，還意味着公民義務的承擔和公民倫理的建構」，因此，香港居民中的中國公民「要承擔起對國家主權、安全和發展利益的法律義務和道德義務」。[116]一些激進人士還憑藉所謂的香港核心價值來抵制「一國兩制」下香港居民必須承擔的愛國義務。香港的核心價值大多是從個人主義的立場出發的，如自由、民主、法治、人權等。對此，有學者提出應當在此基礎上增加「愛國、誠信、清廉、仁愛、克制」等價值觀念。因為當缺少「愛國、誠信、清廉、仁愛、克制」等價值觀念時，法治就會脫離其實質涵義而變成玩弄遊戲規則的把戲，人權就會被當作藉口來從事自私自利的行為，民主就會成為壓制少數人的「多數暴政」，自由就會很容易被濫用。[117]在此情況下，通過對憲法與《香港基本法》的完整、準確的宣傳與教育，使香港居民認識到他們享有《香港基本法》所規定的豐富的權利和自由，但同時，作為中國公民，他們還應當承擔憲法規定的維護國家統一、安全等方面的義務。

其四，「一國兩制」之國是指中國共產黨領導下實行中國特色社會主義制度的中華人民共和國。中國特色社會主義制度是由根本制度、基本制度、重要制度等一系列制度構成的。其中，中國共產黨的領導制度、馬克思主義的意識形態指導地位、人民民主專政的國體、人民代表大會制度的政體、中國共產黨領導的多黨合作和政治協商制度、民族區域自治制度、基層群眾自治制度等都是國家主體實行的根本制度和基本制度。[118]

---

116. 祝捷、秦玲：〈論香港社會國家認同的建構方法 ——《基本法》愛國主義的理路與實現〉，《港澳研究》2018 年第 4 期。

117. 參見周永新：〈香港居民的身份認同和價值觀〉，《港澳研究》2015 年第 4 期。

118. 參見《中國的民主》，資料來源：www.scio.gov.cn/zfbps/32832/Document/1717206/1717206. htm（瀏覽日期：2021 年 12 月 7 日）

　　第三，在教育形式方面，要適當改變港英時期遺留下來的教育形式。例如，關於中國歷史科，香港特區成立以後，繼續沿用港英時期的教育形式，中國歷史科並沒有被視為必修科在香港所有初中學校中推行，而且在不少高中學校中也被列為選修科，結果因為選修中國歷史科的學生人數不是太多，導致中國歷史科成為了「瀕危」科目。更有甚者，曾有觀點主張把中國歷史科內容拆散，合併到其他學科當中去，這無疑不利於中國歷史科的系統學習，甚至會導致中國歷史科的邊緣化。[119]「亡人之國，必先亡其史」。如果任由這種狀況繼續發展，那麼香港居民的國家認同狀況必將進一步惡化。因此，無論是中央人民政府，還是香港特區政府，都必須高度重視中國歷史科在香港中學（包括初中和高中）中的教育問題，必須將中國歷史科作為獨立的必修科目，在香港中學中進行講授。另外，也不能完全採取內地的教育形式，而應當結合香港本地的特點來進行。例如，有學者就認為，香港特區政府在 2012 年推行的國民教育科之所以失敗，「與教材的編寫、材料的選擇、行文的政治色彩、教化過於直白有直接關係」。[120]也就是說，香港特區政府採用的是在內地適用的「思想政治教育」方式，而沒有考慮到香港本地的特點、接受方式。因此，在推行歷史教育時，必須考慮到香港本地的教學方式和特點來組織選擇材料、編寫教材。當然，在此過程中，中央人民政府一方面要給與一定的支持，另一方面也要進行督導和監督，以使香港特區政府盡快推行歷史教育。

　　第四，利用內地與香港核心價值的重疊部分來引導和形塑香港居民的國家認同。認同與價值具有天然的內在聯繫。不具有特定價值的認同必然是虛幻的、不穩定的認同。要引導和形塑香港居民的國家認同，必須要大力宣傳內地與香港核心價值的重疊部分。就內地的核心價值而言，中共十八大報告指出，社會主義的核心價值包括「富強、民

---

119. 參見何漢權：〈危機與出路：香港中學中國歷史科之探討〉，《港澳研究》2014 年第 4 期。

120. 徐海波、邢立軍：〈公民教育、意識形態與身份意識建構 —— 從香港公民教育開展受阻談起〉，《學術界》2013 年第 6 期。

主、文明、和諧，自由、平等、公正、法治，愛國、敬業、誠信、友善」。香港社會對其核心價值並不存在統一的認識，但絕大多數香港居民均認為法治、自由、民主無疑屬於香港社會的核心價值。[121]同時，價值與價值的實現方式不同。同樣的價值在不同的地方可能需要結合當地的具體情況，採取不同的實現方式。儘管內地與香港對法治、自由、民主的理解可能出現偏差，但這種偏差更多的是一種實現方式上的偏差，而非法治、自由、民主價值的根本涵義上的差別。當然，在這些價值的實現程度方面，香港的確實現得比內地充分。但內地也正在努力地在更大程度上實現這些價值。當前，內地正在建立和完善社會主義法治和社會主義民主政治，相信隨着內地社會主義法治和社會主義民主政治的不斷完善，內地與香港將會有更多的趨同價值，在此過程中，中央就要用這些趨同價值來引導和形塑香港居民的國家認同。

（三）增進政治互信

回歸之後，反對派與中央始終缺乏政治互信。在缺乏政治信任的情況下，反對派和部分香港居民因害怕中央會干涉香港特區的高度自治權，所以始終對中央管治權的行使比較敏感，極力地維護香港特區的高度自治權，甚至超出《香港基本法》的規定而主張「完全自治」，更有甚者，主張廢除《香港基本法》，號召「全民制憲」，聲稱要「獨立建國」。[122]因此，反對派只強調《香港基本法》而忽視憲法、只強調「兩制」而忽視「一國」、只強調香港特區的高度自治權而反對中央對香港特區的管治權。而反對派和部分香港居民之所以缺乏對中央的政治信任，具有如下幾個方面的原因：其一，在 1949 年新中國建國前後，一些害怕共產黨政權的內地居民通過各種途徑逃往香港，這些人對共

---

121. 參見張妙清、鄭宏泰、尹寶珊：〈香港核心價值的變遷 —— 基於民意調查的分析〉，《港澳研究》2015 年第 1 期。

122. 參見《香港「民族」黨成立，鼓吹「香港共和國」》，資料來源：http://bj.crntt.com/doc/1041/7/6/2/104176209.html?coluid=176&kindid=11720&docid=104176209&mdate=0328164401（瀏覽日期：2016 年 4 月 23 日）

產黨政權的印象無疑會傳遞或者影響其後代；其二，香港奉行言論自由，一些媒體受到國外勢力的支持，出於意識形態鬥爭的目的，在向香港居民宣傳時，刻意歪曲內地居民和政府的形象；其三，在「一國兩制」下，香港與內地實行不同的政治制度，而政治制度的不同本身即容易導致政治互信的缺乏。中央之所以缺乏對反對派的政治信任，則主要是因為在《香港基本法》第 23 條立法尚未完成的情況下，中央擔心香港的一些政治團體會受到外國勢力的支持或者被外國勢力所利用，破壞香港的社會秩序和經濟的繁榮發展，損害國家的主權、安全和發展利益。2019 年發生的「反修例風波」更加印證了此點。

在中央與反對派缺乏政治互信的情況下，「一國兩制」方針和《香港基本法》無疑無法得到充分實施和落實。為此，就必須增進政治互信，加強內地與香港之間的官民互信與互動。[123] 政治本身是講究原則與妥協的一項事業。反對派與中央應該通過理性的溝通與協商，在堅持原則的基礎上進行妥協，在妥協的過程中堅持原則，進而達成共識，促進「一國兩制」方針的順利落實和《香港基本法》的充分實施。就香港居民特別是反對派來說，其不能靜態地看待共產黨政權。無可否認，在建國之初，中共主要採取的是人治的統治方式，這種統治方式存在着諸多缺點，並給黨和國家的事業造成了比較大的損失。但自改革開放以後，中共開始改變人治的統治方式，而採取法治方式，實行依法治國，目的是建設社會主義法治國家。中共十八大以來，以習近平同志為核心的黨中央提出全面依法治國，並將其納入「四個全面」戰略佈局。特別是中共十八屆四中全會專門對依法治國問題進行了研究，從許多方面提出了完善社會主義法治的措施。因此，香港居民可以多到內地走走，感受下內地的法治建設，重塑對內地、對黨和政府的印象。同時，反對派也要明白中央站在國家角度對危害國家的主權統一和領土完整的擔心，做忠誠的反對派，盡快地支持完成第 23 條立法，在香港特區構建國家安全方面的制度，以免除中央的擔心。就中央來

---

123. 林朝暉、吳舒景：〈維護香港核心價值，修改並非理想出路〉，《明報》2015 年 7 月 21 日。

説，隨着《香港國安法》的順利實施和香港新選舉制度的貫徹落實，香港的國家安全得到了相當大程度的保障，此種情況下，中央可以與反對派中認同「一國兩制」、憲法與《香港基本法》的人士保持溝通。[124]另一方面，中央需要體諒香港居民特別是青少年對個人前途的迷茫和無助，在更大程度上支持香港特區政府改善香港的相關環境，並通過粵港澳大灣區等國家戰略的實施，為香港青少年到內地發展提供更好的發展環境與機遇。

（四）協調權力關係

中央與香港特區所有衝突的最直接表現就是中央管治權與香港特區高度自治權之間的衝突。而這種衝突之所以容易出現，一方面是由於普通法之下的香港社會對《香港基本法》的理解與中央對《香港基本法》的理解存在偏差，另一方面則是由於《香港基本法》本身所設定的中央管治權與香港特區高度自治權的權力配置存在着有待完善之處。因此，要協調中央管治權與香港特區高度自治權的關係，全國人大常委會可以通過其所享有的基本法解釋權來明確《香港基本法》的涵義，在萬不得已的情況下，全國人大亦可以修改《香港基本法》，重塑《香港基本法》中關於中央管治權與香港特區高度自治權之間關係的規定。

1. 通過基本法解釋明確《香港基本法》涵義

《香港基本法》本是由全國人大制定的一部成文法，具有制定法的特點。然而，由於香港特區保留了港英政府時期實行的普通法，香港社會往往從普通法角度來理解《香港基本法》，香港法院亦主要運用普通法的解釋方法來對《香港基本法》作出解釋，從而形成了《香港基本法》的「普通法化」。[125]在這種《香港基本法》的「普通法化」現象中，香港居民只注意《香港基本法》而忽視憲法，這種從普通法角度對中央

---

124. 參見盧文瑞：〈中央如何看後政改時期的香港問題〉，《明報》2015 年 7 月 28 日。

125. 參見林來梵、黎沛文：〈反思香港基本法的「普通法化」現象〉，《明報》2016 年 4 月 12 日。

管治權與香港特區高度自治權的理解必然會在一定程度上偏離《香港基本法》的立法原意。對此，香港社會尤其是香港法院必須調整態度，其必須認識到《香港基本法》是在國家的憲法框架內制定的一部成文法，對《香港基本法》的理解雖然囿於香港的普通法傳統而不能完全排除普通法的解釋方法，但應當在「國家的整體規則和系統結構中」完整地理解《香港基本法》的涵義。[126]正如有學者所說，《香港基本法》是國家的憲法在香港特區的擴展和延伸，在性質上可以說是憲法的子法，《香港基本法》不可能脫離憲法而發展出一套完全不同的法哲學。因此，對《香港基本法》的理解不能不考慮其憲制背景和中國的憲法解釋理論與實踐。[127]《香港基本法》中有諸多詞彙是出自憲法的，例如「地方行政區域」、「直轄於中央人民政府」、「外交事務」、「任免」、「中國公民」等，對這些詞彙的理解和解釋無疑不能脫離憲法。[128]

但更為重要的是，面對《香港基本法》在香港社會的「普通法化」現象，全國人大常委會應該通過其基本法解釋權，來修正這種現象，還原《香港基本法》的制定法性質。根據《香港基本法》第 158 條的規定，全國人大常委會擁有《香港基本法》的解釋權，並且可以對《香港基本法》進行抽象、主動的解釋。[129]面對香港社會對中央與香港特區的關係作出不符合立法原意或者不符合「一國兩制」方針的理解，全國人大常委會要及時「亮劍」，對《香港基本法》作出符合其立法原意或者符合「一國兩制」方針的解釋，明確香港特區的憲制地位，明確中央管治權與香港特區高度自治權的授權關係。正如有學者所說，只要不是干預香港法院的審判權，為了捍衛《香港基本法》的正確實施，為了維

---

126. Yash Ghai, *Hong Kong's New Constitutional Order: The Resumption of Chinese Sovereignty and the Basic Law*, second edition (Hong Kong: Hong Kong University Press, 1997), p. 81.

127. 參見王振民：〈論回歸後香港法律解釋制度的變化〉，《政治與法律》2007 年第 3 期。

128. 參見駱偉建：《澳門特別行政區基本法新論》(北京：社會科學文獻出版社，2012)，頁 55。

129. 王磊：〈論人大釋法與香港司法釋法的關係〉，載一國兩制研究中心主編：《香港回歸十周年——基本法回顧與前瞻研討會論文集 (2007)》，頁 86。

護「一國兩制」方針，全國人大常委會不必投鼠忌器，要理直氣壯地對《香港基本法》的相關條文作出解釋。【130】

2. 通過基本法修改重塑權力配置

按照《香港基本法》中的權力配置，中央幾乎所有的管治權與香港居民之間都存在着香港特區作為仲介。也就是說，中央幾乎沒有任何管治權可以直接作用於香港居民，都需要通過香港特區作為仲介。筆者認為這種權力配置不利於提升香港居民對國家的認同。

在此，回顧一下美國建國之初聯邦黨人的一些論述，或許能夠給我們一些啟迪。聯邦黨人認為，聯邦政府應當可以直接對美國公民個人行使權力，無須通過州政府這個中間人。聯邦政府「必須將其作用傳給公民個人。它一定不需要中間的立法機關，但是必須有權使用普通行政長官的權力去執行自己的決議。國家權力的尊嚴必須通過司法機關來表示。聯邦政府和各州政府一樣，自己必須能直接說明每個人的希望和恐懼，並吸引對人心最有影響的情感來支持自己。簡言之，它必須具有州政府所有的一切手段，並有權採用州政府所行使的一切方法，以執行委託給它的權力」。【131】聯邦黨人認為，如果聯邦政府的權力不能直接作用於美國公民個人，聯邦政府的重要性可能就會被忽視，甚至可能影響聯邦的凝聚和團結。聯邦黨人漢密爾頓認為，「人性的情感通常隨着對象的距離或散漫情況而減弱。根據這個原則，一個人對家庭的依附勝於對鄰居的依附，對鄰居的依附勝於對整個社會的依附。各州人民對他們的地方政府往往比對聯邦政府懷有更強烈的偏袒，除非這一原則的力量為後者的大為優越的管理所破壞」。【132】而如果

---

130. 參見袁發強：〈基本法的解釋與香港法院司法管轄權 —— 以剛果主權豁免案為例〉，《政治與法律》2011 年第 5 期。

131. 〔美〕漢密爾頓、傑伊、麥迪森，程逢如、在漢、舒遜譯：《聯邦黨人文集》(北京：商務印書館，2009)，頁 93。

132. 〔美〕漢密爾頓、傑伊、麥迪森，程逢如、在漢、舒遜譯：《聯邦黨人文集》(北京：商務印書館，2009)，頁 96。

聯邦政府的權力不能直接針對美國公民個人行使，那麼聯邦政府的管理效果就無法被美國公民感知，就會造成「全國政府的作用很少直接被公民群眾所注意」的結果。[133] 正是按照聯邦黨人的上述理論，在劃分聯邦與州的權力時，聯邦在諸多領域將其權力直接作用於公民個人。例如，聯邦黨人認為司法機構是聯邦政府直接作用於美國公民個人的不可缺少的工具，[134] 為此，聯邦設置了最高法院，其可以通過其司法審查制度來推翻州法院的判決，從而確保聯邦法律在聯邦範圍內得到統一的理解；美國聯邦員警在多個領域可以直接針對公民個人展開調查；聯邦政府同樣可以直接對美國公民徵稅；等等。聯邦政府享有的這些直接作用於美國公民個人的權力，一方面能夠有效地懲處那些危害聯邦的公民行為，另一方面能夠使美國公民真切地感受到聯邦政府的有效管理，進而增進美國公民對聯邦的認同感。

但反觀中央與香港特區的關係，在香港回歸之前，中央無法直接對香港居民行使權力自不待言。在香港回歸之後，根據《香港基本法》的規定，香港特區享有高度自治權，包括行政管理權、立法權、獨立的司法權和終審權。其中，香港特區享有的行政管理權使得中央無法在香港特區直接執法；終審權使得最高人民法院無權對香港特區進行司法管轄；甚至在國家安全方面的立法權和執法權，中央也通過《香港基本法》第 23 條和行政管理權的形式授予給了香港特區；同時，香港特區保持財政獨立，中央不在香港特區徵稅。可以說，在香港回歸之後，依照《香港基本法》的規定，中央同樣沒有任何法定權力可以直接作用於普通香港居民，而必須借助於香港特區這個仲介，使得香港居民對為他們提供公共服務和法律保障、離他們最近的香港特區感受最近，而對離他們較遠、代表國家主權的中央則沒有直接感受。[135] 在這種

---

133. 〔美〕漢密爾頓、傑伊、麥迪森，程逢如、在漢、舒遜譯：《聯邦黨人文集》（北京：商務印書館，2009），頁 97。

134. 〔美〕小詹姆斯・R・斯托納，姚中秋譯：《普通法與自由主義理論：柯克、霍布斯及美國憲政主義之諸源頭》（北京：北京大學出版社，2005），頁 303。

135. 參見鄒平學：〈論構建憲法認同和憲法共識〉，《「一國兩制」研究》2016 年第 1 期。

情況下，如果中央嚴格遵守《香港基本法》，不對香港居民直接行使權力，香港居民即無法感知到中央和國家的存在，只會親近離他們較近的香港特區政府，而一旦香港特區政府施政不佳，他們就會將責任歸咎於香港回歸這一歷史事實，歸咎於香港特區政府背後的中央；而如果中央行使對香港特區的管治權，那麼就會被認為是對香港特區高度自治權的干涉，會引起比較大的爭議。所以，《香港基本法》中的權力配置使中央陷入了進退維谷的境地。雖然《香港國安法》賦予了中央在維護國家安全領域一定的落地執法權，[136]但是仍然有其他領域中央沒有落地執法權。

要解決這些問題，最根本的途徑就是修改《香港基本法》，對政府應當管理的事務進行縱向切割，屬於地方性的、「兩制」的事務，則交由香港特區政府，香港特區政府對這部分事務繼續享有行政管理權、立法權、獨立的司法權和終審權；但屬於國家性的事務，有利於體現和維護「一國」的事務，則由中央直接負責，包括由中央負責行政管理、進行立法，至於司法權則可以繼續交由香港特區法院享有，但香港特區法院不享有這部分事務的終審權，最高人民法院保留對這部分事務的終審權。當然，這相當於對《香港基本法》進行了一次大手術，必然會在香港社會甚至海外引發較大的爭議。所以，除非香港特區發生了極其嚴重的情況，使得中央不得不重新考慮《香港基本法》中的權力配置，否則還是要儘量保持《香港基本法》的穩定性。

---

136. 參見田飛龍：〈香港國安立法維護「一國兩制」的憲制秩序〉，《暨南學報（哲學社會科學版）》2021年第 2 期。

結 語

　　本書對「一國兩制」下中央對香港特區的管治權進行了基礎理論層面的研究，分析闡述了中央管治權之內涵與屬性，認為中央管治權建立在單一制的國家結構形式和國家擁有香港主權這一政治基礎之上，以憲法和《香港基本法》為規範基礎，本質上是一種治權，旨在維護「一國兩制」。在中央通過憲法與《香港基本法》構建的授權框架下，中央對香港特區享有全面管治權，香港特區的高度自治權來自於中央的授權，中央享有若干直接行使的權力；對香港特區的高度自治權，中央享有全面監督權。中央全面管治權來自於憲法和《香港基本法》的授權，中央在行使全面管治權之時，必須依法而行，必須遵循憲法和《香港基本法》規定的實體和程序上的限制，否則即可能涉嫌違反憲法或者《香港基本法》。尤其是在合憲性審查制度逐漸建立和完善之後，中央管治權之行使也要接受合憲性審查。

　　中央作為「一國兩制」方針的提出者和設計者，對於推進「一國兩制」在香港特區的順利實踐，維護國家主權、安全、發展利益，保持香港繁榮穩定，承擔着最終責任和兜底責任。香港特區對於推進「一國兩制」實踐承擔着憲制責任。中國特色社會主義進入新時代，這意味着「一國兩制」事業也進入了新時代。為了順利推進新時代的「一國兩制」，解決香港特區的深層次問題，中央和香港特區都要承擔起各自的責任，充分地挖掘憲法和《香港基本法》賦予的法律資源，通過中央管治權與香港特區高度自治權的密切配合，有效地解決「一國兩制」事業在香港社會面臨的新情況和新問題，推動「一國兩制」行穩致遠。

後記

　　本書是在筆者博士畢業論文的基礎上修改而成。筆者 2016 年從武漢大學憲法學與行政法學專業博士畢業。彼時的香港社會剛剛經歷過「佔中」運動和「雙普選」的失敗，「香港民族黨」、「港獨」等團體和言行甚囂塵上。同時，香港社會存在的一些經濟民生等方面的深層次問題也尚未有明確的破解之道。「一國兩制」在香港特區的實踐碰到了新情況新問題。中央作為「一國兩制」方針的提出者和設計者，對於確保「一國兩制」在香港特區的實踐不走樣、不變形，對於維護國家主權、安全、發展利益，保持香港特區繁榮穩定，承擔着兜底責任和最終責任。正是基於這樣的認識，筆者以「中央管治權」為主題撰寫了這篇博士畢業論文，從政治與法律角度分析闡述了中央管治權，以其可為中央能夠通過行使管治權來解決「一國兩制」在香港特區實踐面臨的新情況和新問題，確保「一國兩制」在香港特區的實踐不變形、不走樣，提出一些可供參考使用的法律與理論資源。2019 年香港發生了嚴重損害「一國兩制」在香港實踐、嚴重危害國家主權、安全、發展利益，以及嚴重損害香港社會繁榮穩定的「反修例風波」。在這場風波中，淋漓盡致地展現了香港社會的深層次問題，香港國家安全的「不設防」狀態也充分地表現了出來。隨後，中央及時通過制定《香港國安法》和修改完善香港選舉制度，以及支持香港特區政府採取一系列綜合措施，極大程度上解決了或者正在解決「一國兩制」在香港特區實踐面臨的新情況和新問題。尤使筆者感到榮幸的是，筆者早在 2015 年發表於《政治與法律》上的〈論中央對特別行政區的立法權的權力來源、實施方式及合法性審查——以香港特別行政區為例〉和 2016 年發表於《江漢大學學報（社會科學版）》上的〈再論全國人大對香港特別行政區的國家安全立法

權〉這兩篇文章即提出，在《香港基本法》第 23 條立法遲遲未完成的情況下，中央可以根據憲法第 31 條直接為香港特區制定國家安全法。隨後，筆者把這兩篇文章的核心內容寫入這篇博士畢業論文之中。

從這篇博士畢業論文撰寫完畢至今，香港社會已經發生了很大的變化，在其出版之際，筆者只是根據這幾年香港社會發生的變化而作出了適當修改，但並沒有大幅度修改，這主要是因為博士畢業論文對於一個學術研究者而言，既代表着學生生涯的結束，也代表着學術職業生涯的開始，因此維持其主要原貌對筆者而言具有較大的紀念意義；另一方面，這篇博士畢業論文主要是基礎理論研究，而非實踐研究，因而不用考慮太多時效性因素。

在本書出版之際，首先要感謝香港城市大學出版社前社長朱國斌教授對後輩的信任與支持。同時，要感謝香港城市大學出版社諸位編輯對本書出版過程中的細心校對與指導。感謝各位匿名審稿專家提出的寶貴修改意見。

感謝我的碩士和博士導師周葉中老師。記得在第一次課堂上，您就跟我們說「做學問首先要先學會做人」，我們更從您的言傳身教中學習到了如何認真地做學問、認真地做人。以前，我做事情、寫論文都是採取一種「差不多」的態度，就是做得差不多、寫得差不多就可以了。但是當拿到被您修改過的幾篇論文之後，我徹底被您的認真態度征服了。大至文章的結構、小至文章的用詞表達甚至標點符號的運用，您都會標出錯誤之處並對之修改。您這種認真態度使我意識到我之前的「差不多」態度的淺薄與不負責任！感謝您對我從事港澳問題研究的支持和提攜，並在博士畢業論文寫作過程中，給予了我關鍵性的指導，使我意識到原有版本在結構、內容、表述等方面均存在較大缺陷，在此向您表達謝意！您的知遇之恩、提攜之義和關懷之情，學生無以為報，只能銘記於心，以後加倍努力，以謝師恩。

感謝法學院的陳曉楓老師、秦前紅老師、江國華老師、祝捷老師、伍華軍老師、徐晨老師、胡芬老師、李炳輝老師和黃明濤老師等。感謝中部院的張院長、項老師等對我的關心與幫助。感謝各位老

師在碩士和博士期間給我傳道、授業、解惑，感謝陳曉楓老師、江國華老師、祝捷老師、李炳輝老師和黃明濤老師在預答辯時候給我的論文提出寶貴的修改意見。在讀碩士期間，秦前紅老師在比較憲法學和法學方法論課堂上風趣幽默的講課風格，既使課堂生動有趣，又使同學們學到了很多知識，掌握了很多研究方法。在武大的五年期間，江國華老師和祝捷老師始終十分關心我的學習與生活。江老師主持的「學術晚餐」是憲行專業重要的學術活動，雖然大多數情況下只有學術、沒有晚餐，但是在「學術晚餐」上學到的東西是無價的，既能擴展知識面，又能鍛煉邏輯思維與表達能力。我讀博期間從事港澳研究也是受益於祝捷老師的指點和指導，在博士畢業論文寫作過程中，祝老師更是百忙之中抽出寶貴時間給予我專門指導，對我的博士畢業論文寫作提供了重要幫助。黃明濤老師從結構的調整、內容的更新、表述的轉換等方面對我的論文提出了寶貴的修改意見，對我論文的最後修改提供了巨大的幫助。在此，向憲行專業各位老師表示感謝。

張小帥

2022 年 10 月

於上海浦東